本书系教育部人文社会科学研究青年基金项目"批判语言测试视阈下CET的反拨效应研究"（16YJC740075）研究成果

批判语言测试视阈下CET的反拨效应研究

吴 涛 著

中国海洋大学出版社

·青岛·

图书在版编目（CIP）数据

批判语言测试视阈下CET的反拨效应研究 / 吴涛著.
—青岛：中国海洋大学出版社，2021.7
ISBN 978-7-5670-2888-3

Ⅰ.①批… Ⅱ.①吴… Ⅲ.①大学英语水平考试—研究—中国 Ⅳ.① H310.421

中国版本图书馆 CIP 数据核字（2021）第 143735 号

批判语言测试视阈下 CET 的反拨效应研究
A Study on Washback of CET from the Perpective of Critical Language Testing

出版发行	中国海洋大学出版社
社　　址	青岛市香港东路 23 号　　邮政编码　266071
网　　址	http://pub.ouc.edu.cn
出 版 人	杨立敏
责任编辑	董　超　　　　　电　　话　0532-85902342
电子信箱	465407097@qq.com
印　　制	日照报业印刷有限公司
版　　次	2021 年 9 月第 1 版
印　　次	2021 年 9 月第 1 次印刷
成品尺寸	170 mm × 240 mm
印　　张	14.5
字　　数	251 千
印　　数	1~1000
定　　价	49.00 元
订购电话	0532-82032573（传真）

发现印装质量问题，请致电 0633-8221365，由印刷厂负责调换。

自 序
ZI XU

　　大学英语四、六级测试体系（CET）是教育部主管的一项大规模标准化语言测试体系，始创于1987年，由我国语言测试学者自主研制和开发，具有鲜明的中国特色。经过几代语言测试学者和大学英语教师的不懈努力，CET已经建立了标准化的流程并融入我国大学英语教学体系，为大学生英语水平的评定提供统一的尺度，也为社会用户提供了重要的参考标准。但随着CET测试体系规模和影响力的不断扩大，CET的社会用途被不断拓展，一些负面影响伴随而来，给大学英语教学带来了许多弊端，造成了外语教育与学习资源的浪费。作为一名从教20年的大学英语教师，笔者对此深有感触，也一直致力于究其根源，寻找对策，改变现状。

　　笔者在研究生期间就对语言测试领域萌发了浓厚的兴趣。第一次了解反拨效应研究源于束定芳教授的著作《外语教学改革：问题与对策》，其中《测试与外语教学评估改革》一章介绍了Alderson和Wall提出的测试反作用教学的15条假设，促使笔者写了第一篇有关反拨效应研究的课程论文。在随后的大学英语教学实践过程中，笔者从未放弃对测试与大学英语教学关系的深入探讨，2015年成功申请了曲阜师范大学校级项目"反拨效应具体性研究框架的建构——以翻译改革为例"，发表了《从教育生态学的新视角看测试的反拨作用与课堂教学——以大学英语四六级考试为例》一文，确立了反拨效应研究作为自己的研究方向。通过多次参加大学英语四、六级的阅卷工作，笔者对CET测试体系的严密组织形式和严格操作流程有了深刻认识，再加上一线的教学实践和多年师生交流访谈的积累，进一步坚定了笔者投入CET反拨效应研究的信心。期间，笔者阅读了大量中外文献，在院系领导的支持下积极参加学术会议，认识了专业领域的"大咖"，也结交了许多同道好友。辜向东教授的治学和科研精神令我敬仰，她率领的科研团队对CET反拨效应在教学领域的多个方面进行了研究，为笔者的CET反拨效应研究提供了宝贵的经验。何莲珍教授首次在国内推介了Shohamy的批判语言测试理论，为笔者的CET反拨效应研究开辟了新视域。在CET阅卷之余，在夜深人静的宾馆，笔者开始着手撰写项目申报初稿。感谢恩师康淑敏教授在百忙之中打电话远程指导，逐字逐句为笔者修改申报书，正是她的一次次鼓励给了笔者前进的动力；感谢卢卫中教授、王广成主任和代尊峰主任为项目的申报提供了宝贵的修改意见。

2016年，笔者所在团队申报的"批判语言测试视阈下CET的反拨效应研究"获得了教育部人文社会科学研究青年基金项目资助。为了项目研究顺利进行，受曲阜师范大学青年教师能力提升计划资助，2019年笔者来到广东外语外贸大学刘建达教授门下访学进修，专心写作。感谢广东外语外贸大学为笔者提供了优越的学习环境、丰富的课程资源和雄厚的师资力量，感谢刘建达、曾用强、欧阳护华等名师的悉心指导、孜孜教诲，感谢白云山下小伙伴们的互相扶持、共同进步，感谢曲阜师范大学的同窗好友和公共外语部的同事们帮我分发问卷和参与访谈，感谢我教过的历届学生为CET反拨效应研究做出的贡献！最后感谢我的家人，他们是我勇往直前的最坚强的后盾。

本书就是该课题研究的最终成果。本书共分为八章，基于Shohamy的批判语言测试理论，将宏观与微观、理论与实证研究相结合，运用文献研究、问卷调查、观察和访谈等研究方法从社会层面对CET测试体系分别进行了社会功能变迁研究、利益相关者研究、权力渗透研究、具体性反拨效应研究和公平性研究，最后还对CET未来发展趋势进行了展望。

该书是笔者的第一本著作，水平有限，难免存在不当之处，敬请各位专家批评指正！

是为序！

吴涛
2021年4月5日于山东日照

目 录
MU LU

第1章

绪 论

作为语言教学中一个不可缺少的必要环节，语言测试最初是为了了解语言学习者的实际语言能力，为语言教学服务。但测试的结果往往在很大程度上会对语言教学起反作用。因而，在应用语言学领域，测试尤其是大规模、高风险的测试对教与学产生的影响通常被称作反拨效应。教育测量专家Messick早在1989年就提出反拨效应是测试构念效度中必不可少的一部分。杨惠中和桂诗春（2007）通过梳理语言测试的历史发展轨迹，也认为当前语言测试工作者的研究重点应转向关注测试的反拨效应。一项测试，倘若设计合理，使用恰当，不仅可以衡量教学成果和学习效果，还可以提供及时的教学反馈信息，甚至推动教育改革。反之，如果测试设计和使用不当，与教学目标相违背，则会造成不必要的教育资源浪费，甚至可能使教与学误入歧途。测试的反拨效应可能是积极正面的，也可能是消极反面的；可能是巨大的，也可能是微不足道的。反拨效应的研究范围可以仅局限于个体或课堂教学进行微观探究，也可以扩展到整个教育体系，甚至社会全体进行宏观探索。因此，反拨效应研究已成为语言测试研究中不可缺少的一部分，尤其是大规模、高风险测试产生的反拨效应，引起了教育界乃至全社会的广泛关注。

1.1 语言测试的发展历程

测试是一种实践活动，是为了适应社会发展和实现人的社会价值而设计并逐渐发展起来的，是人类社会文明发展必不可少的产物。中国被公认为是"考试的故乡"（测试，俗称考试）。《礼记·学记》中记载"古之教者，家有塾，党有庠，术有序，国有学。比年入学，中年考校：一年视离经辨志，三年视敬业乐群，五年视博习亲师，七年视论学取友，谓之小成。九年知类通达，强立而不反，谓之大成。夫然后足以化民易俗，近者说服而远者怀之，此大学之道也"。可见，早在我国西周时期国学就开始实施定期考试制度，奴隶社会末期初见雏形，隋唐时期发展为系统的科举制度，明清时期科举考试制度得到进一步丰富完善。而西方诸国的考试制度比中国晚得多，据史料记载，德国和英国到19世纪才制定出比较完备的用于选拔官员的考试制度。后来随着社会的不断发展，考试这种选贤任能的形式越来越广泛地被人们所接受，对其进行科学研究的必要性也凸显出来。

追根溯源，教育测量学就是来自古代的考试，但古代的考试并非科学的教育测量。20世纪初，美国心理学家Thorndike等人把心理统计与测量的基本原理和方法运用于教育，才使教育测量走上科学化的道路。语言测试作为教育测量大家庭中的一员，不但是语言教学过程中的一个重要环节，而且是用来检测学习者的语言水平、语言能力和学习效果的重要测量工具。语言测试在20世纪60年代初才明确其地位——应用语言学的重要分支学科（Bachman，2000）。语言测试界关于语言测试理论和实践的划分在国内外有多种不同的看法。其中以色列应用语言学家Spolsky（1977）在20世纪70年代就提出语言测试的发展有三个不同的阶段并得到广泛认可：第一阶段是前科学时期（Pre-scientific Period）；第二阶段是心理测量-结构主义时期（Psychometric-structuralist Period）；第三阶段是心理语言-社会语言学时期（Psycho-sociolinguistic Period）。这三个不同的发展阶段各具特色，与相关学科的发展密不可分。20世纪40年代以前统称为前科学时期，受语法-翻译法语言教学方法的影响，此阶段的语言测试缺乏系统化，主要靠考官的主观评判，随意性强，信度和效度都不高。而兴起于20世纪五六十年代的心理测量-结构主义时期，则是以Bloomfield的结构主义语言学为理论基础，再引入相对科学的心理测量和统计方法，这个阶段成为第一个科学的现代语言测试阶段。在此期间，信度、效度、区分度等测试的基本概念相继提出，Lado完成代表性著作《语言测试——外语测试模式的构卷和使用》（1961），语言测试开始成为一门相对独立的学科并日趋成熟。此阶段语言测试实践的特色是推出了大规模标准化测试，1964年美国开始实施的托福考试（TOEFL）就是其典型代表之一。此类测试重视信度，但考察内容脱离具体语境，更忽略了社会语境的影响。随后，受英国功能语言主义学派（代表人物Firth和Halliday）和美国社会语言学派（代表人物Hymes和Lobov）的影响，语言测试的发展自20世纪70年代开始进入心理语言-社会语言学时期，研究焦点更多地集中在语言的功能性、社会性和语言应用方面，推崇综合测试法，强调测试必须处于特定的上下文语境中，但这也并非真正意义上的语用环境。

之后，还有很多学者提出不同的看法。20世纪80年代，交际语言能力日益受到重视，Canale和Swain（1980）基于Hymes提出的交际能力概念，构建了交际能力模型。Bachman进一步扩展其内涵，在20世纪90年代将新的交际语言模式用于指导测试。所以，许多学者将以测试语言交际能力为宗旨的交际语言测试时期（Communicative Testing Period）列为语言测试发展的第四阶段（吕晓轩，2016）。戴曼纯和肖云南（1999）还将现代语言测试发展的三种模式即心理测量模式（即心理测量-结构主义时期）、心理语言测试模式（即心理语言-社会语言学时期）和交际语言测试模式（即交际语言测试时期）的各自特点列表进行优劣比较（表1.1）。由此可见，交际语言测试重在考查学习者语言的实际运用能力，对教学有积极的反拨效应，但其对测试材料的真实性有较高的要求，实际操作起来有一定的难度。目前国内外影响较大的测试如雅思（IELTS）和剑桥商务英语考试（BEC）便是这一时期的产物。我国的大学英语四、六级测试体系（College English Test，简称CET）也深受其影响。也有人仍将这一时期归属于心理语言-社会语言学时期。随着社会的进步，现代语言测试的理论和实践也在不断地日新月异。通过分析语言测试社会性特征，王立群（2019）提出在语用能力发展的推动下，目前世界语言测试的发展已进入以中国外语能力测评体系建设为主导的后现代语言测试时期。

表1.1　现代语言测试发展三种模式的比较

序号	心理测量模式	心理语言测试模式	交际语言测试模式
1	分解语言成分	不可分语言能力	分解交际功能
2	分立式试题	（一般）综合性试题	综合性试题
3	间接测试能力	间接测试能力	直接测试能力
4	常模参照	常模参照	准则参照
5	效度低	效度低	效度高
6	客观评分	（一般）客观评分	主观评分
7	评分信度高	评分信度高	评分信度低
8	重视语言（知识）的正确性	重视语言（知识）的正确性	重视语用得体性
9	阅卷速度快	阅卷速度中	阅卷速度较慢
10	命题难度大	命题容易	命题简便
11	需抽样分析	不需要抽样分析	需抽样分析
12	便于大规模考试	便于中小规模考试	不便于大规模考试

续表

序号	心理测量模式	心理语言测试模式	交际语言测试模式
13	测试听、读、写	测试听、读、写	测试真实的综合技能
14	对教学有不良反拨	对教学有不良反拨	积极促进教学

资料来源：戴曼纯，肖云南. 现代语言测试发展：理论与问题［J］. 湖南大学学报，1999（3）：32-35，42.

通过对以上语言测试理论和实践的成果梳理，笔者认为语言测试起步虽晚，但发展迅速，亟待深入探讨研究。语言测试不是孤立的研究领域，而是二语习得、语用学、心理语言学、教育测量学、认知心理学等多学科的交叉渗透。纵观语言测试发展的历史，如刘润清和韩宝成（2000）所述，"语言测试理念实际上体现了一种语言观，即如何理解语言能力的问题"。不同的语言观影响着语言测试的纵向发展，语言观变迁也推动着不同时期语言测试理念发生变革。但语言测试这种理念变革，不是非此即彼的替代关系，而是呈相互补充态势。因此，语言测试研究者应该认清语言测试研究基础的多元性，关注不同语言观，聚焦语言测试发展新动态。

1.2 研究背景

随着应用语言学在我国的发展，20世纪70年代末，现代语言测试学这一分支在我国也开始开花结果。1978年，桂诗春教授首次引进国际上占主流的测试理论，率领团队自主开发了首个英语水平考试（English Proficiency Test，简称EPT），用于测量出国留学人员的英语水平。该考试与托福考试成绩的相关系数高达0.86，为我国标准化考试改革积累了宝贵经验（何莲珍和张娟，2019）。后来"广外双杰"桂诗春教授和李筱菊教授率先主持开发了广东省高校入学英语考试（The Matriculation English Test，简称MET）的标准化改革，旨在通过考试的正面反拨效应推动我国外语教学改革。这项改革"创建了我国有史以来第一个全国规模的标准化考试，使我国考试科学从理论到实践都开创了一个新纪元"（李筱菊，2001）。这项考试后来推广至全国，发展成现在的高考英语（简称NMET）。EPT和MET等一系列标准化测试的推广应用开启了我国现代语言测试研究的先河。杨惠中教授的团队也紧随其后开发了CET测试体系，并于1987年在全国范围内首次实施。CET测试体系至今已有30多年的历史，期间经过多次重大改革，已经成为我国现代语言测试理论和实践发展的一个缩影。

被誉为"中国语言测试之父"的桂诗春（2011）一直强调语言测试的多维性，认为测试的反拨效应取决于内部和外部双重因素的影响，建立测试的黄金法则要从内部和外部两方面入手。富有中国特色的CET测试体系，在国家政策的引领和社会发展的推动下面向全体高校推广实施，既要符合国际语言测试的发展趋势，又要适应我国大学英语教学改革的现状，每项改革举措都涉及千万人的利益，引起众多学者的密切关注。所以对CET的研究不仅要涵盖测试内部的效度、信度及区分度等编制情况，还应了解测试的具体实施情况，如利益相关者对考试的认识和看法、考试结果的有效使用、考试管理的公平性等多方面外部因素。而目前国内研究主要集中在CET对教学的反拨效应方面，代表人物有杨惠中、唐雄英、金艳、辜向东等人，而CET涉及的其他社会层面，如CET对教育体制、社会需求、政策制定、家庭关系、个人发展等影响的研究亟待加强。因此，本章通过探讨CET面临的新形态、新问题、新挑战和新思路，来阐明批判语言测试视阈下开展CET反拨效应研究的必要性和紧迫性。

1.2.1 新形态——"一带一路"倡议的推动和我国外语教育新时代的发展

作为一门国际性通用语言，英语的地位和声望是毋庸置疑的。据统计，全世界上有三分之一的人讲英语，45个国家的官方语言是英语，75%的电视节目用英语播出，80%以上的科技信息用英文表达，几乎100%的软件源代码用英语文本写成（李建华等，2011）。就其语言生态来看，没有哪一种语言能像英语一样被广泛使用。改革开放40多年以来，我国在经济、文化、政治等领域的对外交流和合作越来越多。英语作为当今世界应用最广泛的语言，成为国家间沟通合作和科技文化交流的重要媒介。特别是目前我国提出"一带一路"倡议，由海上丝绸之路和陆地丝绸之路连接了沿线65个国家，朋友圈跨越亚洲、非洲、欧洲、大洋洲、拉丁美洲五大洲。语言是世界各国、各民族人民沟通和交流的桥梁。据统计，"一带一路"沿线国家涉及的国语或国家通用语达53种，民族或部族语言可能有200种（王辉和王亚蓝，2016）。因此"一带一路"倡议的推进离不开英语这一国际通用语言媒介。再者，文化与语言密切相关，文化是语言的根基，而语言是文化的重要载体。"一带一路"倡议将中国特色与国际规则接轨，实现文明交流互鉴，共创人类美好未来，也离不开英语作为对外交流和文化传播的桥梁。

在党的十九大报告中，习近平总书记明确指出："经过长期努力，中国特色社会主义进入了新时代，这是我国发展新的历史方位。"这意味着我们中华民族实现了从站起来、富起来到强起来的伟大飞跃，比历史上任何时期都更接近民族复兴的伟大目标，也意味着我国正日益迈向世界舞台中央、为构建人类命运共同体而努力奋斗。当今世界处于大发展、大变革、大调整时期，我国为应对全球性问题和挑战，积极参与国际事务和国际竞争，提高参与全球治理的能力，增强我国在国际上说话办事的实力，急需大批有国际视野、通晓国际规则的高素质国际化人才，而熟练掌握并能用英语沟通是其必备的基本技能。推进外语教育改革，大力提高国民外语能力，是建设教育强国的重要内容。在新形态背景下学好英语，有助于学习国外先进的科学技术和管理理念，了解世界优秀文明；同样，熟练地使用英语，加强与世界各国人民的广泛交往，有助于高效地传播中国优秀传统文化，从而提升国家文化软实力。

"一带一路"发展战略建设和我国外语教育新时代的发展都离不开英语为助力和推手。而CET测试体系正是新形态下评价、衡量英语应用型人才的重要依据。CET测试体系只有响应国家政策的号召，适应新时代社会政治、经济、文化发展的需求，真正客观反映英语使用者的应用能力，才会发挥积极的社会反拨效应，在各级单位培育和选拔人才时提供良好的参照。所以，新形态背景下建立公正合理的CET测试体系离不开社会层面的反拨效应研究。

1.2.2 新问题——大学英语四、六级考试现状和困境

CET是教育部主管的一项大规模标准化语言测试体系，由我国语言测试学者自主设计和开发，具有鲜明的中国特色。在几代语言测试学者和教师的不懈努力下，30多年来CET已经建立了标准化的流程并融入我国大学英语教学体系，有力地保证了大学英语教学大纲的贯彻实施，为大学生英语水平的评定提供了统一的尺度，也为社会用户提供了重要的参考标准。可以说，没有CET的推动，就没有今天大学英语和大学英语教师的地位。教育部原副部长吴启迪曾对CET的正面反拨效应给予充分肯定：一项如此大规模的考试在长达17年时间内稳定发展，这一基本事实充分证明CET符合社会的需要，得到了社会的普遍认同，产生了良好的社会效益，也为我国大学英语教学质量的提高做出了巨大贡献（杨惠中，2019）。金艳和杨慧中等学者对CET的信度及效度也予以高度评价。根据统计数据，自1987年至2017年，全国有上亿大学生报名参加CET考试，累计有3700多万非英

语专业大学生达到CET4要求（即大学英语课程教学目标中的基本要求），其中1600多万名大学生达到CET6要求（即大学英语课程教学目标中的较高要求）（金艳和杨惠中，2018）。近年来，每次参加考试的人数大都稳定在1000万左右。

大规模、标准化的测试影响力不断增加，用途不断拓展，高风险伴随而来，也会产生一定程度的负面效应。CET也同样如此，给大学英语教学带来许多弊病。部分院校把CET与学生的毕业证书和教师的考核业绩挂钩，使之成为高校大学英语教学的指挥棒。课堂教学与语言测试关系的本末倒置造成了外语教育与学习资源的浪费。"应试教学"影响了大学英语教学水平的提高，"高分低能"导致了非英语专业毕业生的英语实际应用能力与社会发展需求相脱节。很多专业老师反映，许多学生CET高分过关后，英文文献读不了，英语论文写得一塌糊涂。教育部高等教育司原司长张尧学曾以我国软件人才的培养为例指出，印度软件从业人员比我国少，但软件出口数量是我国的6倍多，原因之一在于我国现行人才培养模式培养出来的"大部分学生的英语应用能力比较差，很难适应信息技术领域国际化进展的需要"（张尧学，2004）。2005年CET改革引入标准分还变相催生了"刷分"现象。CET考试大纲明确规定：报名参加考试的对象必须是在校大学生，且在校期间已经完成了相应阶段的大学英语课程。以前按严格要求CET4是在大二下学期末开展，作为大学期间两年英语学习成果的检验。现在很多学生一入学就奔着CET4去，大一就开始"刷分"，与考试无关的内容一概不管。网上甚至流传着这样的"刷分"语录：450分刚过温饱线，520分是个生死关，600分以上才够漂亮。这些言论从侧面反映了CET的发展在教学领域进入瓶颈期。

社会上许多用人单位也把CET考试的分数作为衡量求职者英语水平高低和筛选面试人员的硬指标，所以测试的社会权重滋生出考场作弊、试题泄漏等一系列社会丑陋现象。在2005年12月CET4考试期间，重庆大学学生刘光旭替考作弊行为败露后，试图逃跑时摔成重伤不幸致死（陈靖怡，2008）。一次心存侥幸的"枪手"经历，竟断送了自己年仅22岁的生命。据《新民晚报》报道，在2014年12月20日CET考试当天，警方在上海市16所院校的18个考点查获70名替考生。而CET通过后，除了少数学生有考研和出国留学的需求，大多数学生就再也没有学习英语的动力，因此英语水平普遍下降。近几年许多大型企事业单位，如中国工商银行、中国建设银行、国家电网、中石化、华为、联想、宝洁在员工招聘中都不再认同CET

证书。中国香港与内地自2004年签署《内地与香港关于相互承认高等教育学位证书的备忘录》开始，10年来CET6成绩一直是香港各高校研究生入学申请英语水平考试的最低门槛。但香港大学、香港中文大学等部分高校宣布，从2015年起研究生入学申请时外语要求统一接受雅思和托福成绩，不再承认CET6成绩。因为相比之下，雅思和托福命题更贴近生活，对学生综合应用能力的考察更全面。目前中国香港地区只有香港城市大学、香港浸会大学、香港教育大学及岭南大学仍然接受CET6成绩。以上与CET相关的一系列教育教学及社会问题已经引起众多学者的关注。蔡基刚（2014，2017）多次撰稿指出大学英语四、六级成绩贬值，考试已成"鸡肋"。杨惠中和桂诗春（2015）等学者也都大声疾呼要重视考试的社会学研究，厘清考试、教学与考试使用之间的关系。因此，从批判测试视阈下基于社会多层面对CET进行反拨效应研究，体现了社会发展的需求，可探究应试教育产生的根源及其带来的严重后果，为目前CET面临的困境提供对策，推动CET测试体系走向全面社会化道路。

1.2.3 新改革——《大学英语教学指南》和《中国英语能力等级量表》的颁布

国家教育系统对语言测试政策的调整也应该引起语言测试研究者的密切关注。在高等教育阶段，非英语专业学生英语能力的培养主要靠大学英语课程来完成。而语言测试作为检验大学英语教学质量、评估大学生英语应用能力、推动大学英语课程改革与建设的重要途径，在国家层面一直得到高度重视。为了满足国家战略发展的需求，更好地为改革开放和社会发展服务，2014年9月3日，国务院颁发《关于深化考试招生制度改革的实施意见》，明确提出要加强"国家外语能力测评体系建设"，第一次从国家层面对我国外语考试制度改革提出明确的要求，即要求建立标准统一、功能多元的现代化外语测评体系。根据《国家中长期教育改革与发展规划纲要（2010—2020）》和教育部《关于全面提高高等教育质量的若干意见》等文件的精神，2017年高等学校大学外语教学指导委员会也制定了《大学英语教学指南》（下文简称《教学指南》）。《教学指南》内容更加丰富，定位更加合理，成为"新时期我国普通高等学校制定大学英语教学大纲，进行大学英语课程建设，开展大学英语课程评价的依据"。《教学指南》提出更为科学的大学英语课程评价体系和大学生英语能力测试体系。一方面，对于大学英语课程的综合评价，要求调动教学主管部门、广大师生、大学英语教学研究专家、社会用人单位等一切利益相关者积极参与，范围广阔，目标明确。这是教育部第一次明确提出社会用人单位也是大学英语课程评价活动的主体。此次大学英语课程的综合评价提出广泛征求社会用人单位的意见，其对毕业生英语应用能力的及时反馈可以为后期的课程改革和建设提供有益指导。所以以校本自我评价为主再辅以形式多样的外部评价，层次分明，有助于大学生英语能力的全面提高。另一方面，对于大学生英语能力测试体系，《教学指南》也进行了创新性发展，将"共同基础测试与其他多样化测试相结合"，全面检测大学生的英语综合应用能力，使之在生活、学习和工作中能够用英语有效地交流。基于这一指导思想建立的测试体系，能够立体化、全方位地为教学提供诊断和反馈信息，对教学充分发挥正面导向作用，实现从传统的"对学习的测试"向"促进学习的测试"的转变。《教学指南》中要求由专业考试机构统一研制大学生英语能力共同基础测试，在其他多样化测试中，校本考试成为高校语言教学中的重要环节，可为学生发展提供个性化评价反馈。此次颁布的《教学指南》虽然没有明确提及CET，但在全新教学理念指导下的测评体系可以帮助我们为CET发展清晰定位。CET将成为大学生凭兴趣自愿选择参加的多样化测试之一，而不是成为高校教学的指挥棒，更不能主导或替代教学，只是评价学生英语能力的手段之一。

　　教育部、国家语言文字工作委员会组织专家团队，耗时两年精心研制的《中国英语能力等级量表》（简称《量表》，CSE）于2018年6月1日正式实施。这是个里程碑事件。作为面向中国英语学习者的首个英语能力测评标准，这一纲领性文件满足了社会对统一语言能力测评方面的迫切需求，填补了空白，必然会对中国英语教育，尤其是大学英语教学和测评产生巨大影响。《量表》对每个级别的能力特征进行了全面翔实的描述，就像用一把能力标尺来实现中国英语测试的"车同轨、量同衡"，通过构建英语学习、教学、测试一条龙体系，在反馈教学、提升考试质量、推动国内外各种测试对接等方面发挥积极作用。《量表》将中国英语学习者的英语能力从低到高共划分了九个等级，并将这些等级与中国学校教育各阶段进行大致的匹配，其中五级、六级对应大学英语。通过梳理《量表》中五级、六级描述语的相关内容，王守仁（2018）指出《量表》建设契合《教学指南》的理念，有利于促进大学英语的规范化教学和学习。如何将《量表》作为CET测评的基础来实现大学英语学习、教学和CET改革的深度融合呢？与此同时，以《量表》为准则参照，教育部还计划逐步推出多等级、连贯有序的中国英语能力等级考试（National English Test System，简称NETS），来满足英语学习者在升学、就业、出国等方面对英语综合运用能力评价的多元化需求。这类似于原来的全国英语等级考试（Public English Test System，简称PETS），但因为与刚出台的《量表》对接，相比之下，NETS对大学生英语应用能力的测试会更加科学、准确。所以，《量表》的颁布和NETS的研发，在很多CET考生中造成恐慌：以往的CET证书会不会成为一张废纸？现阶段大学期间还有没有必要费时费力备考CET？NETS研发出来后，是否意味着持续30多年的CET将被取消？在大学英语测评体系改革的新形势下，CET何去何从是个亟待解决的问题。蔡基刚（2019）指出应改变其教学考试的性质，将其推向社会，成为社会化水平测试。即使CET作为大学英语能力测试体系的一部分，继续存在也面临着新的挑战。如何提升CET的效度和信度，使之与权威性、高认可度的《量表》精准对接也提到议事日程上来。本书从社会层面对CET进行反拨效应研究，以期为新时期的CET改革寻找一条行之有效的出路。

1.2.4 新思路——在语言测试领域社会研究范式的演变

作为一种社会实践活动，语言测试的发展离不开社会因素的影响和制约。从宏观上来讲，世界上任何一项语言测试的实施与发展都与该国家或地区的政治、经济、文化等方针政策息息相关，具有明显的社会特征。如托福考试是在美国移民法的推动下设计开发的，后来为了迎合美国国家战略安全需求不断改革，政治工具性明显。拉脱维亚独立之后，居住在拉脱维亚的俄罗斯人必须通过拉脱维亚语的严格语言测试，才能申请公民身份和进入工作场所，这种语言测试给半数以上没有公民身份的俄罗斯人带来了障碍。2012年中国香港地区首次实施的香港中学文凭考试承担着认证和选拔双重任务，考试成绩既是即将走上工作岗位的高中毕业生获取学历文凭的凭证，又是海内外大学招生报考的依据。语言测试像语言一样，反映着社会的复杂程度和权力的博弈，所以语言测试只有置于特定的政治、经济、文化、历史等社会语境中加以审视，才能让我们深刻地感受到语言测试的权力工具性。语言测试的社会维度研究是现代语言测试研究的必由之路。

社会研究同样离不开先进的社会学理论为指导。美国科学史家Thomas Kuhn在1962年出版专著《科学革命的结构》（*The Structure of Scientific Revolutions*）中，为解释常规科学的发展提出了"范式"（paradigm）这一概念，后来这一概念成为最常用的学术术语之一。范式可理解为用来观察和理解世界的一套完整的概念框架。在范式理论的基础上，Guba和Lincoln又进一步阐释并界定了社会科学领域的四种研究范式，即实证主义、后实证主义、批判理论及建构主义，为社会研究者指明了研究路径。笔者可用图表的形式从本体论（现实的形式和本质）、认识论（研究者与研究对象之间的关系）和方法论（如何认识现实）三个方面，简洁明了地展示一下这四种社会研究范式的异同。其中批判理论范式与其他三种范式存在共同之处，在本体论上都承认现实的形式真实存在，不同之处在于批判理论范式从本质上认为现实受社会、政治、经济、文化、种族等多种因素互相影响，是可以理解的，所以持历史现实主义态度。在认识论上，批判理论也采取主观主义立场，认为研究者与研究对象之间互相作用、互相影响，具有价值关涉性。在方法论上，批判理论研究范式具有非实验性和非控制性的特点，研究者和研究对象之间通过开展辩证性对话从而消除误解。研究者会通过对观察、访谈等所有数据资料不断进行分析阐释，最终形成新的解读（表1.2）。

表1.2　对比社会科学领域的四种研究范式

社会研究范式	本体论	认识论	方法论
实证主义	现实主义	客观性研究	实验性控制性
后实证主义	批判性现实主义	客观性研究	实验性控制性+定性研究
批判理论	历史现实主义	主观主义（价值关涉性）	非实验性非控制性（对话性辩证）
建构主义	相对主义	主观主义（强调互动）	非实验性非控制性（对话性建构）

之前我们提到语言测试经历了从传统语言测试阶段到现代交际语言能力测试的不断嬗变与完善，其在研究范式方面也经历了从实证、解释到批判的演变。以往国内外学者对语言测试的研究大都聚焦于研究方法的丰富和研究工具的更新，往往忽视了其背后隐含的社会研究范式，它对测试研究也有巨大的影响力。因为语言测试的核心就是对构念进行量化的过程，凭借与生俱来的优势，实证主义的研究范式一直以来都在语言测试领域占支配地位，尤其是统计分析方法不断革新，量化分析工具越来越多，极大地促进了实证主义研究范式下语言测试的发展与完善。自20世纪90年代起，后实证主义研究范式开始在语言测试领域备受瞩目，话语分析、扎根理论等定性研究方法也极大地丰富了语言测试领域的研究范围。尽管实证主义与后实证主义这些传

统的测试研究范式依旧强势，新兴的非主流研究范式——批判语言测试和建构主义也在迅速崛起，互相融合探索出一种混合研究的新范式。从方法论上实证主义研究范式可为研究提供大量真实可靠的证据，从本体论和认识论上批判理论研究范式可为语言测试研究提供新的着眼点。建构主义范式还可以提供有关研究对象的丰富信息，便于对从事测试活动的个体进一步进行具体研究。这些研究范式的有机结合在一定程度上弥补了单一研究范式自身固有的不足。何莲珍和李航（2011）认为目前的语言测试领域呈现多元化、综合化的特征正是这四种研究范式相互碰撞与结合的结果。综上所述，厘清语言测试学涉及的各种研究范式，有助于了解国内外语言测试学发展的前沿动态，为CET反拨效应研究开拓新思路。

受批判理论研究范式的影响，语言测试界不再忽视测试的社会、政治等因素，开始关注测试中的利益相关者在社会语境中面临的一系列问题。1989年由Messick提出的整体效度观框架开启了语言测试社会维度研究的前奏。基于新兴的批判理论社会研究范式，1997年Schohamy提出的批判语言测试（Critical Language Testing，简称CLT）开拓了语言测试的新领域，必将成为语言测试领域研究的未来发展趋势。

1.3 研究目的与研究问题

2016年教育部人文社科青年基金项目"批判语言测试视阈下CET的反拨效应研究"正式获准立项并展开调查研究，旨在在批判语言测试理论的指导下把握CET社会功能的演变，从不同层面调研CET反拨效应的现状与不足，考量批判理论社会研究范式下CET的权力渗透、社会责任以及公平性等社会问题，建立CET反拨效应的社会监管和控制机制。本书亟待解决的主要问题是：

（1）在新形态背景下，CET在社会语境中具备哪些社会功能？

（2）CET在社会各层面所涉及的利益相关者以及他们如何发挥自己的社会价值？

（3）CET题型改革对大学英语课堂教学特征会产生哪些动态变化？如何减少负面反拨效应，提高课堂教学的有效性？

（4）随着《量表》和能力等级考试体系的相继推出，新时代下CET将如何定位，为实现其多元化社会功能探寻一条改革发展之路？

1.4 研究内容

本书的研究在初期采用文献资料法从概念、过程、效度和阐释元素四方面对反拨效应研究的理论成果进行综合分析，之后从成绩测试、水平测试和CET三方面对20年来国内外重要的反拨效应实证研究进行梳理，为CET反拨效应研究找到批判语言测试理论指导的新趋向，最后在批判测试新视阈下建构理论框架，从社会维度对CET的反拨效应进行研究。本书包括以下五方面内容。

1.4.1 CET的社会功能变迁研究

核心内容：梳理 CET测试体系的创建、实施及发展轨迹，运用政策分析和文本分析探讨CET的目的、性质及理论基础，从批判语言测试的新视阈审视CET测试体系所具有的社会价值，归纳凝练CET在社会语境中的教育、文化、政治、经济功能的演变与发展。

1.4.2 CET的利益相关者研究

核心内容：在利益相关者理论的指导下，以Hornberger的"洋葱结构模型"为理论框架，运用政策文本分析、问卷调查和专家访谈等多种方法进行三角验证，通过深入挖掘CET测试体系13类利益相关者的社会责任，将其划分为三个层次：边缘利益相关者、次要利益相关者和核心利益相关者。

1.4.3 CET的权力渗透研究

核心内容：介于CET测试体系利益相关者繁多复杂的现象，从制度决策层和制度影响层两个层面探讨核心利益相关者的利益诉求，然后基于Bourdieu的文化资本论，分析CET测试体系演进发展中"不设分数线"和"范围控制在高校内"两条改革措施实施后，教育部、CET考试委员会、高校、用人单位和学生这五类核心利益相关者对此进行的能动解释以及从中体现的权力渗透现象。

1.4.4 CET反拨效应的具体性研究

核心内容：通过对CET反拨效应前期研究的文献特征进行多方面计量可视化分析，从微观层面上探索出反拨效应研究的新路径——具体性反拨效应研究。从大学英语课堂教学特征的动态化变化入手，在教学目标、教学内容、教学方法、教学技术手段和师生态度多层面构建CET反拨效应的具体性研究框架并运用问卷调查、访谈和课堂观察等研究方法调研CET4翻译题型改革对大学英语课堂教学产生的反拨效应和变化的力度及深度。

1.4.5 CET的公平性研究

核心内容：基于国内外测试公平性研究的不同见解及相关理论框架，从测量公平性与社会公平性两个维度划分语言测试的公平性检验指标，明确界定CET各利益相关者从测试开发到使用的不同阶段各自应承担的责任范围，规范其道德行为；通过从考试设计的合理性、命题的均衡性、施考的标准化、阅卷评分的科学性、考试信息的透明度、分数解释的可比性、使用后效的公正性七个方面展开探讨，分析和评估CET测试内容和评分体系的合理性、适用性，研究CET测试监管、使用与后期风险控制的社会公平性，探索多元化评估方式以及母语学习与大学英语课程的平衡机制；未来希望可以从立法保障、统一标准和素质提升三个方面系统地探索有中国特色的CET公平性质量保障体系，以期减少CET测试结果在社会领域内的误用及滥用，实现有效测试向有效使用的转变。

1.5 研究方法

研究方法是为实现研究目的和完成研究内容而服务的。在批判语言测试视阈下研究CET的反拨效应，是为了在理论的指引下，从实践的不完善中寻找解决问题的路径，为我国大学英语测试制度的进一步发展与完善而服务。因此，本书遵循理论联系实践、实证与思辨研究有机统一的原则，采用定性和定量研究相结合的方法来透视和剖析我国CET测试体系。定性分析以定量研究为基础加以描写，定量研究又以观察和调查数据为支撑进行统计、对比。具体采用的研究方法如下。

（1）文献研究法。本书对文献资料的检索与获取主要来自知网数据库、学术专著、报纸以及新闻网站等渠道。曲阜师范大学的图书馆为本书研究提供了一流的文献资源服务平台。笔者访学进修单位广东外语外贸大学外国语言学及应用语言学研究中心拥有丰富的语言测试方向学术专著，为检索查询国内外反拨效应研究和社会学的最新研究成果提供便利。政策文本也是体现大学英语教学的价值理念、反映CET测试体系运行模式的重要载体，是本书研究的重要依据。研究团队查阅了20世纪80年代到2019年以来出台的涉及大学英语教学及CET测试体系的相关政策法规。另外，报纸及新闻网络平台的丰富资讯，有利于笔者及时掌握社会动态，为本书研究提供了丰富的研究资料。笔者对获取的大量资料进行整理、归纳和梳理，汲取精华部分最后形成自己的分析与思考。

（2）观察和访谈法。CET测试体系在社会语境的使用是一个重要的实践问题。将科学实证的精神贯彻于社会现象的研究中，自然离不开观察和访谈这些实证研究的重要方法。本书通过参与式观察、非结构性访谈等实证研究方法，对我国CET反拨效应存在的问题进行深入剖析。针对CET社会反拨效应的宏观现状，笔者走访劳动力市场、校园招聘会及学校就业指导中心等地了解情况；针对CET反拨效应的微观表征，进入大学英语课堂进行观摩听课，然后对收集到的资料进行分类整理，为各项子课题研究提取所需资料。在收集大量第一手资料的基础上，笔者还咨询相关专家，汇聚众家智慧，制定访谈提纲，选取周边学生和熟识教师进行预访谈。最后对访谈样本采用目的性抽样，选取那些能够为研究问题提供尽可能多信息量的人，既有参与CET的师生及考生家长、CET的阅卷老师，也有学校管理人员和用人单位。笔者通过对CET涉及的不同层次利益相关者进行半结构型访谈，了解他们的真实看法与感受，掌握第一手资料。当然为了遵守访谈时的保密承诺，书中表述时不会提及完整姓名。

（3）问卷调查法。根据访谈中利益相关者对CET反拨效应的认知和诉求，对其内容进行分析整理，挖掘出有关CET社会反拨效应深层次的问题，编制了多份批判语言测试视阈下CET反拨效应研究的调查问卷。通过科学抽样，选取用人单位、家长、教师、学生等合理样本，发放、回收、整理、筛选调查问卷，然后采用数理统计方法对问卷调查的相关数据进行科学分析及信效度检验，探讨CET利益相关者的利益分配、权力渗透、社会责任等问题，归纳CET认知、行为及结果之间的逻辑关系，为CET改革提供借鉴。

为了进一步验证研究结论的适切性，在综合运用以上研究方法的基础之上，本书还采用三角交叉验证法相互对照来提高研究结论的效度（图1.1）。

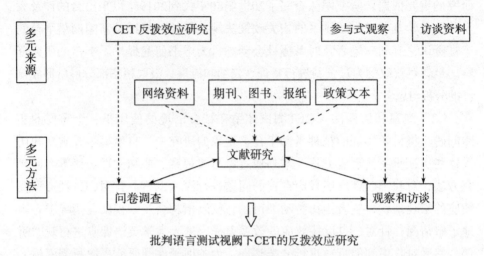

图1.1　批判测试视阈下CET反拨效应研究的三角交叉验证法

1.6 研究意义

1.6.1 理论价值

（1）可以扩宽CET反拨效应的研究视角。以往CET的反拨效应研究多从课堂教学角度入手，以师生为研究对象，缺乏对反拨效应现象深层次原因的探析。本书受批判理论研究范式的影响，将CET的反拨效应研究置于更广阔的社会语境下，以CET的社会功能变迁为研究起点，以CET社会影响的广度和深度为落脚点，审视其所具有的社会和教育变革的杠杆作用，丰富和发展了反拨效应理论，有助于建立更加完善的研究框架。

（2）可以拓展跨学科研究范畴。批判测试视阈下CET反拨效应研究突破了单一学科的界限，立足于语言测试与社会学、心理学、统计学等多学科领域的交叉研究，借助文献分析法、访谈、问卷调查、课堂观察等多种研究方法，挖掘CET测试体系的社会效应价值，探讨CET社会功能的演变对测试利益相关者产生的影响，探究CET在社会语境中扮演的支配者、监督者、调控者的角色，着重审视CET改革中渗透的隐性权力。

1.6.2 实践意义

（1）可以为CET的社会用户提供参考。CET测试结果的合理使用来源于对考试多方面用途的充分论证，它在制定及完善测试相关政策、提高选贤任能机制的客观性和科学性等方面起着重要作用，可为CET的社会用户——各级教学主管部门和用人单位提供借鉴和指导，以适应新时代社会发展及人才选拔的需求。

（2）可以为CET社会化改革提供数据支持。自1987年设计开发至今，CET已有30多年的历史，试卷结构、测试题型、评分方式和报道方式等不断进行重大调整。本书的调研结果有利于验证CET考试效度，提高CET考试信度，推动CET由教学考试积极向社会化水平测试转变。本书对于CET与《量表》顺利对接，实现英语学习成果沟通互认，促进我国大学英语能力测评体系的建设有一定的现实意义。

（3）可以帮助师生正确认识CET与语言教学的关系。通过挖掘CET渗透的隐性权力和扮演的社会角色，使师生、家长、学校等意识到反拨效应作为一种社会现象的复杂性，更加理性地对待CET，发挥语言教学的积极作用，为人才培养和"终身学习型社会"的构建提供指导。同时，本书也可以为其他大规模、高风险语言测试的反拨效应研究提供参考和借鉴。

第2章
反拨效应研究的文献综述

人们对语言测试反拨效应的认识最早可以溯源到20世纪五六十年代，Vernon（1956）和Wiseman（1961）率先指出任课教师不重视培养学生的语言技能而在课堂上只强调应试技巧，这种对测试的误用扭曲了教学的本质。反拨效应在教育界受到重视并作为一种现象展开研究始于20世纪80年代（Hughes，1988）。特别是Alderson和Wall在1993年发表的文章"Does Washback Exist？"被公认为当代反拨效应研究的里程碑。语言测试领域的国际权威期刊《语言测试》（*Language Testing*）和《教育测评：原则、政策与实践》（*Assessment in Education：Principles，Policy and Practice*）分别在1996年和2007年出版了反拨效应研究的专刊。英国剑桥大学也出版了四本关于反拨效应的专著（Cheng，2005；Wall，2005；Hawkey，2006；Green，2007）。2008年欧洲语言测试协会在剑桥大学召开国际学术会议，主题就是探讨语言测试的教育和社会效应。在许多国际性语言测试研讨会上，反拨效应都成为会议的重要议题。经过半个世纪的发展，语言测试的反拨效应研究成果丰硕。本章对反拨效应的理论元素和实证研究展开探讨，力图为新时代下CET的改革发展寻找指路明灯。首先，采用文献资料法从概念、过程、效度和阐释元素四个方面对反拨效应研究的理论成果进行综合分析，囊括了反拨效应的基本概念、术语、研究框架、运行模式等重要元素。然后，对20年来国内外大规模标准化的反拨效应实证研究分三类进行梳理和综合分析，找到批判语言测试理论指导下反拨效应研究的新趋向。

2.1 反拨效应的理论研究

语言测试的反拨效应研究离不开理论框架的指导。长期以来，语言测试研究者试图从不同的角度对反拨效应进行概念化，从理论上解构反拨效应的运行机制，理论研究有了较大的进展。黄大勇（2011）归纳出四种与反拨效应研究相关的理论元素，包括概念元素、过程元素、效度元素和阐释元素。借鉴前人研究成果，笔者从以下四个方面梳理国内外反拨效应理论研究成果：一是厘清各种反拨效应的概念和术语；二是从不同理论框架的建构中探寻反拨效应的运行机制；三是探讨语言测试效度与反拨效应之间的关系；四是从不同学科视角解读反拨效应形成的深层因素。

2.1.1 概念元素

由于语言测试本身是一个非常复杂的现象，所以研究者对其术语和概念的表述不尽相同。国外大多数语言测试研究者喜欢用"washback"（Pearson，1988；Shohamy，1992；Alderson & Wall，1993；Messick，1996；Cheng，1998）一词。尽管这个词在字典里很少能查到，但在语言测试领域它是使用频率最高且广泛认同的术语，在国内一般被译为"反拨效应或反拨作用"。对于"washback"一词的由来，Pearson（1988）曾生动形象地描写道："公共测试影响着教师、学习者、家长等多方的态度、行为和动机。测试通常在课程结束后进行，所以这种影响被认为在朝后方运行，称之为反拨效应。"Pearson又进一步解释，事实上反拨效应在前期已经在起作用，如测试引导教与学，考试会成为语言教育中"变革的杠杆"。Alderson和Wall（1993）基于广泛的实证调研深入探讨了测试的反拨效应，认为"反拨效应就是测试迫使教师和学习者去做原本不必去做，因为考试才去做的事情"。Messick（1996）赞同Alderson和Wall的观点，并进一步阐述了他的见解，即"由于测试的实施或使用，语言教师和学习者会去做某些促进或妨碍语言学习的事情，这种测试对教学产生影响的程度就是反拨效应"。Cheng（1998）借由一次课堂教学的实证研究提出，"一次公共考试的变革使课程的方向和功能有意或无意（偶然）地在教学和学习方面发生变革"，这就是反拨效应。学者们普遍认同测试会对教与学产生影响。而Shohamy（1992）除了将反拨效应阐释为"利用外在的测试来影响和推动学校范围内的外语学习"之外，还进一步指出"这种现象是外部测试权威性极强的结果并影响受试者的生活"。

但也有研究者用"backwash"（Hughes，1989；Spolsky，1994；Biggs，1995）。这个词在字典里很容易找到解释。在《科林共建英语词典》中"backwash"被定义为"事件或情况不愉快的后果"，在《新韦氏综合词典》中被定义为"某种社会行为不受欢迎的后果"。这两个定义的内涵都带有贬义，暗示着测试对教学产生的影响更倾向于消极一面。因而Spolsky（1994）强调"backwash"指测试课程对造成的非意向性的消极影响。Biggs（1995）则喜欢用"backwash"指测试不仅左右着课程大纲，还操控着教学方法和学生学习策略。"backwash"还经常与"washback"互用，如Hughes（1989）将"backwash"定义为语言测试对教学和学习所产生的影响，而这种影响可能是有益的也可能是有害的。Alderson（2004）和 Green（2007）也都曾指出这两个术语在应用语言学和普通教育领域内几乎不分彼此。在国内"backwash"通常被译作"考试后效"，如亓鲁霞（2006）就曾发表论文《论考试后效》。

除此之外，教育界还有其他词用来描述测试造成的影响。一种看法认为测试的影响如此强大以至于可以驱动教学和学习，由此产生了术语"measurement-driven instruction"（测量驱动下的教学）（Popham，1987）和"teaching to the test"（应试教学）（Madaus，1988）。相反，"curricular alignment（课程调整）"（Smith，1991）强调为了让测试推动教学向理想的方向发展，要将测试的内容和格式与教学大纲重合，修改后的课程内容变得狭隘会带有负面影响。而"test impact"（测试效应）这个词更复杂一些。Wall 和 Horak（2008）认为它与"washback"没有任何区别，而有些研究者更倾向于将二者区分开来，认为"test impact"比"washback"范围更广泛，它将语言测试的影响突破课堂延伸到学校、教育系统，乃至整个社会体系（Bachman & Palmer，1996；Wall，1997；Andrews，2004）。通过了解有关反拨效应概念的相关文献，笔者可以清楚地看到，尽管不同的研究者优选不同的定义和术语，但这些定义和术语只是涉及同一现象的不同方面，只有测试对教学的影响是大家普遍赞同的看法。因此，本书选用语言教学与语言测试领域相关学术文献中使用频率最高的术语——反拨效应（washback），以保证论述的连贯性和严谨性。

Watanabe（2004）指出，反拨效应包含价值（value）、预期性（intentionality）、强度（intensity）、时效性（length）和具体性（specificity）五个维度。每一个维度代表着反拨效应本质的一个方面。从不同维度剖析反拨效应研究是对反拨效应概念元素的有益补充，为深入开展系统化研究打下基础。

价值（或方向）就是指测试的反拨效应是积极正面的还是消极负面的。一个语言测试，如果设计好且使用适当，可以促进教学，提供有用的信息和产生强烈的助动力，这是正面的反拨效应。另一方面，如果设计不好和使用不当，测试可能会导致负面的反拨效应。大多数人关注的焦点就是测试产生的反拨效应是正面还是负面的。Hughes（1989）认为这取决于它对教育实践的影响是积极还是消极的。Popham（1987）提出的"measurement-driven instruction"（测量驱动下的教学）坚信测试具有正面反拨效应，不断变化的测试能推动课程的发展，从而促进教学和学习。评估作为强有力的"课程磁铁"，可以引导教师关注测试相关的内容。测试的结果也可能会触发公众监督，与奖惩制度挂钩或导致职业地位的丧失，因而教师被激励去追求测试所体现的目标。然而，持相反意见的研究者认为在测量驱动下的教学肯定会导致填鸭式教育，即在测试的影响下课程设置被压缩，教学模式发生改变，授课时间大大削减。所以不能笼统地说测试的反拨效应一定是正面的或是负面的，考试质量也不能作为判断反拨效应价值的唯一标准。针对同一现象，价值观不同、兴趣各异的人往往会基于各自立场和偏好做出不同选择，得出不同的结论。只有在科学的语言观指导下，具体问题具体分析来界定自己的评价标准，全面考虑反拨效应研究的社会语境，加强测试设计者和利益相关者之间的沟通，才能全面而深刻地把握反拨效应的本质。

预期性是指测试产生的影响是设计者意料之中还是意料之外的。因为我们无法想象测试设计者在一开始就想带来负面影响，所以预期的反拨效应通常与正面反拨效应相关联，例如预期的CET反拨效应就是为了激发大学生学习英语的积极性，提供有效的反馈信息。此外，还有一些新测试项目的引入旨在改善教学状况。正如Bailey（1996）所言，"实现正面积极的反拨效应是测试开发人员的首要目标"。然而，考试设计者的预期并不一定能实现，也可能带来一些意想不到的影响，如考试焦虑感，所以非预期的反拨效应就有可能是正面或负面的。反拨效应研究不仅要评估预期效果的适当性，还要评估可能出现的意外结果和副作用。

强度指测试带来的影响有强有弱，它可以鲜明地体现在不同的测试类型、不同的利益相关者以及不同的时段里。Shohamy等人（1996）通过实证研究发现阿拉伯语考试产生的反拨效应较弱，而英语口试的反拨效应则较强；另外，随着时间的变化，阿拉伯语考试的反拨效应变弱，而英语口试的则变强。肖巍等人（2014）用多群组结构方程建模对改革后CET对教学的影响做了历时研究，发现CET改革后的1~1.5年是反拨效应响应强烈的窗口期。微弱的反拨效应，可能只会对一小部分教学活动或一部分师生产生很小的影响。相反，如果测试的反拨效应过强，会影响整个课堂的教学进度，导致所谓的应试教学。目前语言测试界普遍认同反拨效应的强度与测试的风险高低密切相关。测试越重要，反拨效应就越强烈。毫无疑问，像高考、CET这样的大规模高风险考试会影响教学，吸引更多的测试研究者。

时效性是指测试的影响可能是短时性的，也可能是长时性的。反拨效应的短时性是指测试的影响仅存在于备考阶段，考试结束后就随之消失，如CET翻译题型改革时考试策略使用的影响。而反拨效应的长时性意味着测试结束后影响还可能会持续很长一段时间。如果学生进入大学后高考仍然对他们产生影响，可认为这一考试具有反拨效应的长时性。长期的反拨效应可能会完全地融入日常教学中，导致教师和学生等参与者理所当然地将其认作正常的教学现象。因此，反拨效应研究不仅要调查测试的直接影响，还要调查其长期影响，如辜向东团队曾获得国家社会科学基金资助，从2002年到2008年对CET改革前后的反拨效应进行了多方面的历时对比研究并著书立说。

在反拨效应研究中，研究范围的确定也是非常重要的，如普遍性研究和具体性研究的观测对象就有所不同。反拨效应的普遍性研究是指任何测试或测试的各个方面都引起的反拨效应。例如，英语作为高考的三门主科之一，使得高中生及家长从精力、时间和金钱上增加对英语学习的投入。与之相对，具体性研究则指某一具体测试或测试的某一方面如题型变化引起的反拨效应。例如，当CET翻译题型由短句翻译变成篇章翻译时，师生更加注重相关翻译题型练习，就会产生具体的反拨效应。吴涛（2018）就曾以CET翻译题型改革为例，建构了反拨效应具体性研究框架。

Prodromou（1995）将反拨效应分为显性和隐性两种。显性反拨效应（covert washback）表现为一些直接针对测试的明显的应试活动，很容易被发现；而隐性反拨效应（overt washback）是指受测试影响形成的无意识、不易察觉的行为习惯。隐性反拨效应可能并非由某一特定的测试活动造成，而很有可能受整个测试体系或社会考试文化氛围的影响，这阻碍了我们做出正确的区分。

Bachman和Palmer（1996）的层面论揭示了反拨效应各个层面与测试、社会之间的多重复杂关系。反拨效应存在于两个不同层面：微观层面作用于教师、学生等个体，宏观层面着眼于教育系统乃至整个社会。一般来说，测试越重要，它的反拨效应就越大。像CET这种全国范围的高风险测试，可能影响的不仅有教师和学生，还有家长、教材编写者、用人单位甚至整个社会。本书关于批判测试视阈下CET的反拨效应研究分为两个层面：在微观层面上，关注CET对教学和学习的影响；在宏观层面上，CET的社会影响着眼于教育系统乃至整个社会，研究对象应超越课堂，延伸至政府主管部门、学校、用人单位、出版社甚至对学生满怀期望的家长。综上所述，研究者从维度论、显隐论、层面论等不同角度探讨了测试反拨效应的本质，对关于CET反拨效应的实证研究有极大的指导作用。

2.1.2 过程元素

过程元素就是探讨促使测试反拨效应运行的机制。随着反拨效应理论研究的不断推进，学者们相继提出假设、构建模型，在不同时期出现了不少有代表性的理论模式。Alderson和Wall（1993）首先对反拨效应进行了深入探讨。他们提出了测试对教和学可能产生的15个假设，其反拨效果会随测试的利害关系而发生变化：

（1）测试可能会影响教学；

（2）测试可能会影响学习；

（3）测试可能会影响教师的教学内容；

（4）测试可能会影响教师的教学方法；

（5）测试可能会影响学习者的学习内容；

（6）测试可能会影响学习者的学习方法；

（7）测试可能会影响教学的速度和顺序；

（8）测试可能会影响学习的速度和顺序；

（9）测试可能会影响教学的程度和深度；

（10）测试可能会影响学习的程度和深度；

（11）测试可能会影响教学和学习的态度；

（12）重要的测试才可能有反拨效应；

（13）不重要的测试不会有反拨效应；

（14）测试可能会对所有学习者和教师产生反拨效应；

（15）测试只会对某些学习者和教师产生反拨效应，不会对其他人产生反拨效应（侯兴星，2019）。

Alderson和Hamp-Lyons（1996）又补充了一个新假设：对不同的教师和学习者，测试产生反拨效应的类型和强度有所不同。这些假设表述清晰，为后来的反拨效应实证研究奠定了基础，但这些假设都是从课堂教学视角探讨测试对教和学两方面的影响，视野过于狭隘。

与此同时，Hughes（1993）从"参与者—过程—结果"（PPP）三方面解构反拨效应的运作机制，提出测试可能首先影响参与者对其教学和学习的看法和态度，而这种看法和态度又反过来影响参与者完成任务的过程，从而最终影响学习结果。Bailey（1996）根据在实际教学过程中反拨效应的运作，融合了Alderson和Wall与Hughes前期理论研究的成果，重新改造了反拨效应基本模型，更为生动形象地揭示了反拨效应运行机制（图2.1）。在反拨效应PPP模型中，"参与者"（participants）涉及学生、教师、教材编写者、课程设计者及研究人员，他们对各自工作的认知和态度可能受测试的影响；"过程"（process）指参与者采取的任何与教学活动相关的行为，包括运用学习策略、提高应试技巧、革新教学方法、开发新教材和新课程等；"结果"（products）指所学的知识或技能（如听、说、读、写、译）和学习的产出质量（如语言流利程度）。图2.1中测试、参与者、过程和结果之间存在着复杂的互相影响关系，这是反拨效应早期实证研究中运用最广泛的理论模型。

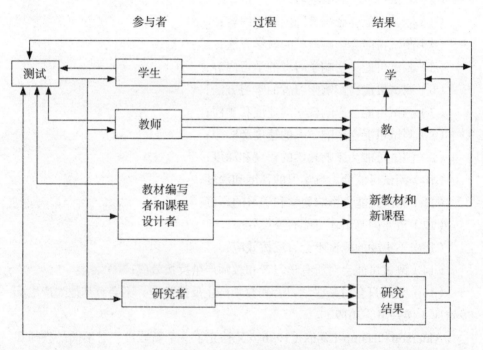

图2.1　反拨效应PPP模型

（资料来源：Bailey，K.M. Working for washback：A review of the washback concept in language testing［J］. Language Testing，1996，13（3）：257–279.）

后来Green（2007）对早期反拨效应理论框架加以补充，将反拨效应的方向（direction）、可变性（variability）和强度（intensity）三个变量纳入一个新模型，扩展了反拨效应研究范围和层面。"direction"（方向）一词等同于Watanabe（2004）反拨效应维度划分中的"value"（价值），指产生积极或消极的反拨效应。Green（2007）指出考试题型、内容、难易度等考试特征与焦点构念重合，可能会产生积极反拨效应。重合越多，即考试特征越能反映课程提供者和学习者所理解的焦点构念，产生积极反拨效应的潜力就越大。只重视考试特征，忽略焦点构念就会产生消极反拨效应。而这种设想过于理想化，并不容易操作。模型中反拨效应的可变性主要体现为所有考试参与者的自身特征及价值观差异，包括其对考试要求的认知情况以及接受程度、对考试重要性和考试难易度的感知等。此外，能否满足考试所需的资源也会影响到反拨效应的强度，特别是重要且有挑战性的考试更会产生强烈的反拨效应。

Shih（2007）的新反拨效应模型则从外部因素、内部因素和考试因素三个方面探讨考试对学生学习过程和心理层面产生的反拨效应，反拨效应的各构成要素及内在联系的密切性体现出反拨效应的复杂性。其模型还首次表明考试结果对考试后学生的学习也会产生影响。在国内，陈晓扣（2007）也意识到反拨作用研究极其复杂，试图构建一个科学的研究模型来明确具体的研究步骤、对象和任务。该模型将课堂教学过程中反拨作用涉及的多种因素和各层面融为一体，用路线图清晰地指明各研究阶段的具体任务和不同研究方法，操作性较强。

Chalhoub-Deville（2009）通过分析语言测试的多层面影响，构建了一个社会影响分析模型（Social Impact Analysis），认为应该在事先而非事后对语言测试进行调研来尽可能消除语言测试的负面影响。该模型包括以下七个步骤：第一步，设计调查步骤；第二步，查访相关个人和机构；第三步，评估预期和非预期影响；第四步，预测可能产生的负面影响；第五步，做出尽可能消除负面影响的方案；第六步，在政策规划阶段考虑影响层面；第七步，调查或协同政策制定者的工作（陈建林，2014）。这个分析模型步骤清晰明了，可以为特定语言测试的社会反拨效应研究提供一定的借鉴和参考。董曼霞（2019）通过梳理有代表性的反拨效应理论模型，发现目前研究理论框架还存在不足，未能基于其他学科视域全面系统地反映考试反拨效应运行机制。于是，她借鉴认知心理学和社会心理学的认识论观点构建反拨效应研究理论框架（图2.2），以主体认知作为研究出发点，凸显涉考者对考试的认识在反拨效应形成过程中的调节作用。

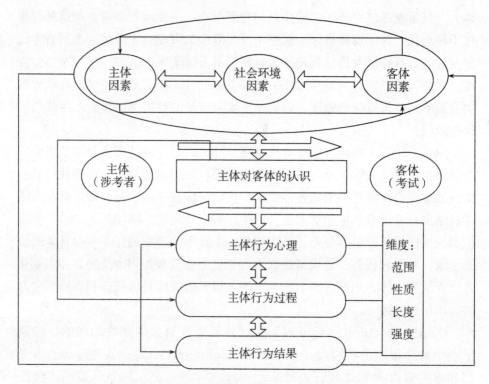

图2.2　反拨效应研究理论框架

（资料来源：董曼霞.语言测试反拨效应研究［J］.现代外语，2019，35（3）：147-147.）

　　在反拨效应过程元素的发展中，我们可以看出从最初对测试影响范围的描述转向对促成反拨效应的各种因素和运作机制的探究，理论框架的构建取得了较大进展，但仍有不足之处。国内外研究者创建了一系列反拨效应理论模型，但这些模型多局限于课堂教学的狭隘语境、只限定于某一特定的测试体系或只针对反拨效应的某些方面，不利于大范围推广应用。从宏观上看，反拨效应本质上是一种社会现象，其运行机制必然与所处的整个社会语境密切相关。从微观上看，测试利益相关者是具有意识形态的社会个体，他们的心理行为都对反拨效应起调节作用。理论建构中缺乏一个全面系统地反映测试反拨效应运行机制的理论框架。而国内有关反拨效应研究的理论创新和模型建构比较少，且缺乏实证研究进行验证。未来研究应结合目前教育教学实践，在实证研究基础上建立符合我国新时代发展特征的理论模型或框架。

2.1.3 效度元素

　　效度和信度是语言测试的两大基石。传统的效度观强调一项测试在多大程度上实现了预测的目标。然而，随着语言测试研究的深入发展，研究的重心逐渐转向测试给教育领域及社会发展带来的深远影响。测试的效度内涵发展为根据测试分数推断或决策测试在多大程度上是有用的、有意义的和适当的。Cronbach（1971）认为对测试分数的阐释与效度密切相关，有必要进行效度验证。他是效度研究中最早关注并在理论上阐述语言测试社会属性的学者。Cronbach等人（1980）在专著中提及语言测试具有社会属性，因为一切关于语言的评估都是在一定的社会背景下进行的，甚至也包括测试分数的使用。有的研究者还将反拨效应视为效度的一个方面，并创造出"washback validity"（反拨效度）一词来强调测试影响的重要性。Morrow（1986）就提出测试效度高低要取决于这项测试对教学产生正面反拨效应的大小。

在 Cronbach等人的影响下，Messick（1996）认为效度不是测试自身的性质或特点，而是测试分数意义的体现。效度可对"实证和经验依据在多大程度上支持测试分数或其他测试结果解释或使用的充分性及适切性进行总体性评估"，从而提出了适用于所有教育和心理测量的"一元六维"整体效度观。构念效度是一个整体，可细分为内容、实质、结构、推广、外部、后果六个维度，都在为测试结果的解释和使用提供支撑，缺一不可。测试的反拨效应被视为后果效度的一个方面，包括"在测试分数解释和使用时短期或长期产生预期和非预期影响的证据和理由，特别指那些在评分或解释时有偏差，测试使用时不公平，对教与学中产生积极或消极的影响"。构念效度体现了一定的社会价值观，因而一旦语言测试开发使用也会产生巨大的社会影响，所以这一整体效度观将效度理论扩展到更广阔的社会层面，是效度理论发展的一大进步。但Messick只对整体效度观进行了理论阐释，并没有提出具体的验证操作方法。

为解决这一问题，Bachman和Palmer（1996）提出包括信度、构念效度、真实性、互动性、测试影响和现实性六方面的测试使用框架，认为效度理论可为合理使用测试构建完整的论证体系，考试开发者和使用者均有责任论证测试使用的合理性，考试研究者也有责任为考试使用者提供必要的培训，督导其进行效度论证。在此基础上Bachman和Palmer（2010）后来构建了"测试使用论证框架（AUA）"，以测试的使用及其产生的后果为起点，把反拨效应放在测试开发最重要的位置。反拨效应应该成为开发和使用一项语言测试的首要因素，也是测试质量的评判标准之一。

在国内，亓鲁霞（2004）也将后果效度（即预期的反拨效应）融入考试效度概念中，以理论模型构建的形式展示出来（图2.3）。她认为教师因素、学习者因素和教学因素与考试风险相互作用，以确保达到后果效度。教师因素指教师对教学的目标和信念；学习者因素是指学习者对学习的目标和信念；教学因素包括课程资源、教学材料、考试规模及其他可利用的测试与教学资源等，而考试风险是实现后果效度的最重要因素。亓鲁霞的考试后效基本模型具有指导检验测试有效性的潜力。

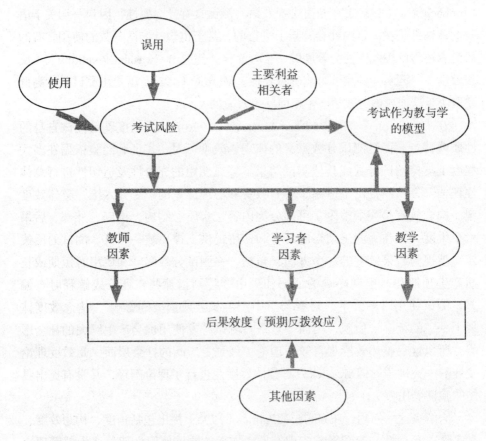

图2.3 考试后效基本模型

（资料来源：亓鲁霞. 意愿与现实：中国高等院校统一招生英语考试的反拨作用研究［M］. 北京：外语教学与研究出版社，2004.）

随着效度观的变化，语言测试领域对反拨效应与测试效度的从属关系也有争议。Alderson和Wall（1993）早就指出，反拨效应的复杂性使其不可能直接与测试效度相关。Davis（1997）也赞同这一观点，认为"结构效度走得太远……作为测试的专业人员也不可能考虑到所有可能的社会后果"。Ferman（2004）认为，效度不是测试的属性，而是测试分数的意义，因而从中很难看到反拨效应和测试效度之间的直接联系。因为反拨效应涉及不同的背景、语言环境、相关群体，测试内容和形式等众多因素也都在起作用，Messick（1996）也早已认识到反拨效应的复杂性，他建议"与其寻求反拨效应作为测试效度的标志，不如自行设计寻找效度作为可能反拨效应的基础"。这一主张不仅影响着语言测试领域效度理论的发展，还推动了人们对反拨效应研究的深入探究。虽然人们对于反拨效应与效度之间的关系看法不一，但对于评估反拨效应在语言测试领域起着重要作用这方面大家的观点一致。如果希望将测试成绩用于特定的社会目的，不仅要考虑其构念效度和价值取向，还要考虑这特定目的的相关度或实用性，以及测试使用所带来的社会后果。

2.1.4 阐释元素

阐释学也叫解释学，是西方哲学、宗教学、历史学、语言学、心理学、社会学以及文艺理论中有关意义、理解和解释等问题的哲学体系、方法论或技术性规则的统称（《中国大百科全书》总编委会，2009）。它代表一种哲学思潮，体现了当代人文科学领域的研究趋势是各学科之间相互交流、渗透和融合。有关解释学的研究可以追根溯源到古希腊时期，在20世纪它成为一种哲学流派，自"二战"后开始给西方学术界带来重大的影响。哲学解释学泛指对理解和解释现象的各个层次和各种情况的研究，不是一种方法论，而是对方法论、对理解中意识形态的作用以及对不同形式解释的范围和假定等的哲学"反思"（刘晓燕，2013）。语言植根于社会生活，跨学科研究语言测试的重要性不言而喻。反拨效应理论研究的阐释元素，就是另辟蹊径，从不同学科视角解读语言测试反拨效应现象形成的深层原因。

近年来，随着反拨效应研究的深入，研究向微观和宏观双向发展。学者对反拨效应的研究不只局限于应用语言学领域，还拓宽至社会学、认知心理学等其他学科领域，不断有学者尝试从政治学、经济学、社会学等其他学科视角来解释反拨效应现象。法国哲学家Foucault在*Discipline and Publishment*：*The Birth of the Prison*（《规训与惩罚：监狱的诞生》）（1977）中以现代监狱的诞生为例说明人类在18世纪经历了一次根本变革，权力不再体现在暴力的手段上，而是用别的方式展现出来，我们常态化的日常生活都可以转化为权力的行使。如作者在书中阐述测试就是掌权者参照一定的标准针对个人做出的评判，是权力的象征和控制的工具。教师在测试的指引下将规范化的知识灌输给学生，以此来影响学生的认知；学校再基于测试结果对所有学生进行评价、归类，学生就这样无形中生活在权力的严密监控之下。测试就是这样把知识与权力融为一体，凭借其独特的功能成为实施规训权力的一种手段或机制。Spolsky（1995）、Shohamy（2001）、McNamara和Roever（2006）都曾引用Foucault的规训权力论来阐释语言测试的反拨效应。Spolsky（1995）认为语言测试是一定社会政治制度的产物，对教育具有巨大的负面侵蚀力。Spolsky的著作*Measured Words*（《客观语言测试》）（1995）开创了对语言测试的政治控制功能探究的先河。Shohamy（2001）由Foucault的规训权力论提出测试权力论，即当权者意识到测试带来的巨大影响力后就借由测试制定不同方案来实现其各种意图，这种做法给广大应试者、教育领域乃至整个社会都会产生负面影响。McNamara和Roever的著作*Language Testing：The Social Dimension*（《基于社会属性的语言测试》）（2006）也从规训权力论方面用新数据重新阐释语言测试，勾画出跨学科研究新蓝图。他认为语言测试是推行公共政策的工具，具有社会属性。Fulcher（2015）在哲学视阈下将启蒙运动思想融入语言测试，突出强调实用现实主义（pragmatic realism）；在社会学视阈下围绕精英主义重新审视测试的价值观、测试伦理学与公平性等问题。Green的著作*Exploring Language Assessment and Testing：Language in Action*（《探索语言评价与测试：动态中的语言》）（2015）从社会认知的角度指出测试应当符合真实的语言使用环境，从社会文化学视角阐释语言测评中的伦理问题，体现了语言测试研究的社会转向。

国内杨惠中和桂诗春（2007）最早阐述了语言测试的社会性以及各利益相关者的不同责任，并指出测试的社会权重会决定测试的社会效应。黄大勇（2011）借用Bourdieu的社会实践论，从测试相关方的惯习、资本及所处的场域三方面审视测试的反拨效应，强调反拨效应产生的社会环境。王初明和亓鲁霞（2016）基于动态系统理论视角，从三方面剖析考试与社会互动的格局、考试与教学的非线性因果关系以及反拨效应与考试风险的动态变化，论证跨学科理论应用于语言测试反拨效应研究的合理性和必要性。董曼霞（2019）借鉴了认知心理学和社会心理学的认识论，以主体的认知作为反拨效应研究的出发点，从涉考者的行为心理、行为过程及行为结果方面来探讨测试的反拨效应。上述阐释理论元素从不同的视角反映了语言测试的复杂性，跨学科理论探索加深了我们对反拨效应的认识，因而迫切需要在实证研究中验证真伪。

2.2 反拨效应的实证研究

尽管有关语言测试反拨效应的研究最早可追溯到20世纪五六十年代，但早期Vernon（1956）和Wiseman（1961）对测试反拨效应的探讨缺乏实证数据支持。直到20世纪80年代末反拨效应才成为语言测试领域广受关注的话题并展开相应的实证研究。1993年，Alderson和Wall通过实证调研取得了丰硕成果，并极力呼吁改变当时反拨效应讨论多、调查少、假设多、证据少的现状。众多理论框架的构建也进一步推动了实证研究的发展。

30多年来，反拨效应实证研究在全世界范围内得到了蓬勃发展，研究成果不断涌现。这些实证研究多以大规模、高风险的语言测试为研究对象。以测试的使用用途为标准，它们大致可划分为两类：一类是由教育行政主管部门组织开发的全国或地区性成绩测试（即学业测试），旨在贯彻教育政策或推动教学大纲的实施，测试内容与课程内容或教学大纲密切关联，如斯里兰卡"O-Level"英语测试、中国高考、波兰会考；另一类为全球化或地区性的水平测试，往往与以前的学习内容或课程大纲没有直接的联系，主要是用来测试人们的某种语言能力，由于这类测试的社会认可度较高，往往被用于人才选拔、就业、移民等目的，如托福考试、雅思考试、剑桥英语等级考试、中国的口译资格考试。在不同语境下的各类语言测试，虽然用途不同，但大多数实证研究综合运用多种数据收集方法，调查对象涉及师生、教学管理人员、考试设计者、出版商等不同利益相关者，具有一定的信度和效度。受篇幅所限，各项实证研究成果不能一一详细列举。为了更好地了解国内外反拨效应实证研究的内容特征和发展过程，下文将分别从成绩测试和水平测试两方面选出一些有代表性的案例加以分析，并通过列表的方式对那些已经以著作或论文形式出版的反拨效应研究成果提供实证研究的具体实施细则及其主要结论进行对比研究。CET一直以来都是我国语言测试领域的研究重点，与大学英语教学大纲联系密切。从报名范围来看，CET测试对象只局限于高校在校学生，具有成绩测试的特征；但从目前在社会市场的应用广泛性和未来发展前景来看，又属于水平测试。本书研究立足于CET的课堂反拨效应，并延伸至其社会反拨效应研究。因CET的重要性、特殊性和复杂性，笔者对其实证研究成果又单独加以分析、归纳和整理。

2.2.1 成绩测试

Wall和Alderson（1993）在其具有开创意义的论文中介绍了斯里兰卡新实施的"O-Level"英语测试对课堂教学的影响。这项应用于大学新生入学选拔的新测试，旨在促进教学改革。但通过课堂观察和访谈研究发现，教师的注意力只局限于测试所考查的内容和技能上，在教学方法和评分方式方面并没有发生任何改变，改革成效不大。因此，研究的主要结论是测试对教师的教学内容有一定影响，对教学方法没有影响。他们还提出，如果没有利益相关者的共同努力，仅靠引入新测试，课程改革并不一定会获得成功。在后续的相关研究中，Wall（2005）又得出结论：测试具有改善教学效果的潜力，但具有局限性，改革前所处的语境、应试者自身特点、采用的新教材等都可能对其产生一定的影响。同样Watanabe（1996，2004）对日本的三所高中的英语课堂进行观察，发现新增加的大学入学翻译考试仅对部分教师产生影响，教师个人因素如学历、教学经验、教育理念可能会抑制测试的影响。除此之外，反拨效应还受学校环境氛围和教育中的文化传统等多种因素的制约。

作为中国高考英语试题开发设计者之一的亓鲁霞（2004）通过访谈、课堂观察和问卷调查对比了高考英语设计者的意愿与当前中学英语教学的现状，发现高考英语在很大程度上未能达到预期的反拨效应。高考英语设计旨在淡化语言知识学习并强化语言交际运用，而当前高中英语教学则专注于语言知识、考试内容和考试技巧的训练。这主要归咎于高考选拔功能与教学导向功能之间的矛盾，后者依附于前者，前者制约后者并诱发高考作为教师绩效评估标准的第三项功能，从而阻碍高考有效地指导教学这一预期反拨效应的实现。因此，只有当测试风险处于适当水平时，才能实现预期的反拨效应：风险要足够高，可以让使用者关注考试设计者的意图，但又不能太高，以致教师和学习者以牺牲更大的教育目标为代价，只专注于备考。2007年，她在进一步研究高考英语短文改错部分的实际反拨效应时发现，随着时间的推移，因为备考材料增多，考试的实际反拨效应与预期反拨效应之间的差距会逐渐变大（Qi，2007）。

Shohamy等人（1993，1996）对以色列的两种全国性语言测试进行历时对比研究，实证调查了作为第二语言的阿拉伯语考试（ASL）和作为外语的英语口试（EFL）改革对教学的反拨效应。两者都是政府为了"行使权力和控制目的"而强加的必修课，但研究结果揭示了两种截然不同的反拨效应模式。阿拉伯语考试改革初期对教学有一些影响，随着时间的推移影响逐渐降低，三年后影响几乎为零。而英语考试改革的情形大不相同，考试对英语教学产生了强烈的反拨效应，如增添新的课堂活动、延长备考时间、开发新材料、加深学科认识和提高学科地位。这两种反拨效应模式的不同与考试风险、语言地位、测试目的、测试题型和测试技能等影响因素有关。由此可见，反拨效应会随着时间的推移而发生变化，"测试的反拨效应很大程度上取决于测试的性质、目的及测试的其他特征，因此很可能是复杂的"

（Shohamy，1996）。

Cheng（1997）也通过课堂观察、问卷调查和访谈等方法跟踪调查了中国香港中学英语教育证书考试改革后对教育体系的反拨效应。调查对象涉及教师、学生、教材出版商、考试人员、学校管理人员等不同群体。她还分析了教材构成，研究了师生对考试的态度，了解了教学内容和教学方法等。结果表明：由于教材出版商的快速响应，考试改革对教学内容有显著影响，但对教学方法影响不大。随着对反拨效应的进一步研究，她发现学习策略基本上没受到影响（Cheng, 1998）。尽管教师对考试教学目的的看法与决策者的意图一致，但教学方法仍然没有显著变化（Cheng，2004）。因此，这三项研究表明，考试改革只会部分实现政策制定者预期的反拨效应。在另一项关于中国香港"实用英语"口语考试的研究中，Andrew等人（2002）发现该口试对学生英语学习产生了一定的积极反拨效应，但有的学生口语水平提高呈现出肤浅的趋向，主要靠熟悉考试形式和考试策略、死记硬背模式化表达，其实并不能真正适切地运用。所以，反拨效应受教师和学习者个体差异的影响，是不可预测的，需要靠出版商、教材编写者、管理人员和教师等人的协同努力。

Burrows（2004）调查了澳大利亚的移民英语口语及写作证书测试系统引进后对教师教学的反拨效应。他的研究只专注于教学的过程而不重视教学效果。这项以课堂教学为基础的全国性测试与所对应的教学大纲联系紧密。研究发现，测试对大多数教师有反拨效应，但因人而异，出现了拒绝接受、部分接受、后期接受及直接接受等多种不同模式，并随时间的变化情况而变化。所以反拨效应研究可以借鉴教育领域内的某些行为模型，要考虑到教师个人因素对测试造成的负面影响。Lewkowicz和Zawadowska-Kittel（2008）也调查了新引进的波兰英语会考对教学理念、教学方法及教学内容的反拨效应。结果表明：教师对考试信度和考试交际性持正面看法，对考试难度和口语考试模式持负面看法；会考确实对教学方法带来了极强的反拨效应，教师开始积极使用多媒体教学材料并注意培养学生的交际性语言技能；但在教学内容方面，教师更专注于传授应试策略、讲解考试题型、做大量备考练习等。

表2.1汇总了本小节涉及的有代表性的成绩测试的反拨效应实证研究的一些基本信息。

表2.1　各地区成绩测试的反拨效应实证研究

研究者及出版时间	研究内容	调查对象	数据收集方法	主要结论
Wall和Alderson（1993）；Wall（2005）	斯里兰卡O-Level英语考试对课堂教学的影响	教师、学生、教学管理人员	课堂观察、访谈	对教学内容产生一定影响，对教学方法没影响；测试有改变教学效果的潜力，但有其局限性
Watanabe（1996，2004）	日本大学入学考试对教师和课堂教学的影响	教师	课堂观察、访谈	考试仅对部分教师产生影响，反拨效应受教师个人因素、学校氛围和文化传统等多种因素的制约
亓鲁霞（2004，2007）	比较中国高考英语设计者的意愿与中学英语教学的现状	教师、学生、督导、考试设计者	课堂观察、访谈、问卷调查	高考英语未能达到预期的反拨效应；考试的实际反拨效应与预期反拨效应的差距会随时间的推移变大
Shohamy（1993）；Shohamy, Donitsa-Schmidt和Ferman（1996）	对比以色列的阿拉伯语和英语考试的历时反拨效应	教师、学生、督导	课堂观察、访谈、问卷调查、文件分析	反拨效应受测试的性质、目的及其他特征的影响，随时间推移而发生变化
Cheng（1997，1998，2004）	中国香港中学英语教育证书考试改革后对教育体系的历时反拨效应	教师、学生、教材出版商、考试人员、学校管理人员	课堂观察、访谈、问卷调查	考试改革对教学内容有显著影响，但对教学方法和学习策略影响不大
Andrews（1995）；Andrews, Fullilove和Wong（2002）	中国香港"实用英语"口语考试对学生口语学习的反拨效应	教师、学生、考试设计者	测试、问卷调查	口试对学生英语学习有一定影响，但表现滞后；反拨效应受多种因素的影响，不可预测

续表

研究者及出版时间	研究内容	调查对象	数据收集方法	主要结论
Burrows（2004）	澳大利亚移民英语口语及写作证书考试系统引进后对教师教学的反拨效应	教师	课堂观察、访谈、问卷调查	反拨效应受教师个人因素的影响，因人而异并随时间的变化而变化
Lewkowicz和Zawadowska-Kittel（2008）	波兰英语会考对教师及教学的反拨效应	教师	问卷调查	考试给教师及教学带来极强的反拨效应，教学更专注于考试策略、考试题型、备考练习等

2.2.2 水平测试

Alderson和Hamp-Lyons（1996）对比美国一所培训机构的两名英语老师的托福备考课堂和非备考课堂，通过课堂观察和访谈发现托福考试对任课老师的教学内容和教学方法产生反拨效应，其差异主要受任课教师的教学理念、教学风格等个人因素的影响。

雅思考试也引起广泛关注。在新西兰，Hayes和Read（2004）通过课堂观察、访谈、问卷调查和前测后测对比了两所雅思语言学校的课堂教学情况。A学校集中训练考试技巧和进行备考练习，B学校重点培养学生的语言能力及学术英语技能。研究发现，由于教学目标不同，雅思考试对A学校的反拨效应远远高于B学校，可能由于调研时间短，两个学校的学生均未取得明显的进步。在英国，Green（2006，2007）也用同样的研究方法调查雅思学术英语写作考试的反拨效应。研究发现：与普通写作课相比，雅思备考课上学生的写作时间及长度受到更多限制，可能是受考试形式的影响；教师因素在教学中起重要作用；高强度的备考培训对提高雅思写作分数用处不大。上述两项研究都是雅思考试在局部地区的反拨效应研究。Hawkey（2006）在全球多个地区进行雅思考试的反拨效应研究。作为雅思测试体系效度研究的一部分，研究调查了备考课堂的活动及相关教学资料、考试相关者的看法、考试结果的使用等。结果表明：雅思考试的语料真实性和评分公平性广受赞誉，写作和阅读模块相对较难；雅思考试对备考课堂的教学内容、教学方法产生一定的反拨效应；雅思考试的高风险性给考生带来了动力，也增添了焦虑。

Hawkey（2009）的另一项研究调查了剑桥英语水平考试的反拨效应，由两名教材分析者分别对10本备考教材进行分析评估。研究发现：剑桥英语水平考试对教材编写产生强烈的反拨效应，教材内容应试化严重，对培养学生语言能力用处不大。

在国内，范劲松和俞理明（2009）对49名大学生进行问卷调查和访谈，调研中级口译考试对大学生的反拨效应。他们从学习动机、学习内容、学习策略及对考试的认知四方面分析调研结果时发现：口译考试激发了学生学习动机和热情，扩展了学习内容，改进了学习方法，加深了学生对考试设计科学性的认识，具有积极的正面反拨效应；但在学习策略方面也产生了一些负面影响，如注重死记硬背和应试训练，考试焦虑感开始凸显。

Shih（2009，2010）则通过访谈、观察和文件分析调研中国台湾地区通用英语水平测试对英语教学及学校政策的影响。研究调查了台湾地区两所私立高校的应用英语系，发现这类考试对两所学校教学产生的反拨效应较弱，其反拨效应强度主要受学校政策和课程目标的影响，教师的信念、教师对待考试的态度等也起一定作用。关于学校是否将考试成绩与学生毕业挂钩，主要受三类因素的影响：一是社会和教育因素，尤其是政府部门颁布的相关法规政策、教学评估、就业招聘、测试机构的利益；二是学校因素，包括学校的荣誉感、学校或院系的支持、其他考试的情况、管理人员及教师的看法等；三是家长和学生的因素，如家长和学生的看法、学生的英语水平、学生的经济情况、学生的毕业情况。其中社会和教育因素为主，而学生的看法很少有人关心。

表2.2汇总了本小节涉及的有代表性的水平测试的反拨效应实证研究的一些基本信息。

表2.2　各地区水平测试的反拨效应实证研究

研究者及出版时间	研究内容	调查对象	数据收集方法	主要结论
Alderson和 Hamp-Lyons （1996）	美国托福考试对课堂教学的影响	教师、学生、督导	课堂观察、访谈	对教学方法和教学内容产生反拨效应，差异主要受教师个人因素的影响

续表

研究者及出版时间	研究内容	调查对象	数据收集方法	主要结论
Hayes和Read（2004）	共时对比新西兰雅思考试的备考课堂	教师、学生	课堂观察、访谈、问卷调查、测试	教学目标不同，考试对不同学校的反拨效应不同
Green（2006，2007）	英国雅思学术英语写作考试的反拨效应	教师、学生、课程提供者	课堂观察、访谈、问卷调查、测试	教师会影响考试对学生的反拨效应；备考培训用处不大
Hawkey（2006）	雅思考试的反拨效应	教师、学生、教材分析、教学管理人员	课堂观察、访谈、问卷调查、教材分析	语料真实和公平性广受赞誉；对教学内容、教学方法有反拨效应；高风险性易导致焦虑
Hawkey（2009）	剑桥英语水平考试对备考教材的反拨效应	教材分析者	教材分析	对教材编写和教材内容产生强烈的反拨效应，应试化严重
范劲松，俞理明（2009）	中级口译考试对大学生的反拨效应	学生	访谈、问卷调查	对学习动机和学习方法有正面反拨效应，对学习策略有负面反拨效应
Shih（2009，2010）	中国台湾地区通用英语水平考试对英语教学及学校政策的影响	教师、学生、系主任、家长	访谈、观察、文件分析	反拨效应强度受学校政策和课程目标的影响，而考试成绩与学生毕业挂钩主要受社会教育因素影响

2.2.3 大学英语四、六级测试体系

CET是我国自主开发的一项标准化测试，自1987年实施以来已有30多年的历史，考试规模庞大，考生人数众多。它本是为了评估高等院校大学英语教学水平，提高非英语专业大学生英语应用能力，但其功能在社会实践中被不断扩大，许多学校把CET考试成绩与毕业证挂钩，社会用人单位把CET考试成绩作为招聘选才的重要标准，带来了严重的社会影响。CET产生的负面

影响，冲击了教学，在教育界及社会上遭到质疑和抨击。受地域限制，国外语言测试专家对CET反拨效应研究极少涉猎。在国内语言教学和测试界却对其倍加关注，已有许多学者和教师从多方面展开调研，产出了不少研究成果，表2.3总结了代表性研究的一些基本信息。

表2.3　CET的反拨效应实证研究

研究者及出版时间	研究内容	调查对象	数据收集方法	研究时间
唐雄英（2005）	学生对CET4的态度及考试对其英语学习的影响	508名大二学生、511名大三学生	问卷调查、访谈	大二下学期、大三下学期
陈烽（2007）	CET4对课程安排及教学过程产生的影响	154名教师	问卷调查、访谈	2003年7月
辜向东（2007）	CET对大学英语教学的影响	1500名教师、3000名学生	课堂观察、问卷调查、访谈、测试、文件分析	2002—2003年
辜向东和彭莹莹（2010）	对比改革前后大学英语教师对CET及其反拨效应的看法	1952名教师	问卷调查、课堂观察、访谈	2003年、2007年、2008年
肖巍和辜向东（2014）	从学生角度分析改革后CET反拨效应机制及其历时变化	710名学生	问卷调查	2008年3月—2009年7月
侯新民和王伟力（2008）	学生对改革后CET4听力部分的态度	200名未参加过CET4的大二学生、93名第一次CET4未过的大三学生	问卷调查、访谈	—
石小娟（2010）	CET听力部分改革对学习者的影响	115名学生	问卷调查、访谈	2006—2008年五个代表性时段

研究者及出版时间	研究内容	调查对象	数据收集方法	研究时间
金艳（2000）	实施CET-SET的必要性以及了解师生对口试各方面的评价	358名考生、28名主考教师	问卷调查	1999年5月
唐耀彩和彭金定（2004）	对比CET-SET考生和非考生在英语学习中表现	110名大三备考生，225名大一、大二、大三非考生	问卷调查、访谈、课堂观察	2001年12月

　　学生和教师作为CET的直接利益相关者一直是实证调研的最佳对象。唐雄英（2005）利用问卷调查和访谈的研究方法调查某所普通高校的508名大二和511名大三的非英语专业学生对CET4的态度以及CET4对其英语学习的影响。结果表明，CET4影响了学生的学习态度、内容、方法、进度、广度及深度等，但影响程度因人而异，特别是性别因素在CET4反拨效应研究中也表现出一定的差异。她还较早地指出考试对教学的影响不仅取决于考试的质量，考试的正确使用才是关键因素。陈烽（2003）利用大学英语研讨会召开之际和CET4集中阅卷期间向154名教师发放问卷调查，并对112名教师进行访谈，研究CET4对课程安排及其教学过程产生的影响。结果发现，CET4对教学的影响极为肤浅，影响的仅是教什么而非如何教，即CET4改变了教学内容，并未改变其教学方法。可见，光靠考试自身的改革如题型、内容的变化并不能实现课程改革的美好意愿，利益相关者的积极配合也非常重要。

　　2005年教育部公布了《全国大学英语四、六级考试改革方案》，在考试内容、考试形式、计分体制、分数报道方式等方面进行了重大改革。为了了解大学生对改革后CET4听力部分的态度，侯新民和王伟力（2008）从微观角度对293名非英语专业二年级和三年级本科生进行问卷调查，还与部分受试者进行了面对面访谈。研究发现：新CET4听力部分的正面反拨效应表现在考试的必要性、内容设计的科学性、主客观题型的满意度、考试可信度、评分标准明确度、分数比重合理性六个方面，负面反拨效应表现在考试难度和分数报道形式两方面。此外，大多数考生对考试表面效度和时间安排也不满意。石小娟（2010）对一所改革试点院校的115名学生进行了长达三年的历时反拨效应研究,在五个代表性时段调查CET听力部分改革对学习者的影响。研究表明:CET改革后听力权重的增加,激发了学生的学习兴趣,听力练习时间相应地增加,但不同学习者的学习内容有明显差异,并且这种反拨效应的持续力度较短。这项研究为笔者在不同阶段、从多角度对不同学习者开展测试的反拨效应研究打开了新思路。

我国CET反拨效应的领军人物——辜向东(2007)首先在全国范围内开展了大规模的CET反拨效应研究,涉及师生约4500人,主要采用课堂观察、问卷调查、访谈、测试、文件分析等多种调查方法,研究CET利益相关者对CET及其反拨效应的认识、CET对课堂教学及教学产出的影响和影响大学英语教学的非考试因素。多数利益相关者认为CET正面反拨效应远远大于负面反拨效应,尤其是在命题和评分等方面评价很高,负面影响主要来自对考试结果的误用。CET对大学英语教学的方方面面都产生了影响,在教学内容、教学进度和教学态度方面影响较大,对教学方法影响较小,影响程度还会因学校、年级、教师而异。除了考试本身之外,学生生源、教师素质以及管理阶层的重视程度都会影响大学英语教学。2005年CET改革后,辜向东和彭莹莹(2010)对2003年、2007年和2008年三次问卷调查数据进行分析,再辅以课堂观察和访谈,探究CET改革前后大学英语教师对CET及其反拨效应的看法。历时对比研究结果表明:改革前后大学英语教师一致认同CET对大学英语教学的正面反拨效应远远大于负面,且随着时间的推移呈上升趋势;总体上教师对CET改革比较熟悉,对各项改革措施态度较为积极;改革后大学英语教学重心由阅读向听力倾斜;CET不是影响大学英语教学的主要因素,排名较前的影响因素是学生英语水平、班级大小和学习风气。之后,肖巍和辜向东(2014)还利用三次问卷调查收集的数据,通过多群组结构方程建模,从学生角度分析CET反拨效应机制中11个单因素的历时变化。结果发现,CET改革后的1~1.5年是正面反拨效应较明显的窗口期,窗口期过后负面反拨效应有所回升,但总体上继续朝重教材、轻应试的方向发展,CET改革基本实现了"以考促学"的预期反拨效应。辜向东及其科研团队对CET反拨效应在教学领域的多个方面进行了研究,为后来的研究者提供了宝贵的经验。

作为CET考察范围的一部分,口语考试(CET-SET)也一直是反拨效应研究的重点。金艳(2000)在上海、北京和南京三地对参加CET-SET第二次试点考试的358名学生和28名主考教师分别进行了问卷调查。调查数据表明:绝大部分考生和教师认为实施CET-SET是非常必要的,有利于提高学生口语交际水平;考试形式和内容、时间安排、评分标准等都比较合理、科学。

CET-SET正式实施后，唐耀彩和彭金定（2004）采用描述性研究的方法，对110名备考生和225名非考生进行课堂观察、访谈和问卷调查，发现CET-SET对备考生的学习态度产生较强的反拨效应，但在学习行为方面（包括学习方法和学习内容）反拨效应不明显，考试对备考生产生的反拨效应要强于非考生。

2.2.4 实证研究小结

通过对国内外反拨效应实证研究成果进行梳理，笔者发现30多年来实证研究有了长足的发展，但同时也存在一些不足。国外研究涉及范围广，不利于进行详细的数据分析。中国知网作为国内最大的文献资源数据库，一直保持动态更新，且查询便利，具有很高的文献参考价值。因此，结合上述列表中国内外实证研究案例和中国知网的检索信息，笔者对国内外反拨效应研究进行了总结分析。

（1）从总体趋势来看，重复性研究多，创新性实证研究数量少。

2019年10月18日，笔者以国内常用的"washback"三种译法"反拨效应""反拨作用"和"后效"为主题进行高级文献检索，在"哲学与人文科学"和"社会科学Ⅱ辑"学科分类领域，共检索出2732篇文献，其中学术期刊有2076篇（表2.4）。从文献数量和指标分析看，反拨效应研究广受关注，形势喜人。但当笔者将搜索范围限定在2019—2020年CSSCI目录来源期刊时，只发现了146篇文章。研究发现普通期刊的文章多是关于经验探讨的重复性研究，缺乏创新力，有一定影响力的实证研究也比较匮乏。此外，除了语言测试领域外，"后效"一词还被运用到心理学、医学、体育、生物等其他学科，还有一些发表在CSSCI来源期刊增刊上质量不高的论文，笔者都一一剔除。为避免重复检索，最终手动搜索出发表在2019—2020年CSSCI目录来源期刊上的高质量反拨效应文章共有79篇。

表2.4 中国知网反拨效应研究文献检索情况　　　单位：篇

主题	文献	学术期刊	CSSCI来源期刊	高质量的CSSCI文章
反拨效应	1151	830	61	47
反拨作用	1064	829	41	18
后效	517	417	44	14
合计	2732	2076	146	79

邹申和董曼霞（2014）曾就知网检索到的1994—2013年的国内反拨效应研究论文进行分析，认为20年来国内反拨效应研究文献数量呈逐年上涨趋势，尤其在近10年，掀起了反拨效应研究的热潮。而笔者对检索出的79篇关于反拨效应研究的高质量论文进行图表分析发现（图2.4和图2.5）：1998—2019年反拨效应研究呈稳步增长，偶有低潮，起伏不定；2014年有9篇文章发表，达到高潮；2018年受高考改革的影响，有7篇文章发表。

A.

文献数	总参考数	总被引数	总下载数	篇均参考数	篇均被引数	篇均下载数	下载被引比
79	982	3436	92399	12.43	43.49	1169.61	26.89

B.

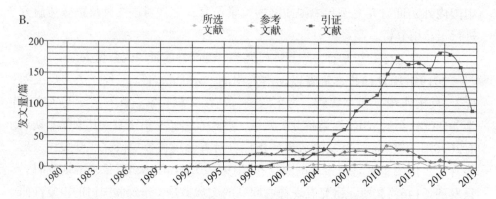

图2.4　国内CSSCI来源期刊中反拨效应研究指标（A）及总体趋势分析（B）

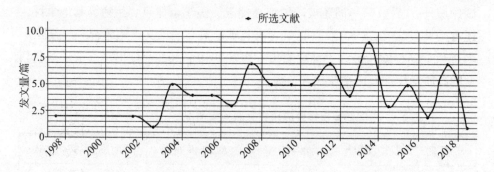

图2.5　国内CSSCI来源期刊中反拨效应研究历年发文量趋势分析

再如表2.5所示，79篇文章分别来自32种CSSCI来源期刊，有26本杂志（占总数32.9%）20年来只刊登了1篇有关反拨效应的文章；即使是排在前三位的《外语界》《外语电化教学》和《外语教学理论与实践》，年均刊载率最高也不足1篇。其中实证研究只有29篇，仅占36.7%。这一现象说明国内测试界对反拨效应研究的重视程度还不高,国内反拨效应研究,尤其是实证研究比较欠缺,需要加强。

表2.5　国内CSSCI来源期刊中反拨效应研究的来源分布

来源期刊	篇数	百分比/%
《外语界》	13	16.5
《外语电化教学》	9	11.4
《外语教学理论与实践》	7	8.9
《现代外语》	5	6.3
《外语与外语教学》	4	5.1
《外语学刊》	4	5.1
《外语教学与研究》	4	5.1
《课程·教材·教法》	3	3.8
《现代远距离教育》	2	2.5

（2）从调查对象来看,目前国内外反拨效应研究对不同群体的利益相关者关注度不同。

测试的利益相关者受到语言测试的影响,反过来又会影响语言测试的进程和结果。笔者分析表2.2和表2.3发现,国外反拨效应实证研究调查对象包括教师、学生、教学管理人员、考试设计者、家长、教材出版商等不同利益相关者,研究范围很广,但样本数不多。而表2.3和CSSCI来源期刊中有关反拨效应实证研究的案例主要以学生和教师为调查对象,这与图2.6中邹申和董曼霞（2014）调查的1994—2013年有代表性的国内反拨效应实证研究中调查对象的分布图相符合,因为同一项研究有可能会调查不止一个研究对象,所以各项比重之和会超过100%。如图2.6所示,在调查对象分布中,由于教学的便利性,学生数据最容易采集且样本数量充足,占73.4%;教师占调查对象的55.6%;而其他利益相关者所占的比重较小,仅有7.4%,这充分说明到目前为止国内实证研究调查对象的范围没有很大的扩展。

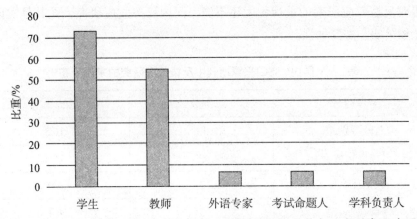

图2.6 1994—2013年国内有代表性的反拨效应实证研究中调查对象分布图
（资料来源：邹申，董曼霞．国内反拨效应研究20年：现状与思考［J］．中国外语，2014，60（4）：5-14．）

笔者精选CSSCI目录来源期刊中关于反拨效应研究的高质量论文共有79篇，研究者多为高校教师，如表2.6所示，排在前三位的是邹申（6篇）、辜向东（4篇）和亓鲁霞（3篇），杨惠中和薛荣各有2篇，其他54名作者均有一篇论文入选。论文作者所在的研究机构按发表篇数排在前三位的是上海外国语大学、广东外语外贸大学和上海交通大学（表2.7）。

表2.6 国内CSSCI来源期刊中关于反拨效应研究的高质量论文作者

作者	篇数	百分比/%
邹申	6	7.5
辜向东	4	5.0
亓鲁霞	3	3.8
杨惠中	2	2.5
薛荣	2	2.5

表2.7 国内CSSCI来源期刊中关于反拨效应研究的高质量论文作者所在机构

机构	篇数	百分比/%
上海外国语大学	9	10.6
广东外语外贸大学	7	8.2
上海交通大学	5	5.9

续表

机构	篇数	百分比/%
重庆大学	4	4.7
南京财经大学	4	4.7
其他	46	54.1

　　国内反拨效应实证研究首选学生为调查对象，且样本数比较大。因为研究者多来自一线的教师，职业的便利性和中国传统上对教师的敬畏使他们比较容易收集到调查数据。也有选择以教师为调查对象的，身为同行方便配合研究，对教学的认识也更深刻。再从反拨效应实证研究涉及的调查群体来看（表2.2和表2.3），国外反拨效应研究涉及单一群体的比较少，如Watanabe（1996，2004）和Burrows（2004）的研究报道；涉及两个群体的也很少，只有Hayes和Read（2004）的研究报道；调查多涉及三个及以上的群体，涉及范围广，研究更加全面且有说服力。而国内反拨效应实证研究多涉及单一群体，如教师或学生（如表2.8所示，邹申和董曼霞调查发现曾占59.2%）；涉及两个群体的主要以"教师+学生"类型为主，且有上涨趋势，因为课堂教学更容易获取信息；研究涉及三个及以上群体的很少，如亓鲁霞（2004，2007）的研究。

表2.8　1994—2013年反拨效应实证研究涉及群体类型

涉及群体	篇数	百分比/%
教师	6	22.2
学生	10	37.0
教师+学生	8	29.6
外语专家+学科负责人	1	3.7
教师+专家+试题设计者	1	3.7
教师+学生+命题人+学科负责人	1	3.7

资料来源：邹申，董曼霞. 国内反拨效应研究20年：现状与思考［J］. 中国外语，2014，60（4）：5-14.

语言测试的反拨效应研究若仅涉及教师和学生，调查对象范围过窄，不利于全面了解测试对多方利益相关者的影响，也不利于挖掘影响测试结果和使用的深层次原因。因此，还需要从CET测试体系的制定者、管理者和使用者等多个群体收集证据，进行多方论证，增强研究的说服力，但这方面还少有研究者涉猎。

（3）数据收集方法丰富多样，数据分析的科学性有待加强。

基于上述列表，国内外反拨效应的实证研究通常采取问卷调查、访谈和课堂观察等方法来收集数据。问卷调查属于定量研究，优势在于受试覆盖面广，可以涉及多种问题，容易获得较高的信度，但由于间接获取数据，效度往往不高。与之相比，访谈和课堂观察属于定性研究，可以直接获取数据，容易取得较高的效度。由于受试覆盖面较窄，研究者介入可能会影响信度。从实际操作角度，问卷调查可以帮助研究者节省时间和精力开展大规模调研，访谈和课堂观察可以帮助研究者进一步挖掘信息，了解相关背景。语言测试的反拨效应是一个复杂的现象，为了确保研究的有效性和可靠性，定量和定性研究紧密结合获取数据，可以解决人们做什么、为什么这样做的问题。文献分析也经常用于反拨效应研究。文献包括政府教育主管部门颁布的纲领文件、教学大纲和考试大纲、教材、参考书、社会用户的章程、相关的研究等一切与语言测试相关的资料。当然获取文献资料有一定的难度，内容解读和分析也必须客观正确，不能受社会意识形态和个人思想状态的影响。此外，还可以设计相关的实验研究来比较测试准备课程和非准备课程的不同产出。尽管Green（2007）认为很难找到合适的测量工具，效果也不尽如人意，辜向东（2007）等人还是选择将实验法作为研究方法之一，与其他方法配合使用。日志主要用于语言教学和教师发展领域，用于语言测试反拨效应研究的仅有一例（辜向东等，2014）。任何单一研究方法都存在缺陷，因此在反拨效应实证研究中，为了保证信度和效度，国内外研究者为达成各自的研究目的大都采用多种方法收集数据，互相取长补短。

国内某些反拨效应研究虽然采用问卷调查、课堂观察、访谈等多种方法收集数据，但是进行数据分析时只是单纯罗列各项数据，没有分类整合，更没有从多个角度进行综合对比和互相印证，并没有真正实现数据多方验证的目的，研究结论也缺乏说服力。定量研究中采用的数据分析方法有两种：一是描述统计，包括平均数、百分比、标准差、方差等；二是描述统计与推断统计相结合，推断统计方法有因子分析、多因素方差分析、结构方程模型等。目前国内外反拨效应实证研究多采用描述性统计方法，使用推断统计的研究者较少且多为男性，如肖巍等人（2014）基于多群组结构方程建模，综合分析CET反拨效应机制。外语教师以女性居多，她们多为文科出身，天生畏惧技术，对统计学知识缺乏了解。此外还应引起注意的是，数据收集方法的信度和效度必须经过严格验证。不管是没有经过验证还是没有在书面中呈现验证结果的研究，结论都会大打折扣。

（4）在研究内容方面，反拨效应实证研究需要向微观和宏观方面进一步发展。

实践证明：无论是积极的还是消极的，大规模的语言测试无疑会对教学产生很大的影响。这些遍及世界各地、针对不同类型语言测试进行的反拨效应研究为本书研究带来了丰富的借鉴经验：一是在教师及教学方面，较多关注测试对教学态度、教学内容、教学方法、课程安排、教学材料的影响；二是在学生及学习方面，主要关注对学生的学习态度、学习动机、学习内容、学习策略、考试策略等的影响。同时实证研究的各种结果也让笔者充分认识到测试反拨效应的复杂多样性。狭义的反拨效应是指测试对教与学的影响，而研究发现语言测试要受到教育及社会语境中多种因素的制约，如教师因素、学校氛围和文化传统、社会教育因素、家长因素。显然，除了测试对教学的反拨效应之外，本书还对测试其他方面的影响因素进行了研究。Watanabe（2004）曾根据实证研究的结果，将反拨效应的影响因素划分为五类：一是测试因素，如测试方法、测试内容、考核技能及测试结果的使用；二是威望因素，如测试的风险（利害关系）、考试在教育系统中的地位；三是个人因素，如教师的教育背景、对教学方法和学习方法的信念；四是微观的学校语境因素；五是宏观的社会语境因素。这种划分不但囊括了测试自身的变化因素，还比较全面地概括了测试所涉及的课堂、学校和社会语境。

语言测试反拨效应研究主要针对大规模高风险测试，如各国高考和会考、雅思、托福、CET、TEM。尤其是CET在国内反拨效应研究中所占比重最大，本书选取的79篇来自CSSCI来源期刊的反拨效应研究文章中就有15篇对CET开展研究。大规模、高风险考试常具有极强的社会性，涉及面较广，需要从多层面、多角度出发，进行深入、系统化研究。Pennycook（2001）提出批判应用语言学的理念，主张在应用语言学领域内实践要与社会、政治、文化思辨相结合，语言和话语应具有政治和意识形态特征，与广泛的社会语境相结合。

因此未来反拨效应实证研究应突破单一的课堂教学角度，向微观和宏观发展。在微观上，未来研究应多关注测试利益相关者的心理变化、反拨效应各变量之间的内在联系及运行机制等，探析反拨效应现象的深层次原因。在宏观上，随着人们对大规模、高风险测试的关注度不断增加，反拨效应研究的背景应扩大到整个教育系统甚至社会语境，未来的反拨效应研究可以与社会学、认知心理学、教育学等其他学科相结合，从跨学科视角阐释反拨效应纷繁复杂的现象。

2.3 批判语言测试理论的发展

目前语言测试研究的重点正从提高语言测试的信度和加强效度验证逐渐转向关注语言测试的社会影响，即语言测试的社会维度研究。受批判理论研究范式的影响，对测试的批判性思考始于20世纪70年代末80年代初（何莲珍和吕洲洋. 2013）。法国哲学家Foucault（1977）在专著*Discipline and Publishment：The Birth of the Prison*（《训诫与惩罚：监狱的诞生》）中将考试看作实施和规范权力的一种手段或机制。受此影响，1997年Schohamy在美国应用语言学协会年会上首先提出批判语言测试理论（Critical Language Testing），并随后通过访谈、问卷调查、观察等多种研究方法进行一系列研究。她在论文"Critical Language Testing and Beyond"（1998）中介绍了批判语言测试的特点："测试行为并不是中立的，相反，它是文化、社会、政治、教育及意识形态的产物和媒介……它影响着每一位参与者、教师和学习者的生活，将语言测试与运转所需的语境脱离是不可能的。"批判语言测试用解释性的方法对传统的心理测量学提出挑战，为语言效度引入新标准。语言测试界不再忽视测试的社会及政治因素，研究者在更广阔的社会背景中研究测试和对测试的使用，标志着语言测试研究范式的转型。批判语言测试理论强调在教育和社会领域对测试工具的使用要严格规范、敢于质疑和加强监督，特别是当测试工具被国家权力机构或权威人士所掌控的时候。后来，她在专著中充分阐释了在社会和政治语境中引入测试的目的、测试的使用情况及其产生的社会影响（Shohamy，2001）。她还总结了批判语言测试的五条民主原则（Shohamy，2004），开辟了语言测试研究的新领域：

第一条是包容性民主原则，对多元文化社会中不同群体的知识予以充分认可并在测试设计和评价时囊括其中。

第二条是权力共享民主原则，要求测试人员发挥积极参与的精神，与被测试者共同合作来实施测试和进行民主评价。

第三条民主原则要求社会成员监督测试作为权力工具的使用情况，审视并控制它对教育和社会的巨大影响力。

第四条民主原则要求在民主社会里制定一些法律和法规来保护被测试者的权利免受权力机构的损害。

第五条民主原则需要那些参与测试的人主动为测试及使用后果承担责任。

我国语言测试的内容与方法一直受到国外测试研究的影响。近年来，国内语言测试的研究重点也逐渐转向关注语言测试在社会领域的应用。但由于中外教育理念不同，政治环境存在差异，国内语言测试研究也有自己独特的轨迹。国内最早提出从社会学角度来看待语言测试的学者是杨惠中和桂诗春。他们在《语言测试的社会学思考》（2007）一文中提出当前"语言测试工作者的研究重点逐步从提高测试信度和改进测试效度发展到关注测试的后效"。在2015年他们还合作主编了《语言测试社会学》一书，首次将语言测试的社会性研究明确定义为"语言测试社会学"（陈建林，2016）。书中精心收录了12篇国内外专家的文章，从社会学视角对语言测试领域涉及的一系列社会问题进行了深入探讨。何莲珍和吕洲洋（2013）首次在国内推介了批判语言测试理论。邹申（2014）探讨了民族志在语言测试研究中的应用。邹申和董曼霞（2014）指出反拨效应研究要向微观和纵深发展，研究"不能只局限于应用语言学领域，应拓宽至社会学、认知心理学、教育学等其他学科领域，并从其他学科视角解释反拨效应现象或利用其他学科相关理论构建反拨效应理论模型"。

2.4 小结

半个世纪以来，语言测试的反拨效应理论研究取得了丰硕成果，概念界定清晰明了，模型建构丰富多样，效度探索日趋深入，理论阐释跨学科融合。理论建构的飞速发展和日趋成熟也激发了测试研究者实证调研的热情，国内外研究者针对大规模、高风险的成绩测试或水平测试，在世界各地纷纷展开反拨效应调研，成果遍地开花，但也存在着研究创新度不高、对利益相关者的关注度失衡、数据分析缺乏科学性等不足之处。总之，前期研究都为本书研究课题的开展奠定了坚固的理论基础，提供了丰富的实践经验。

CET作为一项具有中国特色的大规模标准化考试，兼有成绩测试和水平测试的特征。唐雄英、辜向东、金艳等学者主要针对大学英语教师或非英语专业大学生进行反拨效应研究，发现CET对课堂教学和学生学习产生的积极或消极影响，取得了一系列丰硕成果。通过梳理国内外研究文献得知，未来语言测试的发展趋势是语言测试在社会领域的应用。受我国教育资源分布不均衡、文凭导向的社会价值观等影响，CET在社会层面的影响力不容忽视，CET成绩的好坏有可能会决定学生的未来。因此，在探讨CET反拨效应时应引入批判语言测试新理论，考虑到社会层面的教育、政治、文化、经济等多重因素，对CET的社会功能变迁、社会责任划分、权力渗透以及公平性等社会问题进行多方面研究，力图建立合理的社会监管和控制机制。

CET社会功能变迁研究

全国大学英语四、六级考试（CET）是教育部主办、由教育部考试中心主持和实施的一项标准化测试，自从1987年开始在全国范围内实施以来，收获过高度的赞誉，也遭遇到激烈的抨击，各种争论褒贬不一，从未停止。为了适应我国高等教育发展的新态势，推动大学英语教学改革，CET在30多年的风雨征程中不断革新，在教育及社会领域内发挥着多重功能。根据Schohamy提出的批判语言测试理论，基于民主原则第三条要求——监督语言测试在社会语境中的使用情况，审视它对教育和社会的影响，本章从政策分析视角寻找CET测试体系创立、实施及发展的轨迹，用文本分析和历史分析法探讨CET的目的、性质及理论基础，从而在社会层面上对CET的教育、文化、政治、经济功能的变迁进行探究。

3.1 CET测试体系的发展历程

基于上一章的文献回顾发现，以往的CET反拨效应研究多集中于其在教育层面的影响，很少与社会语境相结合。为了了解CET在社会语境的使用情况，笔者要从CET自身的发展历程入手，挖掘CET对社会发展的深层次影响，这就要涉及社会政策层面的研究。政策指政府、政党和其他社会政治团体在特定时期为实现或服务于一定社会政治、经济、文化目标所采取的政治行为或规定的行为准则，包括一系列谋略、法令、措施、办法、方法、条例等（陈振明，1998）。所以首先要从政策分析视角明确CET发展的不同阶段，然后对CET在每一个改革阶段发生的变化、产生的影响用文本和历史分析法进行系统的剖析。本章所使用的文本资料主要来自教育部出台的各项改革政策、不同版本的大学英语教学大纲与大学英语课程要求、CET考试大纲、国家统计局公布的各年度《国民经济和社会发展统计公报》、新闻报道和期刊等。

3.1.1 CET测试体系的缘起

1977年我国恢复高考招生后，各项教育事业百废待兴，蒸蒸日上，但起初英语并没有受到重视。直至党的十一届三中全会之后我国实行对外开放政策，英语在社会上的用途越来越广泛，人们才开始意识到英语作为在国际上交际工具的重要性。20世纪80年代初，我国高校公共英语教学（后称"大学英语"）逐渐恢复和发展起来，但也面临很多亟待解决的难题。作为一门必修基础课程，公共英语课涉及不同层次的学生数量大且其英语水平参差不齐；任课教师上课周期长，在进修和评职称等方面受到歧视。为了满足社会发展的需要，提高高校教学水平，改善公共英语教学质量，自上而下的公共英语教学改革迫在眉睫。

1982年，国家教委（现教育部）高教一司委托公共外语教材编审委员会（后称"大学外语教学指导委员会"）和公共外语教学研究会（后称"大学外语教学研究会"）制定新的教学大纲，这是我国大学英语教学发展历程中的重大转折点（杨惠中，2019）。1984年5月，国家教委在杭州召开高校英语教学大纲审定会，将"公共英语"更名为"大学英语"。1985年，国家教委正式颁布《大学英语教学大纲》（高等学校理工科本科用），专门提及测试应作为检查大学生英语水平的重要手段，语言测试要做到科学、客观、统一和标准化。在英语第四级和第六级的教学结束时，应按教学大纲的要求对学生进行全国统一的测试，并且在以后的毕业记分册上应同时注明学生所达到的英语等级和分数。国家教委下发的高教一字004号〔1985〕文件《关于印发〈大学英语教学大纲〉（高等学校理工科本科用）的通知》也指出："《大学英语教学大纲》确定的教学目的和教学要求反映了当前国家对高等专业人才外语方面的要求，是我委今后检查大学英语教学质量的依据……国家教委将对结束四、六级学习的学生进行统一的标准考试。"普遍认为所谓的"标准考试"就是指后来的CET测试体系，这是它第一次出现在官方文件中，并且作为1985年版教学大纲的重要组成部分引起重视。1985年11月，国家教委又在南京审定了文理科通用的新大学英语教学大纲，在1986年正式实施。这两本教学大纲的颁布为CET测试体系的开发奠定了基础，从中也体现出语言测试与教学的密切关系。测试的发展离不开教学的引导，教学的进步也离不开测试的推动。

CET想法的提出最早源于华东石油学院实施的英语水平考试，这个考试本是一个仅限在校生参加的校本测试。1984年适逢国家教委组织的英语教学研讨会在华东石油大学召开，与会者参观了该校举办的英语水平考试后大加赞赏并讨论能否将其推广至全国，此举得到全国90多所院校的支持。特别是国家教委颁布官方文件和新的教学大纲后，各高校纷纷展开教学改革，大学英语地位的迅速攀升也带动了英语测评方式的变革。1985年国家教委组建了"大学英语

四、六级标准化考试设计组"筹备组，1987年设计组正式成立（1994年更名为"全国大学英语四、六级考试委员会"）对CET测试体系进行开发和设计，在上海交通大学设置办公室，负责考试的组织与协调工作；还在清华大学、武汉大学和上海交通大学分别设立考试中心（后撤销，由教育部考试中心统一管理）；而具体的考务工作由各地教育厅或教委的高教处负责，这种自上而下、层层把关的健全考务系统保障了对CET的科学管理和实施。1987年9月第一次大学英语四级考试（CET4）实施时，考生就达到10多万人，1989年1月还增设了大学英语六级考试（CET6），这标志着CET测试体系在全国范围内正式启动。所以，每一种测试体系的出现有其教学评价依据，也肩负着一定的历史使命。CET测试体系就是在高校公共英语课程不受重视，而国家和社会发展又迫切需要大量具备英语交际能力的人才背景下蓬勃发展起来的。

3.1.2 CET测试内容和题型的变化

到目前为止CET测试体系已开发了笔试、口试和网考三种形式，分为CET4和CET6两个级别（图3.1），用来考核学生的听、说、读、写、译五大英语实际应用能力。笔者对1987年开考至今CET测试的内容和题型的变化进行了分析研究，意图从中寻找CET社会功能发展变迁的轨迹。

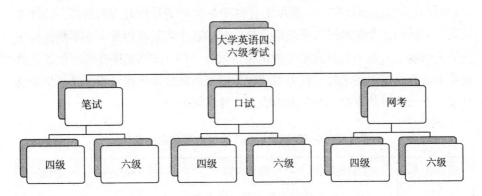

图3.1　CET测试体系结构图

其中笔试为主体部分，每年举行两次，分别于6月和12月进行。笔试由写作、听力理解、阅读理解、翻译、词汇与结构等不同部分构成，囊括短文写作、单项选择、完形填空、选词填空、匹配题、复合式听写、短句翻译等多种题型。为了迎合社会发展的需求，笔试内容和题型不断发生变化。因篇幅所限，研究结果无法合成一个总表，只能按CET测试体系改革的重要阶段划分，再一一呈现。

CET实施初期，大学英语教学主要以语法–翻译教学法为主，重视基础教学，所以测试内容以阅读理解、词汇、语法结构为主，旨在培养学生从阅读和听力材料中直接获取信息的能力。再加上受当时社会经济条件的制约，语音设备不普及，听力占比重小。且为了保证大规模测试的信度，CET笔试多采用客观选择题，命题过程具有极强的专业性和科学性。CET的全部试题都需要经过专门培训的语言教学专家和语言测试专家集体合作，历经"命题—初审—预测—计算机项目分析—复审—构卷"为时一年的漫长过程，等待试题的有效性和科学性得到充分证明后才能正式投入使用（杨惠中，1999）。后来由于有些学生投机取巧只做选择题，舍去费时费力的作文，为了保证测试的整体效度，从1990年起试卷分为主观题和客观题两部分，强制规定学生在考试时间的最后30分钟必须写作文。CET测试体系的第一次大改革发生在1996年，开始启用一系列主观题，改变了之前题型单一的现象。1996年引入英译汉句子翻译和1999年引入简短回答题型，有利于考查学生对书面材料的分析理解能力。1997年6月加入复合式听写这种主观题型，不但排除了学生在听力考试中猜测瞎蒙的因素，而且考查了学生的词汇拼写基本功和语篇理解能力。1997年对主观作文题还设置了最低分限制，若作文分低于某一数值，即使总分过了60分也不予及格。2002年6月起作文规定字数增加，CET4要求不低于120词，CET6要求不低于150词。这些措施都在一定程度上有利于学生英语写作能力的提高。CET考试委员会还向各个学校提供平均级点分，鼓励各个高校互相竞争，不断提高学生的英语水平，而不是仅满足于考试及格就行。CET发展初期受当时经济条件所限虽然有很多不足之处，但一系列改革措施的陆续出台进一步加强了学生及高校对英语学习的重视，使学英语成为一种新潮流。

表3.1　1996改革前后CET笔试内容和题型变化

实施时间	试卷结构	测试内容	测试题型	分值比例/%
1987年9月至1995年6月	听力理解	10个短对话+3篇听力篇章	选择题	20
	阅读理解	4篇阅读文章共20小题	选择题	40
	词汇与结构	30个不完全句	选择题	15
	综合测试	CET4：20个完形填空	CET4：选择题	10
		CET6：10个短文改错	CET6：短文改错	

续表

实施时间	试卷结构	测试内容	测试题型	分值比例/%
1987年9月至1995年6月	写作	CET4：字数不低于100词 CET6：字数不低于120词	命题式作文	15
1996年1月至2006年6月	听力理解	10个短对话+3篇听力篇章/听写填空	选择题+选择题/复合式听写（自1997年6月起）	20
	阅读理解	4篇阅读文章	选择题	40
	词汇与结构	30个不完全句（1997年取消结构题）	选择题	15
	综合测试	CET4：完形填空/英译汉/填空回答	CET4：选择题/句子翻译/简短回答	10
		CET6：短文改错/完形填空/填空	CET6：短文改错/选择题/简短回答	
	写作	CET4：字数不低于120词 CET6：字数不低于150词	短文写作（2002年6月起字数增加）	15

随着大学英语教学的蓬勃发展，2005年2月25日教育部公布了《全国大学英语四、六级考试改革方案》。这是CET实施以来最大的一次变革，涉及试卷结构、测试内容及计分体制等方面（表3.2）。写作比例仍占15%，但放在测试开始，旨在缓解考生紧张情绪，尽快让其进入考试状态。听力理解比重由原来的20%提升到35%，强调选用真实性语料与国际接轨，突出听力测试的综合性和交际性。阅读理解比例调整为35%，分成快速阅读和仔细阅读两大板块。快速阅读的新题型顺应信息时代对阅读能力的新要求，培养学生快速、准确地把握文章主旨和信息要点的能力。取消了客观题——词汇选择，而增添了短句翻译，主观性试题的比例由35%增至45%，更符合交际语言能力的特点。

表3.2　2006—2015年CET改革期间笔试内容和题型变化

实施时间	试卷结构	测试内容	测试题型	分值比例/%
2006年12月至2013年6月	写作	CET4：120~180词 CET6：150~200词	短文写作	15
	听力理解	8个短对话+2个长对话+3篇听力篇章+听写填空	选择题+选择题+选择题+复合式听写	35
	阅读理解	快速阅读：1篇泛读文章	7个是非判断题/选择题+3个句子填空	35
		仔细阅读：2篇阅读文章+词汇理解	选择题+选词填空	
	综合测试	完形填空/短文改错	选择题/短文改错	10
	翻译	5个汉译英句子	短句翻译	5
2013年12月至2015年12月	写作	CET4：120~180词 CET6：150~200词	短文写作	15
	听力理解	8个短对话+2个长对话+3篇听力篇章+10个填空	选择题+选择题+选择题+单词及词组听写	35
	阅读理解	词汇理解：15选10	选词填空	35
		长篇阅读	匹配题	
		仔细阅读：2篇阅读文章	选择题	
	翻译	汉译英短文（中国语境）	段落翻译	15

　　2013年12月，考试委员会又将CET试卷结构和测试题型进行局部调整，删去复合式听写，增加单词及词组听写来加强对考生基础知识的考察；新设计的匹配题对考生的语篇分析能力提出了更高的要求；翻译难度升级且分值提高，翻译内容涉及中国传统文化和社会经济发展，体现出当今社会跨文化交流的需要。以前笔试成绩为60~84分可拿到合格证书，85分及以上得到优秀证书。从2005年6月起实施新的计分体制，CET笔试不再设及格线，所有考生成绩是分布在290~710分的正态分，满分为710分，最低为290分。成绩报道方式也由考后只向成绩过关的考生发放合格证书或优秀证书改为向每位考生发放成绩报告单，内容包括总分和各单项分。只有CET4笔试达到425分及以上的考生才有资格报考CET6，因此师生和社会用户普遍将425分作为CET4的及格线。

2016年6月起CET听力试题进行局部调整（表3.3），自此陪伴了中国大学生十几年的短对话和短文听写退出历史舞台，取而代之的是短篇新闻和学术讲座。CET4听力试题新增3段短篇新闻；CET6听力试题中听力篇章由原来的3篇减少为2篇，新增3篇讲座或讲话。听力材料都来自英语广播电台的真实语言材料，与国际测试相接轨。此次听力题型改革可看出，测试改变了以往对测试技巧的关注，重在考查考生在真实语境中获取信息的能力，关注考生的实际交际能力。CET题型由最初的"语法为主"变为"阅读为主"，再调整为现在的"听说为主"，紧跟时代潮流，推动着教学重点逐步转向提高大学生的英语综合应用能力和跨文化交际能力，实现校园英语与社会英语应用的衔接。

表3.3 2016年CET改革后笔试试题结构

试卷结构	测试内容	测试题型	分值比例/%
写作	CET4：120~180词 CET6：150~200词	短文写作	15
听力理解	CET4：短篇新闻 CET6：讲话/报道/讲座	选择题	7 20
	长对话	选择题	8
	CET4：听力篇章 CET6：听力篇章	选择题	20 7
阅读理解	词汇理解	选词填空	5
	长篇阅读	匹配题	10
	仔细阅读：2篇阅读文章	选择题	20
翻译	汉译英短文	段落翻译	15

CET对口头表达技能的考核是单独进行的，被称为口试。在改革开放和经济全球化的背景下，社会发展需要大量熟练掌握并能用英语沟通的高素质人才。颇具权威性的CET是学校考核及社会选拔人才的重要指标，但单靠笔试考查英语语言基础知识已经不能满足社会对人才的需求，社会对英语水平的考核标准也越来越高。于是《大学英语教学大纲（1999年修订版）》在继续重视阅读能力的同时，首次将听说能力放在重要位置。为了考查我国高校非英语专业大学生对英语口语掌握的程度，CET考试委员会自1999年11月起

开始试点实施大学英语口语考试，每年举行两次。最初口语考试以面试形式进行（考官与考生面对面进行），因为人力、物力有限，对报名资格有严格限制，只有CET4笔试成绩在85分及以上或CET6笔试成绩在80分及以上的在校大学生才可参加口语考试，成绩合格者由教育部高等教育司发放等级证书，证书分为 A、B、C三个等级，D级不合格无证书。每场考试都由两名主考官和三名考生组成，用时约20分钟。考试内容由三部分组成：第一部分热身练习，约占5分钟。考生先进行自我介绍，以便迅速进入应考状态；然后主考官向每个考生提问一个与口语考试话题相关的问题，考生依次作答。第二部分是重头戏，主要考核考生的英语口头表达和交际能力，约用时10分钟。主考官先向每位考生提供文字或图片等形式的提示信息，经过1分钟准备后，考生就相关信息依次做1分30秒的陈述，然后考官要求考生们根据其陈述内容，就指定话题进行小组讨论，尽量取得一致结论。第三部分用时5分钟，考官再次提问来进一步确定考生的口头交际能力。2002年为了贯彻教育部"逐渐放开"的政策，报名成绩要求普遍下调5分（CET4笔试成绩在80分及以上或CET6笔试成绩在75分及以上可报名），但此次降低门槛仅有已参加过1999年6月、2000年1月和6月、2001年1月四次CET的在校生受益。到2005年为止，已在全国36个城市设立51个CET-SET考点，每年参加考试的人数已近10万（金艳，2005）。2005年计分体制改革后，口试报名资格要求CET4笔试成绩为550分以上（含550分）或CET6笔试成绩为520分以上（含520分）。2014年11月以后应试门槛又降低到CET4笔试成绩为500分以上（含500分）或CET6笔试成绩为425分以上（含425分）。口语考试实施标志着CET测试体系进入了一个比较完善的阶段，学生的听、说、读、写、译五大功能都可以进行完整的评测，极大地推动了我国大学英语的口语教学。

随着科技的迅速发展，自2013年开始口语能力的考核方式由面试型转为计算机化测试，即计算机系统可将考生随机编排为两人一组，试题材料以文字或图画的形式呈现在计算机屏幕上，模拟考官与考生、考生与考生之间可以在计算机上进行互动。新的考试模式大大节省了人力、物力，提高了效率。自2015年11月起，CET-SET考试规模扩大，逐渐取消了原来的报名资格线限制，只要参加当年笔试的考生都可以同时报考相应的口语考试。之前的口语考试转为大学英语六级口语考试（即CET-SET6，见表3.4），后又新开发了大学英语四级口语考试（即CET-SET4，见表3.5）。CET-SET4分数由人工评分和计算机自动评分两部分构成，总共20分，成绩报道时转化为A、B、C和D四个等级。CET-SET6全部是人工打分，总共15分，最后也转化为A、B、C

和D四个等级。笔试成绩单与口语考试成绩单合二为一，同时公布。这些新政策的出台大大调动了非英语专业大学生学习口语的积极性，各地考位供不应求。2018年口语考试报名人数突破了100万。

表3.4　CET-SET6考试流程及内容

构成部分	考试内容	考试流程	答题时间
第一部分	自我介绍和问答	先由考生做自我介绍，然后回答考官提问，用时约2分钟	自我介绍：每位考生20秒（两位考生依次进行） 回答问题：每位考生30秒（同步进行）
第二部分	陈述和讨论	考生准备1分钟后，根据所给提示做个人陈述；两位考生就指定话题讨论，用时约8分钟	个人陈述：每位考生1分30秒（两位考生依次进行） 两人讨论：3分钟
第三部分	问答	考生回答考官一个问题，用时约1分钟	每位考生45秒（同步进行）

资料来源：全国大学英语四、六级考试委员会. 全国大学英语四、六级考试大纲（2016年修订版）［M］.上海：上海交通大学出版社，2016.

表3.5　CET-SET4考试流程及内容

任务	名称	考试过程	答题时间
热身	自我介绍	根据考官指令，每位考生做简短的自我介绍。用时约1分钟	每位考生20秒（两位考生依次进行）
任务1	短文朗读	考生准备45秒后朗读一篇120词左右的短文。用时约2分钟	每位考生朗读1分钟（两位考生同步进行）
任务2	简短问答	考生回答2个与短文相关的问题。用时约1分钟	每位考生40秒（两位考生同步进行）
任务3	个人陈述	考生准备45秒后，根据提示做陈述。用时约1分钟	每位考生1分钟（两位考生同步进行）
任务4	双人互动	考生准备1分钟后，根据设定情景和任务进行交谈做陈述。用时约4分钟	两位考生互动3分钟

资料来源：全国大学英语四、六级考试委员会. 全国大学英语四、六级考试大纲（2016年修订版）［M］.上海：上海交通大学出版社，2016.

随着大学英语教学改革的不断推进，教育部高等教育司在2006年提出开发基于网络的大学英语四、六级网考（简称"网考"）的想法，批准立项后成为教育部高等学校本科教学质量与教学改革工程的一项重要任务。改革的总体思路是：采用具有大量试卷库位基础的计算机网络系统，尽可能在适当时间和适当的地点，为考生提供以听力为主、包含"读写译会话"在内的、以测试可持续发展能力为主的计算机考试（范姣莲和陈华，2013）。网考特点是听力比重加大到65%，写作与视听相结合，增设口语环节占15%。2007年网考先在少数几所高校进行试点，后逐步推广，到2013年就有146所高校的181696名学生报名参加（数据由希普公司提供），2015年完成试点后取消。

3.1.3 CET考试规模的扩大

CET考试规模的不断扩大是与我国高等教育整体发展规模成正比的。笔者选取CET测试体系几次重大改革为时间节点与中国高等教育招生情况来进行比较分析（表3.6）。

表3.6 我国普通高等教育招生情况一览表

统计年份	普通高校招生人数/万	成人高校招生人数/万	普通高校在校生人数/万	成人高校在校生人数/万
1987	61.7	49.8	195.9	185.8
1996	96.6	94.5	302.0	265.6
1999	159.7	115.8	413.4	305.5
2005	504.5	193.0	1561.8	436.0
2013	699.8	256.5	2468.1	626.4
2016	748.6	211.2	2695.8	584.3
2018	791.0	273.0	2831.0	591.0

根据1988年2月23日国家统计局公布的《国民经济和社会发展统计公报》，1987年全国普通高等学校（包含成人高等学校）招收本、专科学生共111.5万人，在校学生381.7万人。到1996年普通高等学校（包含成人高等学校）招生191.1万人，在校学生达到567.6万人。而1999年全国高校大扩招之后，在校大学生人数急剧上涨。根据教育部发展规划司公布的教育统计数据

显示，1999年仅全国普通高等学校就招收本、专科学生159.7万人，比上年增长51万，再加上成人高等学校也招生115.8万，在校大学生总数达到718.9万人，我国教育事业发展态势良好。在新世纪全国高校大规模扩招，根据2005年统计数据仅普通高校招收本专科生504.5万人，在校大学生总数接近2000万人，六年内人数涨了3倍多，发展迅速。此后，从2013年至今的最新统计数据表明，我国普通高校招生人数一直呈稳步上升趋势。

面对深化改革开放的经济背景，再加上我国高等教育大众化进程的不断推进，全民学英语的热潮持续不退，报名参加CET考试的人数也逐年上涨。1987年9月首次CET报名人数是105926人，1994年6月报名人数达到514518人，七年时间就涨到近五倍；1989年1月首次CET6报名人数是67206人，1994年6月就达到196444人，五年时间增加了近三倍；到1994年，全国共有686所本科院校加上200多所高等专科学校的学生报名参加CET考试，七年间累计报考总数约508万人次（冯玉柱，1994）。杨惠中（2003）也提到仅2002年全年CET考生报名就发展到619万人次（其中四级人数448万，六级人数171万），从1987年到2012年的这十几年是我国改革开放和经济发展的辉煌岁月，也是我国高等教育加速发展的黄金时期。根据《2013年中国教育年鉴》统计，2012年CET报考范围已经辐射到我国大陆地区的所有大专院校，在全国12个省份设立阅卷点，全年报考1862万人次，较2011年增幅1.47%。据人民网2017年6月19日报道，2017年6月单次全国报考人数就超过962万人，比去年同期增长4.87%。金艳和杨惠中（2018）回顾CET测试体系30年的发展历程时，在文中写到每次CET报考人数都在900万以上，在全国已有1000多个考点。1999年至2002年5月为止，刚刚起步的CET-SET也在全国设立了41个口语考点，三年内累计报考人数已达7万余人。根据《2015年中国教育年鉴》，自2015年开始逐步推广CET-SET，全年报考达4.6万人。据统计，2019年6月CET4报考人数总共6039937人，其中"211工程"院校考生347378人（占5.75%），其他院校考生5692559人（占94.25%），非零分考生中本科生有4318221人（占83.14%），研究生有56722人（占1.09%），专科生有818709人（占15.76%）；CET6报考人数总共4335823人，其中"211工程"院校考生690902人（占15.93%），其他院校考生3644921人（占84.07%），非零分考生中本科生有3153560人（占87.80%），研究生有323864人（占9.02%），专科生有114467人（占3.19%）。2019年5月，CET-SET4报名人数有237424人，CET-SET6报名人数有282505人，总计近52万人。目前CET每年报名人数有2000多万，从报考人数和层次的变化情况来看，考生数量一直持续增长，考试规模不断扩大，在全国所有高校都设有考点。这从侧面反映了CET在一定程度上适应了社会发展的客观需要，得到了广泛的认同，产生了积极的社会正面反拨效应。但CET测试体制的大规模发展可能还受到社会人才评聘标准的影响，高校以及社会用人单位的某些不成文规定对CET的发展也起了推波助澜的作用。

3.2 CET的目的和性质

语言测试学家Bachman（1990）说过："测试的开发和实施不是在毫无实用价值的试管中进行心理测量试验，而是为满足某些需求，这些需求可能来自教育体系内部，也可能来自整个社会。" Spolsky（1995）也非常认同语言测试目的的重要性，认为语言测试的首要任务就是要明确其测试的目的。现代语言测试的开发和使用就是为了满足社会对人才培养的需求，社会需求指引着我们的教学目标，更决定着语言测试的内容和形式。因此，语言测试改革与社会的进步和发展是密不可分的。

作为我国大学英语课程体系的一部分，研究者曾从多个角度对CET测试体系进行界定和分类。大家普遍认同CET考试的目的是为教学服务，为教师、学生及教学管理部门提供信息反馈，为我国大学英语课程的教学质量提供科学的评判依据。CET测试体系最初是伴随1985年颁布的教学大纲开发设计的，在之后数十年的改革发展过程中一直为教学服务。根据1985版的教学大纲规定，凡是执行教学大纲的学校必须要求学生在相应阶段课程结束时参加测试。作为CET测试体系的最早开发者之一，杨惠中教授（2019）也提及有中国特色的CET是严格依据《大学英语教学大纲》及后来的《大学英语课程教学要求》规定的教学目标来测量非英语专业学生在大学不同阶段的英语水平。所以，教学大纲的目的和性质决定了测试的目的和性质，CET被定位为教学考试。教学考试也称为成绩测试或学业测试，本着"教什么就学什么考什么"的原则，强制所有学生必须参加。教学考试还具有阶段性，因为学习是一个长期连续的过程，对每个阶段都需要定期进行检查。CET分为CET4和CET6两个级别，可在大学期间的不同阶段对学生的英语水平实施检测，具有统考的特点。从这些特征来看，CET就是在大学英语教学大纲指导下的成绩测试或教学考试。1999年曾允许那些在校期间没有通过考试的学生在毕业后重新参加考试，一度增加了许多社会考生，但在2007年这项规定很快被取消。目前CET测试对象仍仅限于修完大学英语相应阶段课程的在校大学生。

后来教高厅〔2005〕1号文件《教育部办公厅关于印发〈全国大学英语四、六级考试改革方案〉（试行）的通知》将CET考试改革方案单独成文，把CET提升到与教学大纲同等的地位，但考试的性质仍定义为为教学服务的标准化测试。2006年版的《CET考试大纲》指出，CET是为了推动大学英语教学大纲的贯彻执行，对非英语专业大学生的英语综合能力进行客观、准确的测量。2016年颁布的《CET考试大纲》（2016年修订版）也指出考试目的是参照《大学英语教学指南》（2015）设定的教学目标对我国大学英语综合运用能力进行科学的测量，同时也为用人单位了解我国大学英语水平提供参照依据。这些目的在实践中能否真正实现，一直是CET争论和研究的话题之一。

但笔者发现，随着社会政治和经济发展的需要，CET测试内容更加强调应用性和实用性，测试体系正由教学考试逐步向社会化水平考试转变。关于CET的性质变化，学术界也引起了一番争议。起初1985年版的教学大纲规定要在大学毕业证书上注明学生英语考试达到的级别，这种全国统一考试的证书级别能够体现出学生的英语语言能力，使得CET又具备了水平考试的性质，考试结果被广泛地用于社会人才选拔。目前CET测试体系（包括CET-SET）对所有符合条件的在校大学生开放，学生可以自愿选择报名与否，不与毕业证和学位证挂钩，从而弱化了教学考试的强制性（CET6设置分数资格限制主要是为了控制考生的规模，便于管理）。即使那些通过考试的学生，也可以选择重考来获得更高的分数。CET测试体系正在打破教学考试的界限，逐渐走向社会，成为社会化水平测试。目前由中国教学考试网管理的全国各种考试项目中，CET被列为社会证书考试，不同于高考、中小学教师资格考试之类的国家教育考试。特别是教育部计划逐步推出基于《中国英语能力等级量表》的中国英语能力等级考试来满足升学、就业、出国等多元化需求时，网上就不断出现CET要被取消的言论，对CET测试体系的发展带来了冲击。但我们认为CET随着社会改革的步伐，不断与时俱进，CET的性质已由教学考试（成绩测试）逐步转向水平测试，与《中国英语能力等级量表》接轨后会焕发出新的生机。

3.3 CET的理论基础

语言测试是在教育测量理论指导下的应用语言学领域一个分支学科。作为一项大规模高风险的测试，CET必然离不开教育测量理论的指导。早在大学英语四、六级标准化考试设计组刚刚成立之初，国家教委针对CET的研发和实施提出"精心设计、精心组织和精心施考"的指导方针，后来教育部高等教育司又进一步提出明确的要求："努力建设成有中国特色的、达到国际教育测量学专业标准的、可与国际接轨的英语语言测试体系。"（杨惠中，2003）要测量学生的语言能力首先要确立所测量的语言能力结构。不同的语言能力观决定了不同的语言测试内容和测试方法。语言测试就是对某一语言观的具体实施和操作。在第1章已经介绍了语言测试的不同发展阶段，从时间上来划分，CET诞生于20世纪80年代，正处于交际语言测试发展时期（特别是Bachman等人的交际语言能力学说在20世纪90年代走向成熟）。所以CET测试体系的设计集百家之长，在语言能力构成中，吸收语言测试各流派的优点，分立语言测试、综合语言测试及交际语言测试各占一定的比例（杨惠中和金艳，2001）。从CET测试内容的改革和题型的变化中，我们可以窥视到不同语言能力观的变迁轨迹。分立式题型如语法与结构可以检测学生语言基础知识的掌握程度，综合式题型如选词填空、短文改错可以更好地衡量学生的语言综合运用能力，二者各取其长，互为补充。作文和口语试题可体现学生的书面和口头语言交际能力。因此，CET测试体系是融合不同的语言测试理论，取其精华，再结合我国实际自主研发的"中国造"。

CET测试体系被考试委员会定义为"标准化测试"，被杨惠中、金艳等专家学者称为尺度相关–常模参照测试。因为在测试分数解释上，CET测试体系综合了标准参照测试（也被称为尺度参照性测试）和常模参照测试的优点，使测试结果具有可比性和可解释性。这两种测试都能对测试分数做出合理的解释，都可以给考生提供相关的信息，只是区别在于解释测试分数的参照和依据不同。标准参照考试是以某项测试应达到的标准或尺度作为参照，通常这个标准就是教学大纲中的教学目标或教学要求，然后将考生个人的成绩与规定的标准进行比较，以判断其掌握有关知识的程度与标准之间的差异，来检验考生的学习效果。CET的参照标准就是《大学英语教学大纲》以及后来的《大学英语课程教学要求》中的教学目标。考生的成绩不需要与其他考生进行横向比较，而是看考生是否达到了教学大纲中规定的四级或六级的教学要求才能合格。测验结果可用来诊断教学中存在的问题，具有可解释性，归属于教学考试一类。常模参照考试是以常模为参照点，将以常模为代表的某一团体已达到的平均成绩用作解释分数的依据。此类考试能鉴别每个考生在某一参照团体中的相对地位，可适用于大规模性水平测试，适合横向对比和人才选拔。CET成绩的参照常模来源于中国六所重点大学（北京大学、清华大学、中国科技大学、上海交通大学、复旦大学、西安交通大学）的近万名本科生。每次在全国范围举行大规模的CET考试之前，上海交通大学都会提前举行对比考。如在2020年11月26日上海交通大学教务处在官网发出的公告，招募已报名参加2020年12月CET测试但以前从未参加对比考试的本科生（CET4限额300名，CET6限额300名）于2020年12月2日在闵行校区内举行对比考试。不同之处在于题型只有听力和阅读，不包括作文、翻译和完形填空。这次对比考试的成绩就是为了与之后的全国CET正式考试的成绩进行对比。

大规模测试往往有广泛的社会影响，被称为高风险测试。为了确保测试的准确度和公正性，目前考生最后的成绩分数报道一般不采用原始分（即答对题数），通常要进行一系列的转换过程，这样报道的分数才具有可解释性。尽管CET成绩最初采用百分制，但每次测试结束后到成绩公布前，原始分数还要经过一系列的统计数据处理（具体流程见图3.2），然后才报道均值为72、标准差为12、总分为100的正态分。CET考试委员会曾一度向成绩为60分至84分的同学颁发合格证书，向85分及以上的同学颁发优秀证书。及格成绩就相当于优于六所大学中少于15%的学生，优秀成绩则相当于优于六所大学中85%的学生，分数解释与考生所在学校类别无关。正态分常用作常模参照测试，特别是对于地域不同、办学水平层次不同的高校学生来说，这种

图3.2　CET分数统计流程

分数解释更直观，使他们能更好地了解自己的英语水平。2005年6月改革后，CET笔试计分方式采用经过等值处理后均值为500、标准差为70、总分为710的标准分，还用成绩报告单代替了合格证。新的成绩报告单可以提供单项成绩和总分，可以帮助学生更加直观了解自己的强项和弱项，以便制定更合理的学习目标，也为教师全面了解学生的各项英语语言能力提供了具体而准确的信息。CET-SET考核方式从面试型转为计算机化考试，成绩报道采用等级分制，主观评分效度高。

综上所述，CET测试体系既吸收标准参照测试的长处，又采用常模参照测试的优点。客观测验与主观测验相结合，不但成为检验我国大学英语教学成果的一个重要指标，也是测量广大考生的英语语言实际应用能力的标准尺度。

3.4 CET社会功能变迁

　　根据功能主义的观点，社会功能不仅包括社会各构成因素对社会系统或整体所产生的作用与效果，还包括社会系统或整体对社会各因素以及各因素相互之间产生的作用与效果。测试是在长期社会实践中，人类根据一定的社会要求逐步形成的，用于测量或甄别人的知识、能力、技能、品质、体能、智力等方面差异的活动。廖平胜（2003）曾对测试理论进行了深入探究并出版《考试学原理》一书，认为考试功能的概念与考试结构的概念是相对应的，其内涵是指考试系统对外部环境所产生的功效、作用等；或者说是考试系统在与外部环境的相互影响中所呈现出的效能。因而测试受社会各因素的制约而又能反作用于社会各因素，这就是测试的社会属性。在科技飞速发展的今天，人类的工作、生活方式不断发生变革，测试作为一种以人的内在精神属性为对象的特殊测量活动，不再仅仅是教育工作内部的一种评定和考核环节，而是大大地跨越了教育的范畴，深入渗透到社会生活的各个领域，成为一项不可缺少的社会重要活动。

　　笔者通过文献搜索发现，关于测试社会功能的研究资料并不多。廖平胜（2003）根据测试在社会系统中运行所发生的实际效能将其分为文化、经济、行政、督导和调节等功能。王后雄（2008）在全球教育改革视域下，将教育考试根据目的、范围、强度、作用、影响和应用领域的不同分为校内教育考试、评鉴教育考试和大规模教育考试三种类型，分别承担着引导学校素质教育、选拔高素质人才和促进社会持续发展的多重功效。其中大规模教育考试具有调节、控制、文化、经济等社会属性功能。国内具体涉及CET考试功能的文献更少。危捷（2008）重点分析了CET在学业评价、教学诊断与反馈、英语学习和教学激励方面的三大教育功能，初步探讨了社会层面的考试功能异化现象。

　　之前笔者梳理了CET测试体系的发展历程，分析了其性质和特征，发现CET测试体系与社会各方面都有密切联系，在教育、文化、政治、经济等多领域对社会发展产生了深远的影响，显示出其强大的社会功能。所以，接下来本章将通过CET内部结构的变化来挖掘社会层面上CET社会功能的变迁，探讨CET的教育功能、文化功能、政治功能和经济功能四大范畴。

3.4.1 教育功能

测试从诞生之初就和教育紧密地联系在一起，教育活动的需要就是测试生存和发展的重要驱动力。因此教育功能是测试最重要的社会功能。测试的政治、经济、文化等其他功能或多或少都是通过教育功能的折射而起作用。测试的教育功能主要体现在牵制教育目的、引导教育过程和评价教育结果三方面。

教育是一种培养人的社会活动。教育目的旨在通过教育过程把被教育者培育成什么样的人。教育目的是开展教育活动的前提，支配着整个教育过程。测试作为教育过程的环节之一，理应受制于教育目的。教育目的对测试的制约一般表现在以下四个方面：一是教育目的决定测试的性质，即成绩测试、水平测试、诊断测试、校本测试、能力测试等不同测试模式的选取要视教育目的而定；二是教育目的决定测试内容和题型，为实现教育目的对测试内容和题型必然有所取舍；三是教育目的决定测试制度的发展变化，当教育方针政策调整时，作为实现教育目的的手段之一的测试制度也要相应地做出调整；四是教育目的决定测试考核标准的变化，教育目的不同对考生的要求亦不同。从理论上说，测试的运作应由教育目的来决定，测试只是实现教育目的的手段之一。但在教育实践过程中，测试往往会成为影响教学的一根"指挥棒"，牵制着教育目的，而且越是大规模高风险的测试，对教育目的的牵制力就越大。这一现象从CET测试体系对教学的影响中赫然可观。

CET测试体系的最初创建是为了贯彻执行大学英语教学大纲，对非英语专业大学生的英语综合能力进行客观、准确的测量，因此CET是为教学服务的成绩测试，CET考试大纲的制定、试卷结构的调整、题型的取舍以及考核标准的更新都随着国家教育方针政策的变化而变化，旨在提高在校大学生的英语水平。专家们普遍赞同CET测试体系的实施促使全国各高校及教育主管部门进一步重视大学英语教学，调动了广大师生教和学的积极性，有力地推动了大学英语教学大纲的贯彻执行，促进了我国大学英语教学水平的提高（杨惠中，2003）。教育部原副部长吴启迪曾公开就CET的教育功能给予充分的肯定：一个如此大规模的考试在长达17年时间内稳定发展，这一基本事实证明大学英语四、六级考试符合社会的需要，得到了社会的普遍认同，产生了良好的社会效益，也为我国大学英语教学质量的提高做出了巨大贡献（杨惠中，2019）。根据1987年到2017年的CET考核情况统计数据，30年来累计有3700多万名学生达到CET4的要求，其中1600多万名学生达到CET6的要求（金艳和杨惠中，2018）。CET对学生阅读速度的考核标准也由改革开放之初的每分钟17词提升到每分钟70~100词（基于CET4的考核要求）或每分钟90~120词（基于CET6的考核要求），满足了学生获取专业信息的需求。不可否认，多年来CET测试体系使我国非英语专业大学生的英语水平得到了跨越式提高，取得了积极正面的反拨效应。

当然语言测试的教育功能也具有二重性。在大学英语课程的实际教学中，由于缺乏对CET目的和意义的正确认识，一些学校把CET通过率作为评价大学英语课程教学质量和衡量大学英语教师业务水平高低的标准，一些学生把CET过级和"刷分"作为大学英语学习的最终目标，导致了大学英语课程教学偏离健康的发展轨道而成为一种应试教育。大学英语课程的一切教学和学习活动皆以CET为中心，围绕CET过级和"刷分"来运作，这就是CET测试体系对教育目的的牵制作用，这种本末倒置的状态不利于教育的健康发展。所以，针对CET教育功能的二重性，我们需要认清CET测试体系的性质和目的，正确引导测试这根魔力指挥棒来处理CET和大学英语教与学之间的关系，让二者遵循各自的规律良性互动，才能消除CET的消极反拨效应。

教育过程是实现教育目的的桥梁，直接关系着把受教育者培育成什么样的人。教育过程涉及教育者、受教育者、教育内容、教育方式等多种影响因素。如果说测试对教育目的只起牵制作用，那么测试对教育过程则起直接的引导作用，而前者正是通过后者来实现的。当测试成为教学的"指挥棒"，教和学的注意力就完全放在与测试相关的内容上，考什么就教什么、学什么，教育过程就成为测试的附庸。中国古代的科举考试重视四书五经，自隋唐至明清，官学和私学的教育过程都是围绕着研习儒家经典而展开，忽视了科技的进步和理学的发展，学校教育直接成为八股取士的附庸。而CET测试体系对大学英语教学过程的引导程度与科举考试相比，恐有过之而无不及，其对课程安排和教学内容的影响可见一斑。

CET测试体系常打乱了正常的教学秩序，冲击着英语后续教学。尽管CET测试体系的目标和性质很明确——为教学服务，后来教育部也官宣CET考试成绩不得与大学毕业证和学位证挂钩，但在整个大学阶段，CET一直是大学英语课程学习的聚焦点，许多非英语专业大学生也把通过具有全国统考性质的CET作为英语学习的终极目标。

作为一个语言类成绩测试，CET的命题工作并不依据某一特定教材，而是考核学生的英语综合运用能力。所以，相当部分为了过级而学英语的学生会认为教学和教材的内容与测试的实际内容相脱节，对上课内容不感兴趣，对课堂练习不以为然，教学失去了应有的价值。特别是在临近考试的那个学期，他们会舍弃教材而大搞题海战术，甚至还有不少学生逃课去参加各种名目的CET培训班，为了全力应付CET测试而忽视了专业课的学习。《中国青年报》社会调查中心曾在2005年1月做了一次有关CET的调查，被调查的4986名学生中有54.48%的学生经常利用其他课的时间备考。中央电视台《时空调查》栏目在2005年举办的另一项调查也显示，有29.7%的非英语专业的大学生，将在校期间的大部分时间甚至全部时间都花在了英语学习上（唐勇林和谢洋，2005）。

在CET指挥棒的引导下，有的教师也将主要精力放在应试教学上，教学活动围绕测试内容进行，随意更改或削减教学计划和教学内容，考什么便教什么，用真题和模拟题训练代替正常的教学互动；忽视了对学生批判性思维能力和语言交际能力的培养，无法真正提高学生的英语语言应用能力。如在CET测试体系初期，词汇和结构题型占很大比重，师生对语法学习非常重视；CET改革后此类题型取消，学生的语法基础知识不牢靠，突出体现在写作部分语法错误频出。在大学英语课程教学过程中使用的各种教材，注重培养学生的语言基础知识和基本技能、思维能力及运用语言的能力。教材选用相对比较稳定、更新换代慢，课文和课后练习的内容和题型往往与CET试题结构不相符。如以调研的曲阜师范大学为例，通用的大学英语教材《新标准大学英语》课后练习包括汉译英和短句翻译题型，因为长期以来CET不考汉译英题型，这一类的练习一直是形同虚设，在CET改革将短句翻译题型改为篇章翻译后，教材没有及时更新，许多任课教师都"果断地"取消了这一类的练习题，从网上搜索CET篇章翻译真题和模拟题来对学生进行强化练习。

许多学校的大学英语课程教学计划也是围绕着CET制订的。以前CET口语考试开发应用相对晚，且仅有很少一部分学生有资格参加，所以大学英语教学过程中，师生只重视听力技巧的讲解和操练，不重视口语练习，使得学生的英语学成了哑巴英语。随着CET-SET的考试规模扩大和报名资格限制的取消，听说课受到重视，各种口语培训软件被有效地运用到教学中，英语听力课才转变为视听说课程。许多高校目前允许学生在大二上学期甚至大一下学期就可以提前参加CET4测试，若CET过级，英语课就可免修。这样，考级过后似乎英语教学任务已经完成，学生也失去学习目标和学习热情，后期的英语学习处于放任自流的状态。事实上，拿到CET证书并不代表着大学英语教学任务已终结，也不意味大学生已经完全掌握了英语语言应用能力。学习是个终生的事业，证书反映的只是一定阶段某个侧面的语言能力，不是全面的语言能力。如果说CET测试体系对教学目的的的牵制起了一定的负面反拨效应，那么CET对教育过程的引导作用则影响更大，需要因势利导，促其积极向上，走可持续发展的道路。

潘懋元（2007）曾指出："教育是培养人的社会活动。教育目的主要通过教学来实现，教学过程是由课程和教学方式方法所构成。教学方式方法多种多样，有传授知识的方式方法……还有反馈、评估的方式方法。考试就是反馈、评估的方式方法之一。"受教育者通过教学活动是否发生了预期的变化，发生了什么样的变化，需要借助于测试才能正确了解，并且需要合理做出判断。因此，测试是教育最本质的功能，是评价教育结果的重要手段。顾明远（1990）主编的《教育大辞典》中也提及测试具有评定、诊断、反馈、预测和激励的功能。

CET测试体系是有中国特色的大学英语教学评价的重要组成部分，在非英语专业人才培养过程中发挥着督导、检测、反馈、激励等多重教育功能。作为一门阶段性教学考试，CET可以督促在校大学生认真听讲，及时复习功课，巩固和加深知识，培养刻苦认真的学习态度，也可以对大学生的英语基础知识和应用能力进行总结性的检测，通过语言测量来提高学生的英语水平。据教育部的一项调查表明，全国高校1998级本科生毕业时累计CET4通过率平均为62.4%，"211工程"重点大学的CET4通过率平均为76.7%，其中有一些学校接近100%，这充分说明我国大学生的英语水平已经有了大幅度的提高（杨惠中，2003）。

CET测试体系的反馈功能以不同的表现形式作用于不同的利益相关者。从2005年6月起，CET测试体系采用常模正态分，取消合格证书而改用成绩报告单报道每名考生的总分和单项分。考生从CET成绩报告单上可以全面客观地了解自身在听、说、读、写、译各项语言技能方面的问题和不足，针对弱项多下功夫，从考试反馈信息中提高自我认知，迎头赶上。大学英语教师可以参照CET的各单项成绩，对每个学生进行有的放矢的个性化帮助和监督，也可以依据整个班级的CET测试结果，针对薄弱环节调整教学内容与方法，进一步提高教学质量。由于我国高等院校数量众多，所处的地域不同，办学条件和性质不同，生源质量不同，大学生英语能力的发展水平也不均衡，历年的数据表明全国高校之间的CET成绩差异很大。因此，每次测试结束后，CET考试委员会还向各高校公布平均级点分和分数解释，便于各校对历年成绩进行纵向比较及横向比较，帮助学校根据本校的实际情况和学生动态变化，提出切实的教学要求，实施大学英语教学改革。

CET的激励功能在于以考促学，激励大学生更好地学习和掌握英语。CET不是一场孤立的考试行为，很多非英语专业学生都把拿到CET证书作为自己努力学习英语的重要动力。优异的CET测试成绩可以帮助大学生了解自身努力的成就，增强学习和使用英语的自信心，从而制定更高的学习目标，激励自己继续奋斗。30多年来，CET测试体系在提高中国大学生的英语水平方面功不可没。测试成绩是教育评价中一个最明确的指标，所以教育教学过程中最直接的目标就变成了追求好成绩。但大学英语教学若片面依赖CET成绩，以考代教，教学反馈功能会被淡化，与测试设计的初衷背道而驰。CET测试成绩报道方式由合格证书改成总分为710分的常模正态分后，有些学生为了在求职或升学中更有优势，反复报考求高分成为"刷分族"，浪费了时间，荒废了资源，使CET为教学服务的功能被弱化。只有将CET的测试标准与教育目标切合起来，其教育评价功能才能得到最大限度的发挥。

3.4.2 文化功能

"文化"是我们最常见的词语，却很难找到一个现成的全面的定义，它起源于《周易》卦象"观乎人文，以化成天下"。在中国古代，文化具有"教化"功能，是统治阶级对被统治阶级实施"文治"的方针策略。我国权威工具书《辞海》对"文化"的界定为："从广义来说，指人类社会历史实践过程中创造的物质财富和精神财富的总和。从狭义来说，指社会的意识形态以及与之相适应的制度和组织机构。"当代著名学者余秋雨在凤凰卫视主持《秋雨时分》谈话节目时也曾给出一个简短的定义：文化是一种包含精神价值和生活方式的生态共同体，它通过积累和引导，创建集体人格。在国外，文化一词译为"culture"，源自拉丁文，具有"耕耘"或"播种土地"之意。被誉为"人类学之父"的泰勒（2005）提出现象描述性的定义"文化或文明，就其广泛的民族学意义来说，包括全部的知识、信仰、艺术、道德、法律、风俗以及作为社会成员的人所掌握和接受的任何其他的才能和习惯的复合体"，强调文化多样性的统一，是知识、习俗和才能的复合体。随着时代的进步，文化在不同学科得到广泛的运用，逐渐发展为一个内涵丰富、外延广泛的多维概念，所以很难给出一个普遍适用的定义。由于文化的多样性和复杂性，综合以上的阐释，笔者将其分为物质文化、精神文化和制度文化三个层面，它们各自发挥着整合、导向、教化和传承等功能。物质文化和精神文化不言而喻，制度文化是人类在社会实践中建立的规范自身行为和调节相互关系的准则。测试制度本身就是经过长期教育教学实践而形成的制度文化的一部分，测试的文化功能就是测试自身固有的一种自然属性。作为教育实践活动的产物，测试的文化功能与教育的文化功能有异曲同工之处，是教育发挥文化功能的载体。高等教育对文化具有选择、传递、传播、保存、批判和创造等功能（潘懋元和朱国仁，1995），测试也在不同程度上发挥着选择文化、传承文化和提升文化的功能。

选择性是文化的特性之一。由其特性决定，测试的第一个文化功能就是选择。文化在延续和传递的过程中不断地进行着选择，那些适应社会发展需要的文化精华被传承和发扬，那些阻碍社会发展的文化糟粕被摒弃而消亡。选择是测试文化功能实现的前提，测试与文化之间的关系是双向、互动的。整个测试体系和具体的测试内容、测试方法、测试对象等都受到文化的制约，要进行选择，它们反过来又能促进文化的发展，成为文化发展的动因。所以，测试的受制约因素与测试的文化功能是不可分割的，比如，CET测试体系的发展和测试内容的选择，受到中西方文化的制约，是中西方文化交流的产物，但反过来也可以说是一种对中西方文化选择的结果。在大学英语教学过程中运用客观标准化的CET测试体系对在校大学生进行考核，这本身就是对中国自古追求的"至公"理念的一种文化选择。测试是一种优胜劣汰的制度，其基本原则是公平、公正。有了这种可操作性的英语评价标准，可以激发广大学生学习英语的积极性，使人人享有公平竞争的机会，为普通人提供平等进步的平台。CET测试内容的设计在可操作性的前提下也不断改进，比如设定作文时间、限制快速阅读时间、主观题和客观题比例调整、多题多卷，使测试安全性和公平性得到最大限度的保障。后来改革成绩报道方式，取消及格线也是为了尊重我国各地区的学生英语能力发展不平衡的现状，不搞考试分数"一刀切"。正是这种对公平理念文化的选择与追求，使测试的目标得以实现，保障了CET测试体制30多年的稳定发展。所以，测试的选择功能是测试文化发展的前提，是社会进步的基础。

测试的第二个文化功能是传承功能。测试以检测人的知识储备、技能、能力以及其他素养为目标，通过测试标准的制定、测试内容和方法的调整来提高文化传承的效能，通过一系列测试活动的开展来促进不同文化之间的传播、交流和融合。因此，测试具有传递与传播文化、交流与融合文化、保存与活化文化等功能，是科学文化技术等人类文明得以传承发展的重要载体。在我国的封建社会，儒家思想的影响很大，被封建统治者长期奉为正统思想。元明清时期，科举考试都以朱熹的理学内容为考试题目。因此，作为我国传统文化主流的儒家思想体系借助科举考试为媒介得以传承和强化。在当代，中华好诗词、中国诗词大会等丰富多彩的活动吸引了众多参与者和爱好者，使优秀的传统文化得以再生和活化。2000多年来，儒家思想对东南亚地区乃至全世界都产生过一定的影响，现在又靠中国汉语水平考试（HSK）、全球外国人汉语大会等国际赛事搭建桥梁在海内外继续发扬壮大。CET测试体系在全国高等院校的推广应用，主观目的是为了提高非英语专业大学生的英语水平，为教学服务，客观上也促进了英语在中国的普及以及西方文化在中国的传播与交流。CET测试内容本身就是对经过千百年锤炼的西方人文科学、社会科学和自然科学之精华文化的选择。根据2016年修订的CET考试大纲介绍，CET命题的语言材料真实，大都选自英文原版材料，包括日常生活对话、广播电视节目、讲座、报纸杂志、书籍、学术期刊等，选择题材广泛，涵盖人文学科、社会科学、自然科学等领域。批判语言测试理论的第一条民主包容性原则，就是要认可多元文化社会中不同群体的知识并在测试设计和评价时囊括其中。通过测试对文化的传递与传播作用，大学生了解到西方不同的文化知识，开阔了视野，增长了见识。CET在改革中调整了语言能力结构测试的重点，由重视培养阅读能力转向提升听说能力，体现了改革开放以来中西方跨文化交流的需要。2013年翻译部分推出新题型，要求学生用英语翻译涉及中国历史、文化、经济、社会发展等内容的篇章段落，在英语测试中融入中国元素，这是CET测试体系文化传承功能最直接的体现。历年翻译题的内容包罗万象，名山胜水、古画古镇、丝绸之路等内容表现了中国文化的传递与传播；茶与咖啡文化的对比、颜色在不同文化中寓意、外国人学汉语等内容彰显出中西方文化的交流与融合；而中国结、旗袍、中国功夫等内容体现出对中国传统文化的保存与活化。在新时代和"一带一路"倡议的指引下，CET测试体系还将不断完善，勇于承担文化传承的重任。

测试的第三个文化功能是提升功能，也就是文化创造功能。文化是有生命力的，只有及时更新的文化才能历久弥新，源远流长。文化在选择和传承过程中还在不断地批判旧文化，创造新文化，进行演变。测试制度作为制度文化的一部分，具有浓厚的文化性。测试内容是科学文化知识的精炼，测试过程既可以继承中华优秀传统文化，又可以促进不同文化之间的交流，考生在测试文化的浸润中锻炼成长。所以，测试的产生有独特的文化氛围，发展也带有鲜明的文化痕迹，还需要适宜自己生长的文化土壤。作为一种独特的文化，CET测试体系也一直在丰富着测试文化的内涵，起着创造文化的功能。除了不断地完善有中国特色的大学英语测试体系之外，CET考试委员会积极参与国际学术会议，30年来紧跟国际语言测试研究的步伐。2000年11

月CET考试委员会在国际测试年会上做了有关CET的专题报告，2005年7月在国际应用语言学年会上与托福、雅思考试的代表共同探讨大规模测试的改革。CET考试委员会还与美国教育考试中心（ETS）、剑桥大学考试中心（UCLES）和日本"英语鉴定学会"（STEP）等国外测试机构建立并保持着密切的联系，并在2002年举办了"语言测试与语言教学"国际学术会议，加强了与国际语言测试界的学术交流。随着CET发展规模越来越大，影响力逐渐加强，CET还推动"亚洲英语语言测试学术论坛"（AFELTA）的成立，为亚洲国家和地区的英语语言测评机构提供了语言测试新技术与新方法探讨和学术交流的平台。

从社会实践角度来说，CET测试体系对于提升我国社会文化水平也起了一定的作用。虽然说没有测试的压力，人们未必不学习，但从功利性来看，有了测试这种外在的压力，人们学习的动力和劲头就会更足。任何一种测试，只要目标明确，就会有不同程度的导向性和竞争性。CET测试体系在制定之初就被要求在毕业成绩册上标注获得的英语等级和分数，供用人单位参考，这就蕴含着无形的竞争压力。为了在就业中取得优势，非英语专业的大学生必须积极进行针对性的英语学习，这种竞争压力推动着CET"以考促学"的教育功能取得了正面反拨效应。据统计到2002年5月为止，报名参加CET-SET的考生中，已有3928人获得了A级证书，36171人获得了B级证书，28591人获得了C级证书（杨惠中，2003）。这说明我国非英语专业大学生已经具备一定的英语口头交际能力，获得A和B级证书的学生可以用流利地道的英语进行口头交际，达到相互沟通的目的。在社会大环境下，CET测试结果成为用人单位录用大学毕业生的标准之一，CET测试体系作为全国统一的大规模标准化考试得到社会的普遍承认，产生了良好的社会效益，是社会文化提升的标志。尽管近年来出现了很多对英语教育泛滥化的质疑和对CET"指挥棒"的批评，但改革开放30年以来CET测试体系促使国人学习英语的热情高涨，大学生英语应用能力和水平大幅度提高的事实是不容置疑的。

3.4.3 政治功能

测试作为一种衡量和甄别个体差异性的社会活动，受到社会政治制度的制约。测试制度在创建和实施过程中，处处体现国家意志、服从政府的命令。国家就是通过颁布有关测试制度的法规文件、领导测试机构、制定测试标准等来彰显权力，传播意志。国家意志正是政治制度化的一种体现。从某种意义上说，测试制度除了是制度文化的组成部分之外，还隶属于政治制度的范畴，具有一定的政治功能。具体来说，测试的政治功能主要体现在赋权、人才选拔和社会分层三方面。

CET测试体系的第一项政治功能就是赋权（empowerment），是现代社会工作理论的重要概念之一。赋权就是指赋予或充实个人或群体的权力，使其在与他人及环境的积极互动中获得对生活空间更大的掌控力和自信心，进一步促进环境资源和机会的运用，从而帮助个人获得更多能力的过程。CET测试体系的赋权功能是通过测试的组织形式和教育评价来实现的。首先，CET测试体系是在教育部考试中心的直接领导下，由"全国大学英语四、六级考试委员会"开发研制，具体的考务工作由各地教育厅或教委负责，最初还强制要求所有执行教学大纲的大学生必须参加统一测试，这种组织形式本身就对CET测试体系赋予了国家权威，最终的成绩报告单由教育部高等教育司委托发布，从而对CET成绩也赋予了默许的国家权威，并最终转化为一种匿名的无主体的权力运作载体。其次，CET测试体系对非英语专业大学生的英语应用能力和水平进行衡量评估，通过教育评价功能将这种国家权威转化为对个人英语能力的权威评价。再次，CET测试体系还凭借自身的国家权威以默许形式为CET相关产业经营者（如英语辅导机构、名师或辅导专家、CET辅导资料出版商及经销商）赋予垄断性的经济特权。可见，无论正式与否，积极与否，直接与否，CET测试体系都具有广泛的赋权功能。在对人才标准要求越来越高的现代社会，获得更大的发展、拥有更多的机遇是全体社会成员的共同愿望，CET测试体系则是满足社会成员愿望的法定化、制度化的重要途径之一。CET是教育活动中一种选拔与评价制度，属于教育制度的子制度。制度的"合法性"为它带来了极高的权力，而CET测试体系所展示的公平性又在社会成员中树立了极高的威信，这种权力与威信的结合使CET测试体系具有了一种制度权威，人们愿意服从并尊重这种制度，也有助于社会秩序的良性运作。中国自古以来就是一个等级森严的社会，无论是出席礼仪、会议发言，还是报纸上排名先后，都要遵循非常严格的级别顺序。在封建社会看重"先赋地位"，即个体凭借与生俱来的生物条件或社会属性所获得的社会地位（顾明远，1998），身份、权力和财富都可通过世袭制自然继承。随着社会的进步，世袭制被打破，现代社会选拔人才逐渐看重"自致地位"，即个体在一定条件下凭借后天的努力和竞争所获取的社会地位（顾明远，1998）。俗话说，知识改变命运，身份和权力要想转变成"自致地位"，必须凭借个人能力来争取。书中自有黄金屋，财富也可以通过接受良好教育而积累。虽然身份、权力或财富不一定都需要通过教育或测试的渠道获得，但在某些阶段，测试以及由此派生出的各种受教育机会，直接决定着集身份、权力和财富于一身的社会地位。

CET测试体系的另一项政治功能就是选拔人才。CET测试体系在制定之初就要求在毕业成绩册上标注获得的英语等级和阅读分数，供用人单位参考，其教育目的在于提高非英语专业大学生的英语水平，而根本目的则是为各级用人单位甄别和挑选出能够熟练使用英语的人才。CET这种人才选拔的政治功能正好与改革开放初期急需英语沟通人才的社会需求相吻合。1995年10月26日，《中国林业报》上有一条《高等林业教育在改革中健康发展》的报道指出："在学籍管理上，各校引进灵活的人才培养机制和激励竞争机制，推行学分制、淘汰制、专升本制、主辅修制，实行学位证与英语四级考试挂钩制，毕业证、学位证、技能证三证制，充分调动教与学的积极性。"可见，早期CET与学位证挂钩被高校看作加强教学管理、调动教与学积极性的有效手段之一。总的来说，它的人才选拔功能表现在两方面：一方面，CET测试体系的权威性和公平性为积极上进的普通大学生提供了良好的机遇，可以充分显示自身价值和能力，提高自身的社会地位；另一方面，通过CET公平竞争所选拔出来的人才，具备更高的素质。用人单位对精通英语的应用型人才进行分类甄别，使其在就业过程中得到有效配置，实现"人尽其才，才尽其用"。CET测试体系的信度和效度极强，得到了社会的承认，成为许多用人单位录用大学毕业生的标准之一，大大提升了人才的质量，为社会的发展输送了大批有英语特长的应用型人才。但随着社会飞速的发展，CET测试体系的社会权重愈大，功利性愈强。CET的成绩用于人才选拔的功能被无限制扩大，CET的社会功能被扭曲，也招致了不少批评。CET人才选拔功能扩大化具体表现在两方面：一方面，许多大学将CET成绩与评优、入党、保送，甚至是毕业证、学位证挂钩，CET证书成为大学生取得学位的必要条件，CET证书在一定意义决定了大学生是否具备专业人才的资格（这实质体现了一种个人权威）；另一方面，许多用人单位将CET成绩作为录用大学毕业生的门槛，还将其与职称评定、升职加薪、大城市落户等挂钩，从而决定人才的级别。

CET的负面反拨效应现象引起了越来越多社会人士的关注。2005年1月27日，《北京青年报》报道北京政协委员刘永泰建议将CET4与学位证的授予脱钩的政协提案终予立案。2005年，CET改革方案提出后教育部也下令禁止将CET成绩与毕业证和学位证挂钩，且用成绩报告单来代替合格证，之后情况有所好转，但还有学校或院系以此来督促检查学生的英语学习情况。2005年6月北京农业大学网站公布消息，位于北京学院路的北京科技大学、北京师范大学等16所高校就CET4成绩暂不与学位证脱钩达成共识。周季鸣和刘琨（2011）在调查CET4测试结果的使用政策（以CET4证书与学位证书是否挂钩为例）对测试相关者的影响时得知，一位坚持将CET4证书与学位证书挂钩的大学教务处长说，挂钩政策是一个"刺激机制"，像缰绳又像鞭子，面对严进宽出的中国高等教育政策，如果对学生没有成绩上的硬性规定，学位就会失去含金量。对校方来说，CET测试体系是适宜的衡量机制，而且整个社会大环境也重视强调英语能力，与学位证挂钩后，学生就不敢对英语学习完全"放羊"，可以鞭策学生不放松英语学习，努力提高自身竞争力。这反映了一部分管理者的心声。据调查，时至今日，湖北咸宁学院仍然会根据不同专业的具体情况来设置CET分数线，将其与学位证挂钩。但也有更多的高校响应教育部的号召取消了CET4成绩与学位证书挂钩。一所一本院校的教务处长指出，根据学校的实际情况，大多数一本院校的学生过级没有问题，如果过分强调英语，反而会影响学生的专业学习，以前两证挂钩有促进学习的功能，但现在这种做法已失去了实际意义。

在社会层面，CET成绩的使用范围却非常广泛。2019年中国工商银行校园招聘要求CET6成绩达到425分。2020年国家电网山东省电力公司招聘本科毕业生公告中声明CET成绩要求达到425分。大型国企中国石油江西分公司在校园招聘时也将CET4成绩430分以上作为面试的门槛。还有公务员考试中很多涉及教育、外事方向的岗位对CET成绩有明确要求，如2018年中央机关直属机构公务员招聘信息中财政部在北京市的招聘要求CET6成绩达到425分。很多人事部门在填写简历时一般会要求说明英语资质水平，大多数人会将CET成绩作为自己的英语水平凭证，部门也会将此作为选贤任能的标准。测试的人才选拔功能是在教育评价和赋权功能的基础之上产生的，是前两种功能的延续，在一定程度上为用人单位输送了大批英语应用型人才，起了积极的反拨效应，但在实际操作中，消极的反拨效应也随之而生。所以，对于CET测试体系的人才选拔功能在学校和社会层面的应用，不能以偏概全，妄下结论评价好坏。我们只能理清CET的测试目的，正确引导，各取所需，教学考试由校本测试负责，而CET测试体系则推向社会选贤任能，走社会化考试的道路。

CET测试体系的第三项政治功能是调整社会结构，进行社会分层。这是前两种政治功能赋权和选拔人才的必然结果。社会结构是指在国家或地区中占有一定资源、机会的社会成员的组成方式及其关系格局，包含种群数量结构、家庭结构、社会阶层结构等若干个子结构，其中社会阶层结构是社会学广泛研究的核心（李乐平，2012）。这里提到的社会结构是指狭义的社会阶层结构，分静态和动态两种状态。静态的社会结构是通过社会分层（social stratification）来体现，动态的社会结构则通过社会流动（social mobility）来展示。社会分层是按照一定的标准将社会成员划分为高低有序的不同等级或层次。社会流动是指在一定的社会分层结构中，人们在各自社会集团内部、不同社会集团之间，以及在各种活动空间之间变动、转移的形式和过程（郑若玲，2007）。社会分层与社会流动作为社会结构的不同表现形式，两者密切相关，都体现了社会不平等。社会结构运行的过程也就是社会结构发挥其社会功能的过程。早在古希腊时期，哲学家柏拉图在 *The Republic*（《理想国》）一书中就提出：国家应由有理智的统治者、有意志的护卫者和有欲望的生产者三种阶级组成，各阶级之间分工合作，还应保持一定程度的流动，社会才能保持和谐。卡尔·马克思在 *Capital*（《资本论》）中也提出经济基础决定着上层建筑，而且是社会阶级体系形成的基础。德国社会学家马克斯·韦伯最早提出社会分层理论，以经济（财富）、社会（身份）和政治（权力）三维标准来划分社会层次结构。根据社会学的功能主义理论，社会分层是满足复杂社会结构需求的必要条件。只有让那些最有能力和竞争资格的人去承担那些最重要的工作或职位，社会结构才能保持平衡和协调，实现正常运转。

在封建社会，身份、权力和财富都主要通过世袭制自然继承，整个社会结构也处于封闭状态，不需要通过教育和测试等外力来调整社会分层。从中华人民共和国成立至改革开放之前，社会分层采用的是"身份制"体系，将户口、家庭出身、级别、参加工作时间等作为基本指标，对社会群体进行区分，这些区分地位的指标多与"先赋因素"有关，缺乏公平竞争的机会，束缚了社会成员的活力和积极性（郑若玲，2006）。改革开放后，"身份制"逐渐解体，人们可以通过后天的努力获得学历、证书、文凭等来取代传统的先天身份指标，而学历、证书、文凭的获得也离不开测试这一渠道进行竞争或筛选，测试发挥的筛选功能越来越突出。随着社会结构开放性的加强，测试在社会分层中的作用也日趋重要。分数面前人人平等，这种民主性及公平性的测试具备的社会分层功能，在一定程度上也起到稳定社会秩序、推动社会发展的作用。CET测试体系的赋权和人才选拔功能就是迎合了社会结构调整的需要，推动着社会的纵向或横向流动，最终走上了社会分层之路。CET

测试体系对社会分层的影响就是通过促进社会流动来实现的。社会流动是考察社会动态结构变化以及衡量社会开放和发展程度的重要指标。社会分层是CET测试体系促进社会流动时伴随而来的附属品，并不是其原始的主要动机。然而，这个不经意的附属品却影响着社会的进步。正如法国社会学家 *Bourdieu* 的"文化再生产"提到教育制度本身也带有文化专断，占据统治地位的阶层会采用制度化的方式将其自身的资源优势固定下来。

具体而言，CET测试体系的社会分层功能主要表现在三方面：一是未通过CET的大学生在评优、毕业、升学、求职和晋升等方面会遭遇到种种限制与排斥，最终的后果是未通过CET的大学生与各种规则制定者在身份、权力和财富等方面形成本质上的社会地位分层；二是已通过CET的大学生容易得到 "权威"（此"权威"不一定具有事实上的权威，不是在个人或利益集团内部自封产生的，而是得到受支配群体的普遍认可或支持而产生，因此加引号表示名义上被称为权威）的尊重与认可，从而也拥有获得各种社会资源的权利，而未通过CET者则受到各种制度的限制，遭到"权威"的忽视或排挤，很难平等地拥有或享用各种社会资源，其结果是CET通过者与未通过者之间产生了社会资源的配置不平等和相应的地位等级分化；三是CET测试体系塑造了一个垄断性的CET产业链与考试市场，变相地对大学生进行经济掠夺，加剧了大学生的社会弱势地位，使大学生与考试产业的垄断者之间产生了显著的社会地位分层（周树林，2009）。这种社会分层炫耀了英语能力的霸权地位，过分夸大了英语的社会权重，导致了人才评价与选拔的不公，侵犯了大学生的受教育权利、平等就业权利和自由发展权利。因而，通过社会分层产生的CET政治功能要适度运用，若偏离预定轨道，被扭曲变形，会导致功能性失调，严重地还会产生官僚主义、以权谋私、贪污受贿等一系列社会问题。

3.4.4 经济功能

测试的经济功能是指测试对社会经济发展所起的作用或影响。从表面上看，测试作为一种测量和甄别人的知识和能力等方面差异的社会活动，似乎与社会经济发展毫不相干。与教育、文化、政治等其他因素相比，经济与测试之间的关系更为松散，测试的经济功能也不显著。但这并不意味着测试对社会经济发展起的作用不重要，影响力不够大。相反，随着测试制度的不断完善，其在社会生活中的适用范围越来越广，测试的经济功能将越来越凸显，且日益强大。测试的经济功能可进一步细分为间接和直接两方面。

测试的间接经济功能就是指测试对经济发展引起的间接影响，是以人力资本的形成、教育的发展及社会的协调发展为媒介形成的。主要表现为：测试可以通过使劳动力资源转化为人力资本来促进经济的发展；测试可以通过促进教育的发展来反作用于经济；测试通过在文化、政治等方面施加影响来促进社会经济的协调发展。

人力资本（human capital）由美国经济学家Theodore W. Schultz首先提出的，是体现在人身上的资本，是对劳动者进行教育、职业培训等支出及其在受教育时的机会成本的总和，表现为凝聚在劳动者身上的各种知识、劳动与管理技能以及健康素质的存量总和。人力资本论提出，在现代化生产中，虽然物质资本和人力资本都是经济发展不可缺少的生产性投资，但人力资本投资的作用要远远超过物质资本。若人力资本投资缺乏，物质资本投资再多也不能发挥其作用。当今世界经济中最突出的特征，就是人力资本的形成。在2004年冯小刚拍摄的电影《天下无贼》中，葛优扮演的贼王有一句台词："21世纪什么最贵？——人才。"廖平胜在《考试学原理》（2003）一书中也提到考试与人力资本投资关系密切。

劳动力资源指具有劳动能力的人口资源的总和，包括劳动者能够用于劳动过程的所有脑力和体力等资源。劳动力资源和人力资本密切相关又有本质区别。劳动力资源富裕，并不意味着人力资本也丰厚，但富裕的劳动力资源至少可视作一种潜在的人力资本。当它真正转化为人力资本，就会成为经济和社会发展的一种助推器。但若使用不当，劳动力资源庞大也可能成为一种负担。测试的间接经济功能就在于促使劳动力资源向人力资本转化。如何进行转化呢？测试可以选贤任能，降低人力资本开发成本，增加企业人力资本的积累；可以优化人力资本的配置，调动员工的主观能动性，提高部门的生产效率和效益；可以拓宽人力投资的渠道，提高人力投资的产出率。前面提到CET测试体系的文化功能之一在于以考促学。CET测试推动了大学英语教学，为备考进行的各种相关英语训练不仅使非英语专业大学生的英语应用能力得到提高，大学生的各方面素质能力也得到提升，可以为经济发展提供高素质人才，即人力资本。所以，CET测试体系是促使劳动力资源转化为人力资本进而提高经济效益的有效工具。当然，测试本身的科学性也直接关系着这种转化的效果，科学的测试才能有力地保证劳动力资源向人力资本的转化，但测试设计不合理，效果会适得其反。

常言道，科学技术是第一生产力，高等教育通过培养先进的技术人才、传播科学技术来有效地提高人口素质。从人力资本的定义中可看出教育投资是人力投资中最重要的一部分，劳动力资源整体教育水平提高，劳动生产率也会大幅度提高。这直接体现了高等教育对社会经济发展的促进作用。本书前文中提到CET测试体系凭借三重教育功能来推动教育的发展，所以CET测试体系也是促进社会经济发展和增长不可忽视的因素之一，通过对教育的促进来间接实现其经济功能。在前文论述的CET测试体系的政治功能中，本书已经清楚地阐述了测试对于人才选拔、调整社会结构、维护社会稳定所起的作用。政通人和才能国家富强、人民富足。CET测试体系通过优化人力资本配置来促进社会协调发展，随之而来的间接经济功能也就不言而喻了。

测试不仅凭借人力资本的形成、教育发展和社会发展等媒介间接促进了社会经济的发展，而且对发展经济还有直接的影响。自古以来，当测试的规模和使用范围达到一定程度时，往往会形成一条测试产业链，各种与测试相关的产业都会被带动起来，共同从测试活动中获取经济利益，由此诞生所谓的"测试经济"。古代的科举和现代的高考都通过各自产业链创造了可观的经济效益，大规模高风险的CET测试体系也不例外。随着CET测试体系应用范围和规模的不断扩大，为了顺应市场发展的需要，各类与测试相关的产业纷至沓来，CET测试经济呈现一片繁荣。CET产业链涉及面甚广，主要包括以下几种产业。

（1）培训产业。学校禁止因CET辅导而耽误正常的大学英语课堂教学，而一些基础差的同学期望通过临阵磨枪和名师指导能多考几分，于是各色各样鱼龙混杂的校外培训班应运而生。正是学生的需求开拓了CET的培训市场。教室、公告栏、食堂甚至厕所，校园各处都贴满了四、六级辅导的小广告。以号称专注教育26年的新东方教育为例，笔者上网搜索官方网站发现新东方为有加强补习需求的CET考生提供"全程个性化、一站式四、六级英语复习辅导方案"，在全国32个大中城市设立CET培训点。新东方的CET培训分为串讲班、基础班、强化班、冲刺班、无忧计划等不同类别，价位从200元到13800元不等。培训市场火爆，归根结底来自巨大经济利益的推动。各种培训机构和培训师都因滚滚而来的财源乐此不疲。如新东方青岛校区的四级无忧计划共分72课时，每人需花费3980元。最便宜的长春串讲班6课时，每人也需要交200元。由于培训点大都设在省会城市，偏远地区的学员交通不便，他们为了参加培训纷纷到培训点附近租房，给附近的餐饮旅店业和交通运输业也带来了巨大商机。开设最早的北京校区抓住商机，还开设了基础强化冲刺套餐住宿班（每人6880元）和针对外地学员的寒假集训营（每人13800元）。测试还带动了提供各种考试信息和资料的网络产业。随着信息技术的飞速发展，新东方也推出了在线网络课堂，如宣传口号为"拯救你的四级，势在必行"的2019年12月大学英语四级冲刺抢分班仅需99元，课容量达5000人，价格比现场培训优惠得多，且便于学生随时随地学习，吸引了更多的生源。这种新的培训形式节约了场地费、人工费等，薄利多销，还开辟了新的商机。

（2）出版业和印刷业。出版商和印刷商通过发行和印刷历年CET真题及各种复习资料而获利。2019年11月11日笔者在当当网上登录了当当书城，以"大学英语四级"为检索词搜到8995个商品，为了减少重复率，又限定当当自营经销，也发现了5020种图书；涉及大学英语六级的搜到了6072个商品，其中当当自营的有3479种图书。走进书店，常常会发现举目之处都充斥着CET模拟题、历年真题及各种复习资料。在同一家书店里，往往会有几种甚至十几种不同版本的CET复习材料，而相比之下含金量高的英文原版经典名著和学术著作却很少。除了少数质量较高的权威工具书外，CET复习资料多是相互抄袭、质量平平的模拟题，往往造成资源浪费。CET复习资料的含金量无法与学术著作相比，质量良莠不齐，但价格不菲，还很畅销，甚至有的版本到了供不应求的地步。近年来在大学附近专门开设的"考试书店"如雨后春笋般涌现，也正是CET测试市场日益红火的产物。为了顺利通过CET，学生们会绞尽脑汁从各种渠道搜罗各种辅导材料加以打印或复印，使得学校周围的复印社生意火爆。

（3）此外，CET测试体系带动的产业还包括备考、考试或阅卷时所需的各种设备和工具。由于语言测试的特殊性，备考和考试工具并不仅仅限于简单的纸、笔等学习用品，还包括不断更新换代的视听说设备和各类软件。随着高科技的发展，用于防作弊的手机屏蔽仪等检测仪器也成为考场必备。考试结束后试卷客观题需要机器评阅，主观题的人工评阅也离不开后台质量监控，这一切都需要硬件设备配置和软件技术支持。从教育部官方网站经常可以搜到公开的采购招标信息，可见CET测试体系给这些产业带来了无限商机。

以上因CET测试体系而产生的一系列经济活动及其带来的经济效益形成了CET测试经济，也就是CET测试体系的直接经济功能。与其他的经济活动一样，测试也是一种社会活动，它产生的经济活动必然也与所处的社会关系密切，不可能脱离社会背景而独立行事。但测试经济与社会发展水平或阶段并不相关。测试经济的兴衰，主要还取决于测试活动本身，包括测试制度的发展水平和完善程度以及测试制度规模和影响力的大小。本书对CET测试体系的经济功能进行了细致剖析，事实证明：一项有中国特色的测试制度经历了长达30多年的社会实践和检验，在教育和社会生活中占据重要的地位，其社会影响越深远，带动的经济活动也相应增多，因而产生的经济效益也巨大。测试制度存在的时间越长，自身的制度建设就越完备，就越有助于稳固其社会地位，扩大社会影响力，开展更多的经济活动，提升其经济功效。当然，CET测试经济的兴旺发达也带来了一些消极反拨效应，如盗版作弊，不利于测试制度的良性健康发展。中国是一个考试大国，随着CET测试体系在当今社会的适用范围越来越广泛，发挥的作用越来越大，CET测试经济也必然越来越发达，消极影响也可能随之加深。只有对CET测试体系兴利除弊，才能促进测试与社会的协调发展，使CET测试体系的社会功能得到最大限度的发挥。

3.5 小结

在当今中国，测试无孔不入，已渗入社会各个领域，成为人们学习、生活、工作中经常参与的重要活动之一。但令人惊讶的是人们对测试的评价却毁誉不一，往往是肯定与否定并存，甚至经常有专家提出取缔废除之言。这说明测试对社会发展存在着二重性功能，需要引起我们高度重视，加以认真研究。作为我国自主研发、极具中国特色的一项大规模高风险测试，CET实施30多年来历经多次改革不断发展完善，测试范围和规模不断扩大，测试内容和题型不断革新，其改革动力主要来自国家方针政策的推动，社会经济发展的需要以及大学英语教学改革的发展。本书研究发现：30多年来CET测试体系对我国教育和社会发展产生了深远的影响，表现出强大的社会功能；批判测试视阈下CET测试体系具有教育、文化、政治、经济四大功能，每一范畴下各有分支（图3.3）；四大社会功能不是静态不变的，而是动态变化的，具体表现为教育功能日趋淡化，文化功能不断提升，凸显的政治和经济功能需要正确引导，加以调整。在CET测试体系功能变迁研究中，有时也涉及CET测试体系的一些负面影响，但笔者并不建议直接取消测试，而是希望CET测试体系能积极适应社会转型和变革的新要求，进一步加大测试改革力度。此次社会功能变迁研究带来的启示是：一是科学定位测试的社会功能，有助于合理化编排测试结构；二是深化测试创新改革，引导测试向科学化发展；三是加快测试的法律法规建设，切实维护考生的合法权益；四是保证测试结果使用的科学性和公平性，才能实现测试功能的最优化。

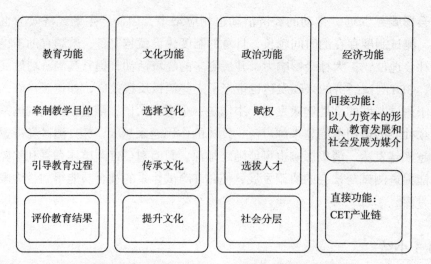

图3.3 CET测试体系的社会功能变迁研究

语言测试不仅是一种测量和评估语言能力的手段，也是一项受到社会因素制约的社会活动。其实语言测试存在的很多问题都源于语言测试所具备的社会属性。从社会学角度进行语言测试研究是一个无法逾越的过程，也是探究外语测试中各种问题深层次原因的必由之路。Schohamy在批判语言测试理论中的第二条权力共享民主原则中提及，测试人员要发挥积极参与的精神，和被测试者协同合作来实施测试和进行民主评价。杨惠中和桂诗春（2007）也提出，一项大规模、高风险考试要收到好的社会效果需要考试相关者包括语言测试工作者、政府教育主管部门、教师、学生、家长、社会用户等的协同努力。通过前一章的研究，我们认识到CET测试体系具有极其复杂的多重社会功能，由此推之，CET测试体系可能会涉及不同的利益相关者，需要做深入探讨。接下来，笔者以利益相关者理论和Hornberger的"洋葱结构模型"为理论基础，从多角度来审视CET测试体系涉及的不同利益相关者，并按照他们之间的紧密关系进行层次性分解，为下一步深入了解他们的利益诉求、实现利益均衡分配研究做准备。

4.1 理论基础

4.1.1 利益相关者理论

利益相关者（stakeholders）这一概念的提出始于20世纪60年代的经济学领域。后来人们将利益相关者理论运用于管理学、政治学、高等教育学等不同领域，取得了意想不到的成果。20世纪80年代，美国著名经济学家Freeman（2006）对利益相关者理论进行了深入研究，其 *Strategic Management：A Stakeholder Approach*（《战略管理：利益相关者方法》）一书的出版被公认为利益相关者理论正式形成的标志。他认为，利益相关者是指"能影响组织行为、决策、活动或目标的人或团体，或是受组织行为、决策、政策、活动或目标影响的人或团体"。该定义侧重于相关利益主体对企业的影响，并强调利益相关者在企业战略分析和实施中的作用。20世纪90年代中期，美国经济学家Blair拓展了传统利益相关者理论关于企业剩余权分布方案的论述，企业剩余权分布的主体不仅仅局限于物质资本和人力资本的所有者（即管理人员和股东），而是拓展到界定清晰的所有合法利益相关者，即任何企业的发展都离不开各种利益相关者的投入或参与。利益相关者研究由外化影响转变到内化参与，向前跨越了一大步。一些学者就公司治理中的利益相关者合作问题展开研究，在20世纪末逐渐形成"利益相关者共同治理观"，这是利益相关者理论的第三个阶段。该观点认为企业的全体利益相关者都应该参与公司治理，即不仅要重视股东的权益，强调经营者的权威，还要关注其他利益相关者的实际参与。

如图4.1所示，利益相关者理论经历了认识深化和策略内化的发展过程，从关注利益相关者的影响，到利益相关者参与，再到利益相关者共同治理；研究方法也由定性描述走向实证调研和对策研究，获得赋权的利益相关者从管理客体到共同治理主体，社会地位不断提升。这种经济学理论的突破在教育教学领域也具有深刻的现实意义。

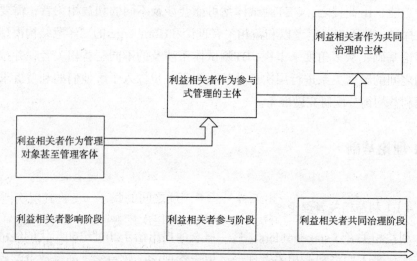

图4.1　利益相关者赋权与利益相关者地位的提升
（资料来源：王身余.从"影响""参与"到"共同治理"——利益相关者理论发展的历史跨越及其启示［J］.湘潭大学学报，2008，32（6）：28-35.）

Freeman的利益相关者概念比较宽泛，不仅将影响社会活动的个体或社会团体当作利益相关者，同时还将社会实践过程中受其影响的个体或社会团体也视为利益相关者。同样，CET测试体系也是一项社会活动，它的发展和推广也离不开各方利益相关者的大力支持。因而本章笔者就以CET测试体系的利益相关者为切入点展开反拨效应研究。如果将所有的利益相关者简单地视为一个整体来进行研究，得出的结论几乎是无法令人信服的。根据Freeman的定义范畴，CET测试体系的利益相关者既包括CET的施动者，也包括CET的受动者。不同类型的利益相关者影响CET及受CET影响的程度各不相同，对CET利益相关者进行层次划分和准确定位有助于厘清不同利益相关者的利害关系，从而有效地实施规划和治理。

那么，面对复杂的利益相关者如何进行区分呢？国内外很多学者从不同角度对利益相关者进行了细分。Frederick（1988）根据利益相关者对企业产生影响的方式不同，将其分为直接利益相关者和间接利益相关者；Clarkson（1994）则依据利益相关者承担的风险程度和联系的紧密性进行划分；Mitchell和Wood（1997）通过利益相关者是否具备"合法性"（legitimacy）、权力性（power）及紧迫性（urgency）的三重属性来划分；Wheeler（1998）则从利益相关者是否具备社会性及直接参与性两个角度来审视。国外这些划分标准都是针对企业的利益相关者，核心都在于探明利益相关者的可支配程度。在国内教育界，学者多采用单一维度的分类方法，利用问卷调查各个不同的利益相关者对公共政策的影响力强弱，然后根据专家评分将公共政策利益相关者划分为核心利益相关者和非核心利益相关者。这种单维分类法把利益相关者的身份界定与社会认同结合起来，便于识别且简化统计过程，有一定的实践指导意义。李峻（2009）将专家评分法与政策文本分析相结合，通过数理统计互相验证界定了我国高考制度的八个利益相关者，并以中央政府、地方政府、考生以及高校四种核心利益相关者为主要研究对象，但此研究在样本对象的层次性和评分数据的采集量两方面都有一定的局限性，无法满足历时研究的需要。王龙（2016）在此基础上进一步完善，根据高考制度重要利益相关者与高考制度之间的联系，又将其层次性分解为制度决策层次和制度影响层次。制度决策层次反映了高考制度制定过程中的决策参与方对高考制度施加了直接影响，即决策参与方通过制度规则可以实现自身利益或影响他者利益；制度影响层次则反映了高考制度对哪些对象施加了影响，即探究因高考制度受益或受损的对象群体。此研究思路对于CET测试体系的利益相关者层次划分研究有一定的借鉴意义。

4.1.2 洋葱结构模型

Shohamy（2007）曾指出，语言测试与教育及国家政策的联系在于语言测试影响并作用于实际的语言政策。实际上，语言测试就是贯彻执行语言政策的一项工具。我们既可以通过对语言政策的文本解读梳理语言测试的发展历程，又可以通过利益相关者对语言政策的贯彻执行情况了解语言测试的反拨效应。

Hornberger是一位致力于语言政策研究和民族志研究的国际知名学者，擅长在教育人类学和社会语言学的研究视角下结合不同的语言和文化背景对语言和教育进行研究。她提出基于更广泛的社会、文化和经济理论来研究语言政策。Ricento和Hornberger

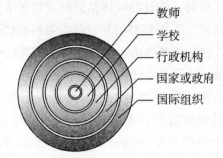

图4.2　Ricento和Hornberger的洋葱结构模型

（1996）以英语教学研究（English Language Teaching，简称ELT）为例构建了"洋葱结构模型"（图4.2）。该模型理论认为，语言政策是一个多层级的结构，由层级（layers）、能动者（agents）和语言政策实施过程三部分组成，并且因为语言政策目标、类型和实施途径不同，这些组成部分会通过多种复杂方式互相渗透和影响。影响语言政策实施结果的不仅仅有相关的能动者，还包括层级间的渗透和影响。

从Ricento和Hornberger的洋葱结构模型我们可以得到以下三点启示：首先，语言政策实施过程中存在着多重层级，层级之间并非密切接触，而是存在着可以互相调节的空隙，即语言政策空间（LLP space），这曾在Hornberger和Johnson（2007）的另一项研究中得到了验证。其次，语言政策实施过程中各层级涉及的对象被称为能动者，也就是之前所提及的利益相关者，具有一定的能动性。国家或政府之类的权力机构并不是唯一的能动者，如图4.2所示，ELT研究存在着教师、学校、行政机构、国家或政府、国际组织多层能动者。Spolsky（2009）认为语言政策能动者是语言政策的积极参与者，因为多数的语言政策取决于语言实践，而不是预先设计的语言管理政策，可以通过改变参与者来解决问题。所以辨清语言政策实施涉及的能动者及其利益关系至关重要。最后，能动者及语言政策空间的存在，使政策的实施不再是在各层级间简单机械地传递政策文本，而是伴随着各层级之间互相影响、权力渗透的复杂过程。能动者并非严格执行上层传递过来的政策，而是在一定程度上可能会有意或无意地进行自我阐释或自行修改。利益相关者身份地位的差异和个人理解的不同，都会造成政策执行上的差异。因此，要以全面的视角和谨慎的态度对语言政策进行分析研究。

CET测试体系作为我国外语教育政策的重要组成部分，是在国家教育方针的指导下进行开发研制，参与人数众多，社会反响大。从利益相关者视角，借助洋葱结构模型理论，透过社会各个微观层面，了解不同利益相关者与CET测试体系之间的关系以及对政策的贯彻执行情况，是非常有必要的，可以为改进CET测试体系提出更加合理的策略。

4.2 研究方法

根据Freeman的定义，CET的利益相关者可界定为"任何影响我国CET测试体系或被CET测试体系影响的社会团体或个人"。经过30多年的完善发展，CET测试体系的影响力已经由教育领域延伸至社会领域，成为影响我国千家万户的一项政策工具。其社会功能不断扩展，从中央到地方，从学校到用人单位，从个人到家庭，无数人的生活都或多或少地与CET的利益休戚相关。接下来本书将采用什么适切可行的研究方法对CET的利益相关者进行界定和分类呢？

4.2.1 文献研究法

首先，借鉴政策文本分析来确定我国CET的利益相关者。政策是政府、政党和其他社会政治团体在特定时期为实现或服务于一定社会政治、经济、文化目标所采取的政治行为或规定的行为准则，包括一系列谋略、法令、措施、办法、方法、条例等（陈振明，1998）。CET测试体系自1987年实施以来，历经多次变革，前后差异很大。如果只依靠单一维度的问卷调查方法，被调查者来自同一时代背景，体现不出反拨效应研究的历时性特征。目前调查和评价无法在各个历史阶段同步进行，所以只能获取不同时代背景下客观真实的政策文本和网络信息为依据。30多年以来，有关CET的政策文本数量较多，涉及CET测试体系的方方面面。为了体现历时性与共时性相结合，笔者最终从操作的合理性和可行性的角度，利用CET的最高决策机构——教育部的官方网站，选取对其不同历史阶段公布的政策文本并加以分析，来厘清CET测试体系变革中各方利益相关者。

4.2.2 问卷调查

为了将纵向与横向考察、静态与动态研究相结合，解决历史场景不可逆的问题，本书以利益相关者的重要性为维度进行划分，对教师和学生两类CET相关人士进行调查。大学英语教师不但承担英语教学任务，还较多地参与CET监考、评卷和辅导等工作，能够比较全面地反映CET的具体实施情况。学生作为CET的亲身体验者，对CET的社会影响力有切身体会。可以说，此次实证研究充分考虑到调查对象来源的多层次性和样本数量的充足性。

2019年11月17—18日笔者借助问卷星网上调查平台向来自不同高校的大学英语教师发放《关于大学英语四、六级考试利益相关者的教师调查问卷》（附录1）38份，共回收有效答卷37份，有效率达97.4%。尽管这是一个小样本的调查过程，但调查对象处于不同地域、分属不同高校，不容易受同一研究范式的干扰，研究设计合理（图4.3）。Cronbach通常被认为是内部可靠性的一个关键指标，范围从0到1，我们利用统计软件SPSS 21.0对收集的数据进行信度检验。秦晓晴（2003）认为，α系数大于0.8时，信度非常好；α系数在0.7~0.8，信度比较高；α系数在0.6~0.7，问卷可以接受，但需要提高。教师问卷的Cronbach信度系数值为0.763，说明研究数据信度比较高，可以被接受。

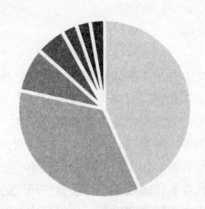

山东 ■ 广东 ■ 湖南 ■ 国外 ■ 广西 ■ 上海 ■ 重庆 ■

图4.3 教师调查问卷中调查对象来源分析

2019年11月17—18日笔者还借助问卷星在线向在校大学生发放《关于大学英语四、六级考试利益相关者的学生调查问卷》（附录2），共回收有效答卷306份，有效率高达100%。尽管被调查的大学生来自同一所大学——曲阜师范大学（表4.1），但生源来自不同地区，分属不同年级、不同专业，既包括CET的通过者，又包括CET的首次参与者，还有多次参与而未通过者，经历不同，不容易受同一研究范式的干扰。学生问卷是一个大样本的调查过程，利用统计软件SPSS21.0进行信度检验得出Cronbach信度系数值为0.804，说明研究数据信度非常高，可以被接受。

表4.1　学生调查问卷中调查对象来源分析

地区	山东	辽宁	黑龙江	广东	湖北	北京	河北	国外
百分比/%	80.39	0.65	0.33	1.31	0.33	1.31	0.33	15.36

　　根据前期对涉及CET的政策文本分析研究，笔者共列举出12类CET利益相关者，即影响CET目标实现或受CET影响的社会团体或个人。由此本研究设计了两份针对教师和学生的调查问卷，题型简单明了，问题基本一致。第1题要求被调查者从中选出CET的利益相关者并判断其重要程度，选项依次为"完全不重要""不太重要""一般""非常重要"和"比较重要"。调查问卷第2题要求从12类CET的利益相关者中选出不多于五类的最重要的利益相关者，并要求排序。第3题要求列举其他未涉及的利益相关者。

4.2.3 专家访谈

　　测试专家具备较高的学术素养，特别是对测试理论有深入准确的把握，可以从理论角度高屋建瓴地为笔者指点迷津。最后，笔者还于2019年11月18日和19日分别对教育部大学英语教学指导委员会委员曾用强教授和刘建达教授进行了面对面的专家访谈。广东外语艺术职业学院院长曾用强教授一直从事语言测试的教学与科研工作，已经培养了50多名计算语言学和语言测试研究方向的硕、博研究生，主持完成多项广东省高考英语改革项目。广东外语外贸大学副校长刘建达教授，是语言测试方向的博士生导师，发表了多篇关于语言测试的核心论文，现任教育部考试中心副主任，主持《中国英语能力等级量表》的开发研制工作。笔者邀请两位国内知名专家就CET的重要利益相关者及CET的发展前景说说自己的看法。

4.3 研究结果

4.3.1 CET政策文本分析

　　笔者检索到的政策文本由以下五部分组成。

　　（1）1982年至2019年10月30日教育部网站公布的中央文件及教育部办公厅、高等教育司、政策法规司、高校学生司等相关部门的文件，经逐一检索后发现17项与CET相关政策文本（表4.2）。

表4.2 教育部网站与CET相关的政策文件

序号	发文字号	发文机构	文件名称	日期	利益相关者	相关内容
1	教高司函〔2004〕73号	教育部高等教育司	关于印发《教育部高等教育司2004年工作计划》的通知	2004-03-18	教育部、地方教育机构、高校、考试委员会	开展CET考试委员会的换届工作和CET改革的研究
2	教高司函〔2004〕97号	教育部高等教育司	关于印发《第九次全国大学英语四、六级考试总主考会议纪要》的通知	2004-04-13	教育部、考试委员会、地方教育机构、高校、监考人员、印刷人员、学生、教师	严肃考风考纪，加强考务管理，实施考试改革
3	教高厅函〔2004〕16号	教育部办公厅	教育部办公厅关于全面开展高职高专院校人才培养工作水平评估的通知	2004-04-27	教育部、地方教育机构、高校、学生	以学生参加高等学校英语应用能力考试累积通过率作为知识能力素质评估标准
4	教高厅函〔2004〕17号	教育部办公厅	教育部办公厅关于成立第三届全国大学英语四、六级考试委员会的通知	2004-07-12	教育部、考试委员会、地方教育机构、高校	成立第三届全国CET考试委员会，实施考试并开展考试改革等研究工作
5	教高司函〔2004〕250号	教育部高等教育司	关于批准大学英语教学改革扩展项目立项的通知	2004-11-18	教育部、地方教育机构、高校、研究者、学生	研究CET-SET可行性
6	教高〔2004〕5号	教育部	教育部关于开展现代远程教育试点高校网络教育部分公共基础课全国统一考试试点工作的实施意见	2004-11-26	教育部、地方教育机构、高校、学生	获得CET4及以上级别证书者免考大学英语

续表

序号	发文字号	发文机构	文件名称	日期	利益相关者	相关内容
7	教高厅〔2005〕1号	教育部办公厅	教育部办公厅关于印发《全国大学英语四、六级考试改革方案(试行)》的通知	2005-03-07	教育部、考试委员会、地方教育机构、高校、学生、教师	提出了CET改革指导思想、原则、目标、措施及中长期改革规划
8	教高司函〔2005〕184号	教育部高等教育司	关于申报大学英语教学改革示范点项目的通知	2005-09-26	教育部、地方教育机构、高校	示范点学校合理使用CET成绩,并能根据考试数据准确评估本校英语教学水平
9	教高司函〔2005〕192号	教育部高等教育司	关于批准第二批大学英语教学改革扩展项目立项的通知	2005-10-12	教育部、地方教育机构、高校、研究者、教师、学生	CET-SET对大学英语教学反拨作用的研究
10	教高司函〔2006〕14号	教育部高等教育司	关于印发《教育部高等教育司2006年工作要点》的通知	2006-02-10	教育部、地方教育机构、高校	继续推进CET改革,做好CET考试管理工作
11	教高司函〔2006〕150号	教育部高等教育司	关于印发张尧学司长在"提高教学质量,深化教学改革工作研讨会"上的讲话的通知	2006-07-14	教育部、地方教育机构、高校	2001年以来大学英语改革的成果之一是推进了CET改革
12	教高厅〔2006〕4号	教育部办公厅	教育部办公厅关于进一步提高质量全面实施大学英语教学改革的通知	2006-07-31	教育部、地方教育机构、高校、教师、学生	CET新题型出台对推动新教学模式起一定的作用;要求按新《考试大纲》启动CET

序号	发文字号	发文机构	文件名称	日期	利益相关者	相关内容
13	教高〔2007〕2号	教育部	教育部关于进一步深化本科教学改革全面提高教学质量的若干意见	2007-02-17	教育部、地方教育机构、高校	推进CET考试改革，研究建立CET网络考试系统
14	教高司函〔2007〕45号	教育部高等教育司	关于召开大学英语四、六级网络考试工作会议的通知	2007-03-16	教育部、高校	研究部署CET网络考试工作
15	教高司函〔2007〕51号	教育部高等教育司	关于印发《教育部高等教育司2007年工作要点》的函	2007-03-23	教育部、地方教育机构、高校	启动基于计算机网络的CET考试系统研制工作
16	教高司函〔2007〕56号	教育部高等教育司	关于发布"高等学校教学质量与教学改革工程"项目"大学英语四、六级网络考试系统研发与服务体系建设"课题申请指南的通知	2007-03-30	教育部、高校、研究者	启动CET网络考试系统研发与服务体系建设项目
17	教高司函〔2009〕10号	教育部高等教育司	关于开展大学英语教师网络在线培训的通知	2009-01-15	教育部、考试委员会、高校、教师	在线培训CET考试改革

（2）语言政策研究方向论文中提及的六项CET政策文本（表4.3）。

表4.3　论文中涉及与CET相关的政策文件

序号	发文字号	发文机构	文件名称	日期	利益相关者	相关内容
1	教高一字〔1985〕004号	教育部高等教育司	关于印发《大学英语教学大纲》（高等学校理工科本科用）的通知	1985-02-09	教育部、地方教育机构、高校、学生、用人单位	提出1987年开始对学生进行CET统一测试
2	教高司函〔1999〕53号	教育部高等教育司	在部分院校开展大学英语口语考试的试点工作	1999-05	教育部、地方教育机构、高校、学生	部分院校开展大学英语口语考试的试点工作
3	教高司函〔2001〕45号	教育部高等教育司	关于印发《第八届全国大学英语四、六级考试总主考会议纪要》的通知	2001-04-06	教育部、考试委员会、地方教育机构、高校、教师、学生、用人单位	CET取得社会广泛认可
4	教高司函〔2001〕148号	教育部高等教育司	关于印发《2001—2005年教育部高等学校大学外语教学指导委员会成立大会暨第一次工作会议纪要》的通知	2001-09-04	教育部、考试委员会、地方教育机构、高校	配合考委会进一步改革，完善四、六级考试
5	教高厅〔2003〕10号	教育部办公厅	教育部办公厅关于2003年9月20日大学英语四、六级考试试题失密事件的通报	2003-12-29	教育部、考试委员会、地方教育机构、高校、学生	通报失密事件处理，要求加强考务工作
6	部委号教电〔2003〕507号	教育部	教育部高等教育司关于对大学英语四、六级考试购买试题答案事件进行调查的通知	2003-12-30	教育部、考试委员会、地方教育机构、高校、学生	考前试题可能失密，加强考试管理

资料来源：黄六晓.大学英语四六级考试政策分析〔D〕.武汉：华中科技大学硕士论文，2006.

（3）在中国教育考试网上教育部直属单位教育部考试中心发布的三项涉及CET的公示公告（表4.4）（当不同公告涉及同一事项时仅做一次统计）。

表4.4 教育部考试中心与CET相关的公告

序号	公告题目	日期	利益相关者	公告内容
1	关于"全国大学英语四、六级考试答题卡扫描及网上评卷定点服务供应商"采购项目的招标公告	2016-04-14	教育部考试中心、供应商	采购招标公告
2	国家教育考试科研规划2017年度课题评审申报、结果公示及发布	2017-07-04 2017-11-20 2017-12-04	教育部考试中心、研究者	口语考试的评分标准研究
3	关于"全国大学英语四、六级考试和中小学教师资格考试答题卡扫描及网上评卷定点服务供应商"采购项目的招标及中标公告	2018-11-13 2018-12-19	教育部考试中心、供应商	采购招标公告

（4）在教育部网站以"四六级"为检索词搜索到与CET相关的信息81条，如办事指南、舞弊事件、各地新闻、政策答疑（信息繁多，不逐一列举）。

（5）不同阶段的CET考试大纲，如《大学英语四级考试大纲及样题（增订本）》（1994版）、《大学英语六级考试大纲及样题（增订本）》（1994版）、《全国大学英语四、六级考试大纲》（2006年修订版）和《全国大学英语四、六级考试大纲》（2016年修订版）等。

通过对涉及CET的政策文本进行频度统计分析，在表4.5中总结概括出CET所涉及的所有利益相关者。

表4.5 CET涉及的利益相关者及频数

利益相关者	频度/次	利益相关者	频度/次
教育部（包括考试中心）	32+26	研究者（包括政协委员提案）	5+4
地方教育机构	11+20	供应服务部门	2+2
考试委员会	1+9	用人单位	0+2
高校	37+23	培训机构	6+0
学生	59+12	作弊团伙	11+0

续表

利益相关者	频度/次	利益相关者	频度/次
教师（包括监考人员）	18+7	家长	1+0

注：+号前边为列举的81条信息所涉及的利益相关者。

根据利益相关者的定义，对CET测试体系政策文本涉及的利益相关者入选频数进行简单分析，笔者发现CET测试体系涉及12类利益相关者，内涵十分丰富，既包括教育部、地方教育机构、考试委员会、高校这些管理机构，也包括学生、教师、研究者、家长等相关人士，还包括供应服务部门、用人单位、培训机构等社会机构。但仅靠频数确定其利益相关者的身份，存在着一定缺陷。例如，很多政策文本发公告时涉及省级教育机关，仅是强调其政府部门的管理职能，还构不成明显的利益实体。CET测试体系是个动态变化的过程，不同的利益相关者在制度变迁过程中所体现的重要程度是有差别的。有的利益相关者不但长期受到测试制度的直接影响，对制度的形成、发展或更替也发挥着作用；有的利益相关者只是受到间接或短期影响，力度不大，游离于边缘地带。随着时代的发展，利益相关者的地位有时也会发生变化，逐渐削弱或加强。所以说，仅从CET政策文本分析，不足以说明利益相关者的重要程度，方法也过于单一。因此本研究还要着重分清：在CET测试体系的发展过程中，哪些利益相关者居于核心重要地位，哪些利益相关者居于次要地位，哪些利益相关者相对边缘化。

4.3.2 问卷调查结果

前期通过CET政策文本分析笔者共列举出12类CET的利益相关者，即影响CET目标实现或受CET影响的社会团体或个人。教师调查问卷第1题就据此要求被调查的大学英语教师用五级量表判断每一类利益相关者的重要程度，选项依次为"完全不重要""不太重要""一般""非常重要"和"比较重要"，分别对应分值1、2、3、4和5。接下来对37份有效调查问卷中各利益相关者得分情况进行汇总，利用统计软件进行描述性统计。表4.6中对利益相关者重要程度进行均值比较发现：学生、教育部、考试研究者、高校和考试委员会所得均值都大于4.1，且标准差都小于1，在利益相关者重要程度中居于前五位。标准差越小，统计数据越稳定，受试者的观点越相似。为了相互验证，调查问卷第2题又要求从12类CET的利益相关者中选出不多于五类的最重要的利益相关者，根据重要性频率统计，选学生的占91.9%，选高校的占

64.9%，选教师的占59.5%，选教育部和考试研究者的各占43.2%，选考试委员会的占40.5%（表4.7）。

表4.6 教师调查问卷中利益相关者重要程度描述统计量

利益相关者	极小值	极大值	均值	标准差
教育部	3.00	5.00	4.4054	0.68554
地方教育机构	2.00	5.00	3.9189	0.82927
考试委员会	2.00	5.00	4.1622	0.92837
高校	2.00	5.00	4.2162	0.78652
学生	1.00	5.00	4.4865	0.83738
教师	1.00	5.00	3.5676	1.09394
考试研究者	2.00	5.00	4.2973	0.74030
供应服务部门	1.00	5.00	3.5135	1.01712
用人单位	2.00	5.00	3.8919	0.80911
培训机构	1.00	5.00	4.0270	1.06684
作弊团伙	1.00	5.00	3.9189	1.23330
家长	1.00	5.00	3.3514	1.08567

表4.7 教师调查问卷中利益相关者重要性频率统计量

利益相关者	选择频率	有效百分比/%
教育部	16	43.2
地方教育机构	8	21.6
考试委员会	15	40.5
高校	24	64.9
学生	34	91.9
教师	22	59.5
考试研究者	16	43.2
供应服务部门	4	10.8

利益相关者	选择频率	有效百分比/%
用人单位	13	35.1
培训机构	14	37.8
作弊团伙	3	8.1
家长	6	16.2

同样，学生问卷第1题要求学生用五级量表判断12类CET利益相关者的重要程度，选项分别为"完全不重要""不太重要""一般""非常重要"和"比较重要"，对应分值为1、2、3、4和5。然后，利用SPSS统计软件对306份有效调查问卷进行描述性统计，结果发现：学生、考试委员会、考试研究者和高校所得均值都大于4.3，培训机构、教育部和用人单位均值也大于4.1（表4.8），但涉及教育部的标准差大于1。

表4.8 学生调查问卷中利益相关者重要程度描述统计量

利益相关者	极小值	极大值	均值	标准差
教育部	1.00	5.00	4.1176	1.03348
地方教育机构	1.00	5.00	4.0425	0.98920
考试委员会	1.00	5.00	4.3791	0.93041
高校	1.00	5.00	4.3268	0.87463
学生	1.00	5.00	4.6340	0.70828
教师	1.00	5.00	3.8007	1.10563
考试研究者	1.00	5.00	4.3431	0.83562
供应服务部门	1.00	5.00	3.9837	0.97328
用人单位	1.00	5.00	4.1111	0.90213
培训机构	1.00	5.00	4.2680	0.88711
作弊团伙	1.00	5.00	3.7124	1.38693
家长	1.00	5.00	3.8562	1.12158

第2题要求选出CET最重要的利益相关者，根据频率统计选学生的占

89.5%，选高校的占57.8%，选考试委员会的占57.5%，选教育部的占44.8%，选用人单位的占40.5%（表4.9）。然后又挑选五种利益相关者数据进行排序统计（表4.10），设定未选项为数值"1"，重要度排第一位到第五位依次为数值2、3、4、5、6。排在首位的为学生（864），考试委员会和高校（795）并列第二，用人单位（760）为第四，然后是考试研究者（714）为第五。另外，有的学生在调查问卷中还补充了其他利益相关者，如CET辅导资料的出版商和新闻网络等大众传媒。

表4.9　学生调查问卷中利益相关者重要性频率统计量

利益相关者	选择频率	有效百分比/%
教育部	137	44.8
地方教育机构	95	31.0
考试委员会	176	57.5
高校	177	57.8
学生	274	89.5
教师	93	30.4
考试研究者	115	37.6
供应服务部门	36	11.8
用人单位	124	40.5
培训机构	95	31.0
作弊团伙	32	10.5
家长	48	15.7

表4.10　学生调查问卷中重要利益相关者排序统计

利益相关者	数值和	排序	利益相关者	数值和	排序
教育部	587	9	考试研究者	714	5
地方教育机构	593	8	供应服务部门	448	11
考试委员会	795	2	培训机构	641	6
高校	795	2	用人单位	760	4

续表

利益相关者	数值和	排序	利益相关者	数值和	排序
学生	864	1	作弊团伙	421	12
教师	631	7	家长	478	10

4.3.3 专家访谈结果

　　笔者对著名测试专家曾用强教授和刘建达教授分别进行了专家访谈，了解了他们对CET利益相关者的看法。在对CET的重要利益相关者依次进行选择排序时，他们的选择结果非常相似，两位专家最先都选择了学生、用人单位和培训机构。然后曾教授又选了教育部和四、六级考试委员会，刘教授则选择了高校。对此，曾教授做出了解释：利益相关者涉及很多不同角度，看问题的角度不同会影响选择结果不同。从直接利益相关角度首选学生，从测试结果的使用角度选择用人单位，从经济效益角度培训机构获利大，从测试组织实施来看可选教育部及四、六级考试委员会。他还认为CET不会被马上取消或替代，它的生命力决定权在使用者的手中。由此可知，在利益相关者的理论视角下对CET测试体系进行研究就必须对利益相关者分层，辨析核心利益相关者的利益诉求，这是把握测试体系改革的正确方向。

4.4 CET利益相关者的层次结构

　　唯物辩证法告诉我们，事物的主要矛盾决定事物的性质和发展方向。在纷繁复杂的利益相关者群体中，我们应该首先确定那些重要的利益相关者，通过对他们之间形成的利益格局、利益关系以及各自角色位置的变化进行分析来把握CET测试体系的发展规律。根据利益相关者的定义，围绕CET测试体系所形成的利益关系以及CET测试体系自身作为实现利益的工具性特征，可将那些与CET测试体系联系紧密、稳定性强，其自身的生存和发展与CET测试体系的存在与发展有强依存关系的利益相关者确定为CET测试体系的核心利益相关者。反之，则为非核心利益相关者。接下来，本书综合以上研究成果对CET的利益相关者进行层次性分解。

　　通过对CET测试体系涉及的政策文本统计，12类利益相关者按入选频数可相应地划分成三个层次。第一层次是最重要的核心利益相关者，包括学生（71次）、高校（60次）和教育部（58次），在政策文本中的出现频次明显高于其他利益相关者，排在前三位。第二层次是出现频数居中的利益相关者包括地方教育机构（31次）、教师（25次）、作弊团伙（11次）、考试委员会（10次）、考试研究者（9次）和培训机构（6次）。此次查询到有关作弊情况的文本较多，因为统计数据既包括教育部对多起作弊事件的处理通报，也包括教育部考试中心对考生的考前提醒和警示。第三层次包括出现频数低于5次、处于边缘化区域的利益相关者，有供应服务部门（4次）、用人单位（2次）和家长（1次）。

　　教师调查问卷的描述统计结果告诉我们：学生、教育部、考试研究者、高校和考试委员会在利益相关者重要程度上排名前五位。教师调查问卷中利益相关者重要性柱状图（图4.4）可以清晰地显示：学生独占鳌头，高校和教师紧随其后，教育部、考试研究者和考试委员会也不相上下。

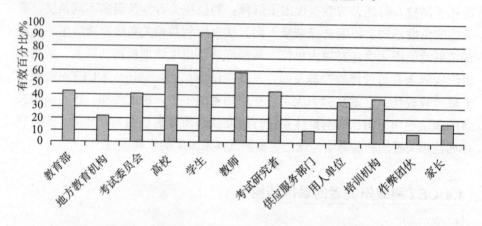

图4.4　教师调查问卷中利益相关者重要性柱状图

　　虽然图4.4中选择教师的频率比较高，但参照描述统计发现：在利益相关者重要程度方面教师选项选择"不太重要"或"一般"的约占半数之多，均值不高，标准差比较大，离散偏度最大为−2.356。通过进一步调研发现，很多高校取消了CET证书与学生成绩挂钩，从而使CET对教师个人利益的影响大大削弱，但在教学过程教师仍摆脱不了CET的制约和影响。当受限制选五项时，教师对自身相关利益了解更透彻，往往会在最后加选此项。所以，教师问卷中学生、高校、考试研究者、教育部和考试委员会可划为重要的核心利益相关者，教师、培训机构、用人单位和地方教育机构属于次要的利益相关者，家长、供应服务部门和作弊团伙为边缘利益相关者。

　　笔者进一步通过大样本的学生调查问卷搜集信息加以验证，发现学生、考试委员会、考试研究者和高校在利益相关者重要程度描述均值统计中名列前茅。利益相关者重要性柱状图（图4.5）可以清晰地展示出：学生独占鳌头，高校和考试委员会几乎并驾齐驱，教育部、考试研究者和用人单位紧随其后。因此，教师和学生两份调查问卷的数据结果惊人的一致：学生、高校、考试委员会、教育部和考试研究者都属于重要的核心利益相关者，用人单位、培训机构、地方教育机构和教师属于次要利益相关者，家长、供应服务部门和作弊团伙为边缘利益相关者。

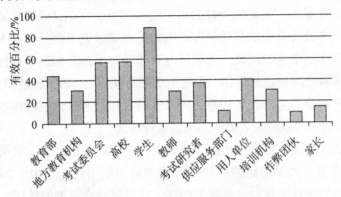

图4.5　学生调查问卷中利益相关者重要性柱状图

　　我国在校大学生是CET测试体系的最主要参与者，可以说CET测试体系就是以如何提高非英语专业大学生的英语应用能力，科学、公正、公平地为国家建设和社会发展选拔优秀人才而建立起来的。CET测试体系与学生的个人利益紧密联系，他们之间的共生关系表现为不仅学生的成长和发展受CET测试体系的影响，还推动着CET测试体系的不断完善。高校既是为国家培养应用型人才的教学单位，又是CET测试体系具体实施的场所，具有多重身份。CET测试体系作为一门教学考试，从诞生之初就与高校有密不可分的依存关系，推动着我国大学英语教学改革，有时甚至对高校教学起着指挥棒的作用。各高校也非常重视CET测试，如教育部新闻报道西南大学专门针对贫困生开展免费CET培训，来加强精准助学。东华大学也联合专业的培训机构资助学生参加CET培训。作为CET测试体系的利益相关者，教育部是国家权益的代表，是CET测试体系的最高决策者，希望通过CET测试体系维护社会稳定、促进社会分层合理流动、为国家建设选拔优秀人才。其直属单位——教育部考试中心承担教育考试的专项职责任务，是教育部与CET测试体系之间利益关系的搭桥纽带。大学英语四、六级考试委员会则由教育部考试中心直接领导，是CET测试体系的具体研发者，CET测试体系每一项措施的提出和实施都离不开他们的策划。

尽管CET考试研究者对CET测试体系发展有一定的影响力，但就我国国情而言，这些影响力的发挥通常需要借助外部力量，如在政府倡导之下，一批专家学者围绕某个政策改革议题进行探索，通过理论研究和实践总结最终对制度决策形成影响。特别是为了体现我国机构设置的科学性，政府教育部门专门聘请相关专家设置了固定的研究机构，如大学英语四、六级考试委员会，开展常规化的CET测试体系改革研究，这就使考试研究者群体与政府机构的联系更加紧密，甚至成为政府组织的一部分。在CET研究领域，大学英语四、六级考试委员会成员聘请有影响力的考试研究者担任负责人来主持工作，如杨惠中、金艳。因此，考试研究者作为一个独立的利益群体，很难与CET测试体系之间建立起长期、稳定的强依存关系，但凭借他们与大学英语四、六级考试委员会的密切联系，可以将其合并，通过政府机构等测试制度的决策方来分析考试研究者群体作用的发挥情况。

早在CET测试体系创立之初，政策文件就明确指出测试结果可以为用人单位提供参考。大学英语四、六级考试委员会原主任杨惠中（2003）在总结CET15年的发展历程时，也称赞CET已经得到社会的普遍认可，产生了良好的社会效益，CET成绩"目前已经成为用人部门录用大学毕业生的标准之一"。可见，用人单位与CET测试体系一直存在着长期稳定的依存关系。随着社会政治经济发展的需要，CET测试体系的性质由教学考试逐步向社会化水平测试转变，测试内容也更加强调应用性和实用性。学生问卷数据分析进一步肯定了用人单位作为利益相关者的重要性。根据访谈的结果，用人单位作为重要的利益相关者也得到了测试专家的认可。

所以综合政策文本分析、问卷调查和专家访谈的结果，学生、高校、教育部、CET考试委员会（包括考试研究者）和用人单位此五类利益相关者由于自身和社会发展的需要，与CET测试体系纷纷建立长期稳定的紧密联系，成为核心利益相关者，CET测试体系的改革与发展正是源于他们实现其利益的迫切需要。

相比之下，地方教育机构、教师、培训机构及出版商等利益相关者与CET测试体系之间的依存关系不够强烈，属于次要利益相关者。尽管地方教育机构在教育部政策文本中出现了31次，但正如前文所言，很多政策文本下发给各省、自治区、直辖市教育机构，仅是强调其作为政府部门的管理职能，体现不出明显的利益相关性，不能被列为重要的利益相关者。CET测试体系对教师的工作生活有一定的影响，但作用有限，不存在相互依存关系。特别是取消CET成绩与学位证挂钩后，不管是学生、专家还是教师都普遍认同：随着CET测试体系教学评价功能的削弱，社会使用功能的增强，CET测试体系与教师的利益相关度逐渐减弱。此外，社会上还存在形形色色的CET培训机构及辅导资料的出版商，希望通过CET测试体系谋求自身的经济利益，但CET测试体系的存在和发展不会受他们的影响，CET测试体系与这些机构及个体之间也不存在相互依存的关系，这些机构本身的存在也不稳定。

语言测试专家杨惠中和桂诗春（2007）在《语言测试的社会学思考》中强调语言测试反拨效应的复杂性，将家长也囊括在测试相关人员之内。但通过一系列调查研究发现，教育部关于CET的政策文件中很少涉及家长，教师和学生都将其排在利益相关者的最后梯队，可见家长作为利益相关者的重要程度不高。与高考之类的大规模考试相比，家长对CET的关注度确实要少得多。学生家长与CET测试体系之间的联系主要是通过学生反映出来，这也体现了学生家长与CET测试体系的间接利益关系，所以家长被列为边缘利益相关者。虽然CET测试体系需要供应服务部门做好后勤保障工作，但他们之间的利益关系不是长期稳定的，不存在很强的依存关系。在CET测试前后，有的作弊团伙靠不正当手段可谋得丰厚的利润，但这种犯罪行为终究会受到法律的制裁。作弊团伙只是在某一时间点介入CET测试体系，大部分时间并未与CET测试体系发生关联，作弊团伙对CET测试体系的影响力有限，所以也属于边缘利益相关者。另外，有的学生在调查问卷中还补充了新闻网站等大众传媒作为利益相关者。因此，笔者将CET测试体系的利益相关者扩充为13类。大众传媒在学习生活中更多地承担宣传政策精神、反映利益诉求的工具性角色：一方面为教育部考试中心、CET考委会等决策方传播CET改革理念，推进CET测试体系的实施和完善；另一方面又是社会大众了解CET测试体系，发表评论和提供反馈的平台。由于大众传媒起着引导和监控社会舆论的作用，某些时候CET测试体系的改革和发展可能会受到大众传媒的影响，但这种影响往往由一些偶发事件引起，偶发事件受大众媒体的关注又带有偶然性，这就意味着大众传媒对CET测试体系的影响力不具有持续稳定性，CET测试体系与大众传媒的依存关系不强。根据以上分析，家长、供应服务部门、作弊团伙和大众传媒可被确立为CET测试体系的边缘利益相关者。

4.5 小结

在利益相关者理论指导下，运用文献研究、问卷调查和专家访谈等多种研究方法互相验证，笔者深入挖掘出13类CET测试体系的利益相关者。根据各利益相关者的社会责任及与CET测试体系之间关系的紧密性，笔者认为CET测试体系的利益相关者是一个多层级的结构，通过层次性分解，从外及内分为边缘利益相关者、次要利益相关者和核心利益相关者三个能动层来建构CET测试体系的洋葱结构模型（图4.6）。

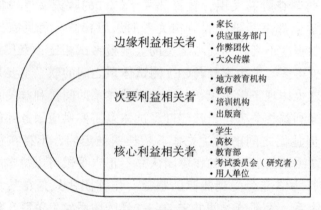

图4.6　CET利益相关者的洋葱结构模型

边缘利益相关者包括家长、供应服务部门、作弊团伙和大众传媒；次要利益相关者包括：地方教育机构、教师、培训机构和出版商；核心利益相关者包括学生、高校、教育部、考试委员会（包括考试研究者）和用人单位。在CET测试体系的改革中，各层级利益相关者是严格执行上级政策，还是在一定程度上有意或无意地进行自我解读和修改？CET利益相关者身份地位存在差异，看待问题的角度不同，是否会给CET改革政策的贯彻实施带来一定的难度？核心利益相关者是否利用语言政策的空间实施权力渗透？这些疑问有待于进一步挖掘探究。总之，应该以全面的视角和谨慎的态度对CET测试体系的利益相关者进行分析，发挥他们各自的主观能动性，为新形态下CET测试体系的改革和发展贡献出各自的力量。

第5章
CET的权力渗透研究

Schohamy提出的批判语言测试理论的第三条民主原则还要求社会成员监督测试作为权力工具的使用情况。通过前一章研究发现，CET测试体系涉及的利益相关者种类繁多，情况复杂，不利于全面展开权力渗透调研。根据洋葱结构模型，CET测试体系的13类利益相关者从外及内可分为边缘利益相关者、次要利益相关者和核心利益相关者三个能动层。其中的核心利益相关者包括教育部、CET考试委员会、高校、用人单位和学生五类，与CET测试体系均建立起紧密且稳定的长期联系，CET测试体系的改革与发展正是源于他们实现其利益的迫切需要。因此本章CET的权力渗透研究主要围绕着核心利益相关者各自拥有复杂的利益关系逐一展开。首先从制度决策层和制度影响层两方面进一步探究核心利益相关者的能动性特征，了解他们各自多元化的利益诉求。然后在Bourdieu的文化资本论的指导下，围绕着CET考试成绩结果在教育和社会领域的使用情况，对CET测试体系的演进发展中教育部、CET考试委员会、高校、用人单位和学生这五类核心利益相关者之间的互动进行文献研究，深入挖掘CET测试体系改革中核心利益相关者的权力渗透问题。

5.1 CET核心利益相关者的利益诉求

利益问题是人类社会发展的根本性问题，其复杂性不仅体现在利益的普遍化，而且展现于利益的差别化。马克思在《马克思恩格斯全集（第1卷）》（1995）中曾指出：世界不是一种利益的世界，而是许许多多利益的天下。在现实生活中，个人、群体或组织在理念、行为或动机等诸方面，彼此之间存在的一致性或冲突都可以从追逐自身利益中探求合理解释，因为利益构成了人类社会关系的本质，人类的社会活动要受到利益原则的支配（王龙，2015）。

CET测试体系一方面体现出显性利益，涉及非英语专业大学生在校期间英语学习水平和应用能力的考核评定；另一方面还具备潜在利益和隐性利益，关系到毕业生求学、就业、升职机会的调整和分配，关系到国家、社会对英语应用型人才的需求，可见CET测试体系的使用价值不只局限于教育领域，还可扩展到整个社会。即使是同一类利益相关者，他们身处不同历史阶段，各自的利益诉求也可能不同。所以围绕CET测试体系的利益相关者，尤其是核心利益相关者，彼此之间的利益诉求是差别化、多元化的。改革从来不是一蹴而就的，而是一个循序渐进的过程。CET测试体系的完善也是一个动态发展的过程，按照国家政策自上而下的实施推进，本章对CET测试体系的核心利益相关者继续进行层次性分解，又可划分为制度决策层和制度影响层（图5.1）。

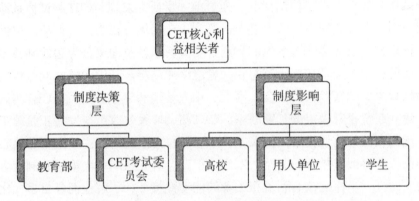

图5.1　CET核心利益相关者的分层结构

制度决策层代表了CET测试体系的决策方，通过制定规则对CET测试体系施加权威，可以直接实现自身的利益或影响他人的利益，包括教育部和CET考试委员会；制度影响层反映了CET测试体系对哪些对象施加了影响，即因CET测试体系产生反拨效应的个人或群体受众，包括高校、学生和用人单位。接下来通过对CET测试体系的核心利益相关者进行利益构成分析，分别找出各自利益诉求以及他们为实现利益诉求采取的具体实现方式，便于从不同利益相关者的视角深入挖掘CET测试体系改革成败的原因。

5.1.1 制度决策层

根据马克思主义国家观，国家不是从来就存在的，而是在人类社会分工的基础上，与私有制和阶级相伴而生。国家本质上是一种阶级统治，在剥削阶级统治的社会，统治阶级为了实现其统治的稳定性和有效性，往往不得不以形式上的中立者和公共利益的代表者的面貌出现，政府则是实现这种表面上公共性的基本形式。而在社会主义社会，国家是工人阶级和最广大人民利益的代表者，政府是公共利益的实现者。为了追求利益最大化及对已经获得利益的保障和维持，政府在政策供给与政策选择过程中也会受到观念、意识、道德、心理、惯例等影响，追求利益最大化及对已经获得利益的保障和维持，政府行为体现着统治阶级的利益。在我国的教育系统，教育部是最权威的政府机构，代表国家行使公共权力。CET测试体系作为一项国家公共政策，要对公共利益进行协调和安排。所以在CET测试体系的演变发展过程中，教育部一直代表国家承担制度决策方的角色。国家权威和利益主要通过教育部和CET考试委员会的决议具体体现出来。此外，他们各自的特殊利益诉求也要得到满足。那么，通过CET测试体系的改革他们要满足哪些公共和特殊利益诉求？或者说，CET测试体系的演变对中央政府机构的利益有哪些影响？

教育部的前身为国家教育委员会（简称"国家教委"），1998年根据第九届全国人民代表大会第一次全体会议批准的《国务院机构改革方案》和国发〔1998〕5号《国务院关于机构设置的通知》，更名为教育部，成为国务院主管教育事业和语言文字工作的组成部门。根据国办发〔2008〕57号文件规定，教育部的主要职责包括拟订教育改革与发展的方针、政策和规划并监督实施，指导高等教育发展与改革，负责各类高等学历教育招生考试，参与拟订普通高等学校毕业生就业政策等。其中教育考试的专项职责则是由教育部直属事业单位——教育部考试中心承担。它最早成立于1987年，原名为国家教育委员会考试管理中心，1990年更名为国家教育委员会考试中心。1998年，当国家教育委员会改称教育部时，国家教育委员会考试中心也相应改称教育部考试中心。所以教育部是CET测试体系的最高决策者，有关CET测试体系开发、研制和改革的决策权都在掌握在教育部手中，CET测试体系每一次改革的重大方针政策也是由教育部考试中心对外宣布的。

据CET官网介绍，CET考试委员会由教育部任命成立，聘请全国一些重点大学的相关教授和专家任职，任命顾问两人，主任委员一人，副主任委员若干人，专业委员会委员和咨询委员会委员各若干人。CET考试委员会在学术上和组织上对大学英语考试负责。教育部官员在2005年第二次新闻发布会中也介绍，教育部高等教育司负责CET测试体系发展的大方向，聘请CET考试委员会的委员来指导他们做好CET的业务工作。教育部的考试中心具体负责测试的组织与实施，考风、考纪建设及安全保密的考务工作；CET考试委员会则受高等教育司的委托负责命题、试卷发送、阅卷等工作，并开展考试改革研究工作。他们权责明确，各司其职。

通过之前对语言测试社会功能变迁的研究，笔者得知CET测试体系除了拥有教育和文化功能之外，还具有赋权、选拔人才和社会分层三项政治功能以及伴随而来的经济功能。所以作为制度决策层的教育部及CET考试委员会至少存在着政治利益和经济利益两种利益诉求。在这两种利益中，又融合了公共利益和特殊的社会利益。首先，CET测试体系有利于中央政府实现其政治目标。从某种角度上看，CET测试体系也属于政治制度。教育部制定与推广CET测试体系，可以体现国家和政府的意志，这是中央政府政治利益的表现方式。CET考试委员会采用限定报名范围、规范考试内容、制定命题原则、改革评分标准等一系列改革措施，确保考试程序的公平、公正，都是为了保障政府所追求的公共政治利益。其次，CET测试体系通过人才选拔机制为政府的运行提供了强大的智力支持和经济效益，不但满足了中央政府自身生存和发展的政治利益诉求，而且通过CET测试体系间接实现了经济利益的增长。教育部及CET考试委员会在全国高校范围内推广实施CET测试体系，提高了非英语专业大学生的英语水平，为国家和社会发展输送了大量英语应用型人才。劳动者素质的提高将极大地促进社会生产力的发展，有力地推动社会经济的繁荣，可以为国家创造更多的财富。国富民强和社会繁荣正是中央政府在经济方面追求的公共利益，更有助于维护社会的政治稳定。再次，CET测试体系通过社会分层和社会流动影响中央政府政治利益的实现。CET测试体系强调公平竞争和公正选拔，这正是社会分层和人才筛选的重要机制之一。CET考生凭借自身的素质、先天的才能和后天的努力，通过考试公平竞争，在社会场域中获得合适的地位，最终实现全社会的和谐，这也是CET政治利益的特殊体现。教育部及CET考试委员会对CET测试体系不断进行改革，更加开放的社会系统、逐步完善的考试制度对社会分层和社会流动的影响越来越显著，同时也满足了中央政府对政治利益的特殊诉求。社会分层合理，社会流动有效，各层次人才各安其位，可以减少社会矛盾和摩擦，维护社会稳定，更有利于巩固政府的执政地位。因此，中央政府将此社会利益作为重要的追求目标，来维护中央政府自身的政治利益。

5.1.2 制度影响层

CET测试体系不仅是一门教学考试，也是一项关于人才选拔的社会化水平测试。从这个角度来看，在制度影响层面CET测试体系的核心利益相关者包括高校、用人单位和学生。那么，CET测试体系究竟对他们的哪些利益构成了影响？或者说，他们希望借助CET测试体系这个平台来实现哪些利益诉求？

高校作为高等教育教学组织机构，肩负着人才培养、科学研究和社会服务三大职能。人才培养是高校承担的本职工作和任务核心，也是其作为教育机构存在的目的和价值。高校人才济济，也是科研创新的重要阵地。为社会服务进一步体现了高校人尽其才、物尽其用、融入社会的社会责任感，是高校发展的终极目标。因为高校是在教育行政部门的直接领导下，所以对CET测试体系的相关政策比较了解。高校作为CET具体操作实施的场所，在CET测试体系的实践过程中居于十分重要的地位，理应是CET改革正确实施的实际受益者之一。在理论上，CET测试体系的实施和改革为大学英语教学提供诊断和反馈信息，有助于提高大学英语教学水平，推动大学英语教学改革，并且督促非英语专业大学生提高自己的听、说、读、写、译英语实际应用能力，为高校顺利进行人才培养提供重要的保障。因此，教学利益是高校的基本诉求。社会利益也会体现出高校的存在价值。高校是人才培养的重要机构，社会定位明确，即为国家建设和社会发展输送能够熟练掌握英语应用能力的专业人才。从这一角度来看，CET测试体制还关系到高校的社会利益。如果高校教学质量不高，培养的非英语专业学生英语应用能力不强，其社会利益得不到满足，那么高校的发展和地位会受到影响，CET测试体系存在的合理性也会遭到质疑。

CET测试体系的直接参与者是学生，CET测试体系的选拔对象也是学生，所以说CET测试体系改革与发展的最直接影响对象就是学生。CET测试体系就是为合理、科学地测量和评价非英语专业大学生英语综合应用能力而制定的政策制度。学生可以通过CET测试体系对自己的英语综合运用能力进行科学的测量，从某种角度讲，学生应该是CET测试体系的最大受益者。CET测试体系关系着学生的教育利益。除此之外，CET测试体系还影响到学生长期的经济利益和发展利益。由于CET是一项大规模标准化的英语测试体系，可以为了解非英语专业大学生的英语水平提供参照依据，很多高校将CET成绩与毕业证、学位证挂钩，凭CET成绩为学生保研、入党加分，用人单位也将CET成绩作为求职、加薪时的门槛，所以CET的成绩不仅可以测量在校期间学生的英语水平，还关系到学生未来的生存和发展空间。广大学生的普遍利益诉求就是过级得高分，为了毕业后提高自身的物质待遇或社会地位，为了在社会流动中向更高的社会阶层发展。

用人单位作为CET测试体系的社会应用者，处于核心利益相关者的制度影响层面。CET作为教育部主管的一项大规模标准化语言测试体系，历经30多年的完善发展，在中国英语考试界的地位还无可比拟。CET每年在全国各高校开展两次，目前每次报名的考生有上千万，它对社会发展带来的积极促进作用在社会上是得到普遍认可的。用人单位以CET成绩为标准选贤任能，理论上也是为了资源优化配置，追求最大的经济利益和长远的发展利益。

5.2 理论基础——文化资本论

Bourdieu（布迪厄）是法国著名社会学家，将资本的概念引入文化研究提出了文化资本的概念，于是资本就被分成经济资本、社会资本和文化资本三种基本类型。文化资本论是其社会学研究中的核心概念，为很多社会学问题提供了一个独特的分析视角。他提出文化资本以三种状态存在：一是具体化的状态，以精神和身体的持久"性情"的形式而存在，可称之为文化能力；二是客观化的状态，以图片、书籍、词典、工具、机器之类文化商品的形式客观存在，可称之为文化产品；三是体制化的状态，文化能力经过文化体制的资格授权后呈现的客观存在形式，因为受到了管理部门的正式庇护，这种文化资本必须被区别对待，可称之为文化制度。文化能力是以内在化为前提，学习者必须身体力行，全身心地投入学习，其才能转化为人的内在素质，并不能通过传递或买卖。而文化产品由具有文化能力的个体根据内化的文化内容赋予一定的文化价值，再以商品的形式出现，可以传递和占有。课程目标要求非英语专业大学生掌握的听、说、读、写、译五种英语语言能力，需要学生投入大量的时间和精力，不断积累知识，可归属于文化能力。外语能力的习得是一个动态变化的过程，若长时期停止学习或缺乏使用语境，外语能力会随时间的推移而退步。所以，外语能力具有瞬时性，无论外语测试的信度与效度有多高，其测试结果实际上只反映了考生的瞬时外语能力，并不能证明考生永久的外语能力。

在大规模高风险的外语能力测试中，国家教育部门通过对文化资本体制化来干预和控制文化资本，为之贴上"合法性"的标签。"合法性"就是体制化状态区别于其他两种文化资本存在状态的根本属性。CET考试成绩就是作为一种体制化文化资本而存在的，学习者的语言能力凭借官方认可的证书或成绩报告单得到了权威认证和价值保障，为学习者的外语能力披上了"合法性"的外衣，与没有获得此权威认证的外语学习者所具有的外语能力形成差异对比。Bourdieu（1997）曾提出，"学术资格使得资格拥有者之间的相互比较成为可能，甚至使得这些资格拥有者的相互替代也成为可能（用一个人在次序上替代另一个人）"，这体现了学术资格具有对资格拥有者排序的权力。作为一种体制化文化资本，CET证书或成绩报告单自然也拥有这种"排序"的特权。因此，用人单位在招聘时，为了简化程序，有时将获得的CET证书或设定的CET分数线作为应聘的门槛，加以排序，择优录取。

笔者不否认文化制度的重要性，但这种体制化的状态往往与文化资本的客观价值不相符。文化制度超出了文化能力的局限性，将文化资本的拥有合法化。正如Bourdieu（1997）所指出"学术资格和文化能力的证书作用很大，赋予拥有者一种文化的、约定俗成的、经久不变、有合法保障的价值"。这种官方认可、合法化的文化制度迫使原本简单的文化能力处于需要证明的压力之下，而且这种证明还必须是长期有效的。拥有强迫他人接受"社会公认"的权力，这正是体制化的魔力所在。虽然外语能力具有瞬时性，但获得证书的学习者不会时刻被检验，获得的"合法性"证书又是长期有效的，所以说这种差异对比将瞬时外语能力等同于永久外语能力，由"差异的持久性"带来的一劳永逸的好处往往就滋生了"考证热"的现象和"刷分族"的出现。

5.3 CET核心利益相关者的权力渗透

根据CET利益相关者的洋葱结构模型，CET测试体系是一个多层级能动的结构形式。各层级不是紧密相连或者一成不变的，而是存在一定的政策空间，层与层之间可以互相影响。特别是核心利益相关者这一内层，在CET测试体系演进过程中又可分为制度决策层（教育部和CET考试委员会）和制度影响层（高校、用人单位和学生）两部分。这些核心利益相关者带着各自的利益诉求，围绕着CET测试体系形成了一定的能动关系。为了使各自的利益得到满足，这些利益主体发挥自己的能动性对同一政策在一定的政策空间范围进行不同的解读。有时利益相关者的利益诉求及其互动关系也会随不同历史时期而发生变化。CET测试体系的改革演进正是对上述社会行为变化做出的回应。同时CET测试体系作为我国外语教育政策的一部分，也是一种文化制度，CET考试成绩可以作为一种体制化文化资本而存在，具有文化资本固有的特征。接下来，笔者就以Bourdieu的文化资本理论为理论基础，围绕着CET考试成绩在教育和社会领域的使用情况，对CET测试体系演进发展中核心利益相关者的互动和权力渗透问题进行研究。

本章主要采用文献研究法，依据CET测试体系呈现多层级能动性这一基本认识开展文献收集和分析工作，文献以各层级的官方政策文本、规章制度以及各机构办事章程为主。与问卷调查和访谈等实证调研相比，这样收集到的数据和资料更具有权威性和代表性，从而保证了判断的客观准确性。根据洋葱模型的基本理念，CET测试体系改革演进过程中核心利益相关者的权力渗透自上而下分为五层（图5.2）：教育部、CET考试委员会、高校、用人单位、学生。

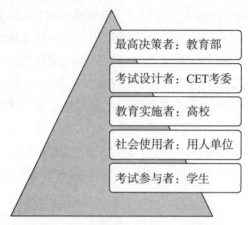

图5.2　CET利益相关者的权力渗透过程

5.3.1 最高决策者：教育部

　　教育部是我国最高的国家教育机构，涉及高等院校的诸多事宜主要是由教育部下属部门高等教育司来负责。根据教育部官方网站介绍，高等教育司承担着高等教育教学的宏观管理工作；指导高等教育教学基本建设和改革工作；指导改进高等教育评估工作；拟订高等学校学科专业目录、教学指导文件。可见，教育部及下属部门高等教育司负责指导和推进大学英语教学改革与建设工作，而CET测试体系则是履行这一职责的核心手段之一。通过文献梳理发现，教育部主要通过控制CET测试体系在教育领域的使用来行使自己的权力，推动CET在全国高校范围的实施。

　　在不同历史时期，教育部的政策是能动变化，不断完善的。早在1986年版的《大学英语教学大纲》明文规定："凡执行本大纲的学校，国家教委将……对结束四、六级学习的学生进行统一的标准考试。"（蔡基刚，2011）《大学英语四级考试大纲》（1994）也明确指出：CET4考试目的"在于全面考核已修完大学英语四级的学生是否达到教学大纲所确定的各项目标"。所以，这里所说的"统一的标准考试"被公认为CET。这两个关于大学英语教学的纲领性文件都明确无误地表明教育部从一开始就决定用CET来检测大学生的英语水平。换而言之，如果不参加、不通过统一的CET，就无法证明你完成了教学大纲规定的学习内容，无法在升学或求职时无法提供权威证明你的大学英语水平。后来的2004年版的教学大纲《大学英语课程要求》中规定：对于目标要求的评估，学校可以根据《大学英语课程要求》中的一般要求、较高要求或更高要求单独命题组织考试，也可以实行地区或校际联考，也可以参加全国统一考试（彭雪梅，2006）。

2005年，教育部公布了全国大学英语四、六级考试改革方案，这是整个CET测试体系发展过程中最重要的一次变革。高等教育司在其正式发布的政策文本——教高厅〔2005〕1号《全国大学英语四、六级考试改革方案（试行）》中清楚地表明："考试改革的指导思想是在保持科学性、客观性和公正性的同时，使考试最大限度地对大学英语教学产生正面的导向作用，即通过改革，引导师生正确处理教学与考试的关系，更合理地使用四、六级考试，使考试更好地为教学服务。"可见，CET改革的目的就是为了更好地为教学服务。随后在教育部2005年召开的第2次新闻发布会上，时任教育部副部长的吴启迪介绍：自2005年6月份的考试起，对全国180所学校的考生进行试点改革，采用新的计分体制来报道CET成绩分数，原来的百分制改为均值500分、满分710分的正态分；不再颁发合格证书，只向全体考生发放CET成绩单，考试委员会向学校提供分数的解释，因学校水平不同，是否合格由用人单位和学校自己来认定。关于CET的权威性问题，一方面，要降低社会权重，不希望社会过分关注CET，反之会导致社会压力增大；另一方面，可以在高等学校教育教学中增加CET的权威性，因为CET作为教学考试，不只是毕业的一个手段，还可用来检验是否达到了国家对大学生学习英语的要求。《北京晨报》的记者直言不讳地提出高校学生最关切的问题："高校的学生是否是自愿参加改革后的CET？另外，如果学生不参加考试的话，对他们的毕业有没有影响？"时任教育部高等教育司司长的张尧学回答道："对于参加CET的学生是否自愿这个问题，我们历来是自愿参加CET，我们从来没有要求学生一定要参加CET。当然至于你提到的第二个问题，是否对他的毕业或者证书有影响，刚才吴部长已经把这个问题讲清楚了。CET是一个教学的评价性考试，看你自己的水平究竟怎么样。但是，我们设了这个考试，因为中国有《高等教育法》。这个考试，学生拿毕业证书的时候给他还是不给他，是学校自己的法定内的事情，我们没有办法、没有权利去要求它。但是刚才讲了，我们作为一种导向，学校没有必要，我们没有说不应该或者你必须怎么样，我们不必要把这个考试跟你的学位、跟你的毕业证书挂钩挂得那么紧。如果这个大学，认为考试代表了学生的英语水平，要求学生一定要通过这个考试，当然我们现在把通过也取消了，没有通过不通过，只提供分数，但学校可以定一个，你达到500分了，可以拿毕业证，我们也没有办法，因为这是他自己的事情，是他的自主权。"

此时国家政策发生了变化，高校可以选择使用CET以外的其他考试来代替CET。高校是否将CET成绩与学位证和毕业证书挂钩，完全自主选择。改革的初衷是好的，但效果不佳，就以教育部在鼓励高校自行命题组织终结性考试为例——清华大学等八所名校获准开发自己的水平考试，不组织学生参加CET，但学生追逐CET的热情有增无减。CET证书或成绩单是由教育部颁发，校本考试颁发的是学校证书，就业市场上证书的影响力和含金量孰重孰轻，一目了然。CET在中国英语考试中已经占主导地位，各高校很难不使用它。这一点还可以从一个改革失败的案例中得到证明。高远（2003）提到北京航空航天大学从1996年起开始实施考试改革，规定所有学生必须参加校本考试，至于CET可以自愿参加，CET通过与否与毕业证和学位证不再挂钩。可社会上许多用人单位招聘时都把是否通过CET作为必要条件，所以学生不断向学校提意见"同时参加两种英语考试负担太重"。最终学校迫于压力，停止使用自行开发的英语水平考试，该校为期六年的考试改革就此寿终正寝。这次失败的尝试说明，只要是国家统一组织的大规模标准考试，旨在考核学生是否达到教学大纲的要求，只要是被社会用人单位普遍认可的考试，学生就很难有自愿选择的权利。这也从侧面体现了教育部这一层级能动者在实施权力渗透时，也不总是一帆风顺的，前景是美好的，改革道路是曲折的。

将学生的CET成绩列为高校教学质量评估的标准之一，这是制度决策层实施权力渗透的另一种方式。1985年第一份《大学英语教学大纲》（高等学校理工科本科用）正式颁布时，国家教委在推动和实施CET的通知中明确指出："《大纲》确定的教学目标和要求反映了当前对高等专业人才外语方面的要求，是我委今后检查大学英语教学质量的依据。"也就是说，CET在实施之初就成为大学英语教学效果的评价指标，学生的CET成绩结果是教育部检查各校执行《大学英语教学大纲》情况、检查各校大学英语教学质量的依据。事实也确实如此，由于大学英语课程是高校所有课程中唯一进行全国统考的课程，CET的通过率和级点分也是唯一能够衡量高校教学质量的可比性指标，在这种情况下，CET通过率和级点分高低自然而然成为各教育部门政绩考核的重要数据（蔡基刚，2006）。在教育部本科教学质量的各种评估中，甚至在评比"211工程"建设高校时，CET的通过率一度作为重要的考核指标。尽管2005年教育部官员也公开澄清教育部从来没有要求学生一定要参加CET，然而这并不意味着CET4通过率不再作为高校教学质量评价的一项重要指标。扎根西部的双一流名校西安交通大学在2006年为即将进行教育部的正式评估做准备时曾公布了一份关于本科教学质量自我评估的官方文件，其中CET4通过率仍被列为自我评估的重要标准之一：评估等级达到A级（即优秀）的标准是CET4一次通过率≥85%，CET6≥30%；即使是C级标准也要求CET4一次通过率≥70%，CET6≥15%。根据这些标准，学生的CET4通过率越高，高校在本科教学质量评估中达到的评分等级就越高。可见CET通过率成为大学英语教学评估乃至高校整体情况评估指数的现象仍然存在，尽管教育部对高校的权力渗透的影响很深，CET反拨效应不会随政策变化很快消失。

事实上，教育部的官方评估文件中并没有明确规定这些与CET相关的具体指标，也不清楚这些指标在多大程度上适用于所有高校的评估。尽管如此，CET指标在一些评估文件中有所暗示，并在实际评估中得到应用。例如，2002年教育部颁布《普通高等学校本科教学工作水平评估方案（试行）》（教高司函〔2002〕152号）在教学效果一级指标下列出第一个观测点"学生基本理论与基本技能水平（尤其是外语交流能力）"。学生的基本理论与基本技能涉及面很广，由于CET是受众面最广的英语能力考试，涵盖对听、说、读、写、译各项技能的检测，用来衡量在校生英语综合应用能力非常便于操作，列为评估指标是必然的选择。2004年4月，教高司函〔2004〕90号文件《普通高等学校本科教学工作水平评估方案（试行）》（调整征求意见稿）在教学效果评估指标中删去了外语交流能力这部分内容，但对于"学生基本理论与基本技能的实际水平"这一观测点的具体要求进行了相关说明：水平是指在学校积极进行考试改革和实现考试"三严"的情况下学生考试成绩、在可比较的考试与竞赛中的成绩和在专家组调查中学生的成绩、用多种方法解决问题的情况。作为大规模标准化测试体系，从权威性来说CET是当时唯一可用来跨学校横向对比、衡量全国大学教学质量的可比性指标，专家们别无他选。从2004年教育部开始正式启动高职高专院校人才培养水平评估工作，《高职高专院校人才培养工作水平评估工作指南（试行）》提到以学生参加省或社会英语应用能力测试的状态作为知识能力素质评估标准。根据《高职高专院校人才培养工作水平评估方案（试行）》（教高厅〔2004〕16号），知识能力素质A级要求"近三届学生参加高等学校英语应用能力考试累积通过率达到70%，或有证据说明多数学生外语应用能力较强"，C级标准要求"累积通过率达到50%，或有证据说明多数学生外语应用能力达到相应职业岗位的基本要求"。CET作为被用人单位广泛认可的考试，自然而然会成为重要的评估指标。后来教育部试图淡化明确强调CET指标的做法，如2004年8月《普通高等学校本科教学工作水平评估方案（试行）》正式发布时就没提及以上内容。但许多高校仍继续使用CET成绩作为自我评估指标，正如西安交通大学2006年的文件所述：自我评估指标是在教育部已经用于评估重点大学的评价指标的基础上制定的。换言之，CET成绩仍用作教学水平评价的指标，教育部的权力渗透在潜移默化中起作用。

根据2005年颁布的《全国大学英语四、六级考试改革方案》和教育部官员在新闻发布会上的讲话，"从2006年1月份考试开始，逐步将参加考试的考生范围尽可能限制在高等学校内部"这一项改革措施旨在通过限制考生范围来降低CET的社会权重；"满分710分，不设及格线"这一改革措施旨在取消以往考试中"及格"与"不及格"的界限，模糊及格率的概念将考试结果的应用尽量限制在教学当中，避免未来求职时排序设门槛。吴启迪强调改革是为了突出CET为教学服务的功能，降低其社会权重。在实施过程中，这两条政策性的改革能否取得预期成效，还有待多个能动层级依次进行阐释。

5.3.2 考试设计者：CET考试委员会

CET考试委员会是由教育部挑选专家成立，专门负责CET命题、阅卷等相关工作的机构。CET考试委员会的首要任务是制定考试大纲，指导学生备考。CET考试委员会就是通过考试大纲来行使自己的权力。CET考试大纲划定的考试范围与大学英语教学大纲规定的课程内容紧密相连。《大学英语四级考试大纲及样题（增订本）》（1994年版）和《大学英语六级考试大纲及样题（增订本）》（1994年版）规定考试的范围主要是《大学英语教学大纲》中规定的从一年级到四年级的所有内容（口语和翻译除外）。《全国大学英语四、六级考试大纲》（2006年修订版）规定，CET4面向按《大学英语课程教学要求》的一般要求修完大学英语课程的在校大学生；CET6面向按《大学英语课程教学要求》的高级要求修完大学英语课程的在校大学生。《全国大学英语四、六级考试大纲》（2016年修订版）规定考试对象是修完大学英语相应阶段课程的在校大学生。以上陈述都清楚地表明，这些不同版本的CET考试大纲规定的考试范围和难度与同时期出台的称谓不同但性质相同的教学大纲的要求高度一致。因此，CET考试大纲不仅是用来指导CET考试、评估考试结果的工具，还可能成为一个隐性大纲（即隐藏的教学大纲）来指导教学和学习。所以尽管教育部一再倡导大学英语教学应该以教学大纲为指导，不能公开以CET考试的内容和题型为指挥棒。但事实上许多高校并没有完成教学大纲规定的教学目标，也未能达到教学大纲规定的听、说、读、写、译的要求。一线的大学英语教师和学生不关心、甚至根本不了解教学大纲的内容。反之，他们直接用最新的CET考试大纲来代替现行的教学大纲，教学目标只关心CET的通过率，学习过程直接瞄准CET考试内容。从这个意义上说，隐性大纲虽然被认为是现行教育不公开的副产品，但它的影响力和作用远远超过教学大纲，在教学中更有实效。CET考试委员会就是透过这个隐性大纲来实施其隐藏的权力，对高校和学生进行权力渗透。

　　基于洋葱结构理论，CET测试体系的发展演进过程中各层级利益相关者之间有一定的政策空间。教育部关于CET改革的本意能否准确无误地传达到下属机构——CET考试委员会这一能动层，考试委员会能否履行"改革创新，服务教学"的宗旨，也是需要具体分析的问题。

　　2005年9月1日，全国大学英语四、六级考试委员会工作网站"全国大学英语四、六级考试"官方网站（中文版域名为http://www.cet.edu.cn/）在教育部高等教育司的关注下，经过一年多的积极筹备和建设正式开通。网站具备信息发布、成绩查询、成绩单验证、与师生交流、模拟交互练习、考试模式演示、测试研究和资源共享八大功能，旨在成为CET考试与大学英语教学和学习之间沟通交流的媒介，特别是将最新考试信息和结果分析及时反馈到教学第一线，对教学产生积极的反拨作用，对学生的学习产生指导作用（贾国栋，2006）。CET考试委员会在官方网站版块上对CET测试体系的作用和影响有如下介绍。

　　（1）大学英语四、六级考试已引起全国各高等院校及有关教育领导部门对大学英语教学的重视，调动了师生的积极性。效度研究的大量统计数据和实验材料证明大学英语四、六级考试不但信度高，而且效度高，符合大规模标准化考试的质量要求，能够按教学大纲的要求反映我国大学生的英语水平，因此有力地推动了大学英语教学大纲的贯彻实施，促进了我国大学英语教学水平的提高。

　　（2）大学英语考试每年为我国大学生的英语水平提供客观的描述。由于大学英语四、六级考试广泛采用现代教育统计方法，分数经过等值处理，因此保持历年考试的分数意义不变。

　　（3）由于大学英语四、六级考试采用正态分制，使每次考试后所公布的成绩含有大量信息，成为各级教育行政部门进行决策的动态依据，也为各校根据本校实际情况采取措施提高教学质量提供了反馈信息。

　　（4）大学英语四、六级考试从命题、审题、考务组织、统计分析到成绩发布已形成一套完整的制度，是一项组织较好的、严格按照标准化考试质量要求进行的大规模考试。

（5）大学英语考试已经得到社会的承认，目前已经成为各级人事部门录用大学毕业生的标准之一，产生了一定的社会效益。

文中（1）（2）突出强调了CET测试体制为教学服务，与教育部的理念相吻合。在（3）CET考试委员会这一能动层对CET考试目的的阐释已发生变化，从单纯地为教学服务延伸至"成为各级教育行政部门进行决策的动态依据"。在CET考试委员会看来，考试结果的使用范围并没有因为限定考生范围而只局限于高校内，而是走出高校迈向社会，成为其他教育行政部门的决策依据。考试结果的扩展使用必然使高校的发展承受一定的压力，社会权重没有得到降低，违背了改革的初衷。文中（5）从积极的方面肯定了CET在社会层面所起的正面反拨效应，尤其突出强调了CET测试体系带来的社会效益，之前教育部试图用宏观调控的方式减少社会关注、降低考试社会权重的改革思想被忽略。CET成绩在此社会语境下成为毕业生就业的重要标尺，CET考试改革的初衷"控制CET测试体系的实施范围""使考试最大限度地对大学英语教学产生正面的导向作用"被淡化和弱化，这显然与教育部的指示背道而驰。可见CET考试结果的使用在CET考试委员会这一层级已经开始出现不同的解读。

2005年教育部推出CET改革的新举措，强调CET考试满分710，不设及格线，只发布成绩报告单，目的就是为了避免CET沦为教学的指挥棒。但从CET考生报名资格的限制来看，CET成绩在社会上仍然起着排序的作用。根据全国大学英语四、六级考试报名网提供的考生须知，报考CET6考生的CET4成绩需要在425分及以上。报考CET-SET的考生在2017年以前，需要CET4成绩在550分及以上，或CET6成绩在500分及以上。425分相当于百分制的60分，550分则大致相当于百分制的80分。具体分数的标准是如何划分出来的，标准高低是否合理，对此暂且不深入探究。事实上，因为考试委员会设定报考CET6的成绩限制以及710分的满分标准，CET成绩在实际应用时仍被假设出一个425分的及格线，依照此及格线其他利益相关者可以对所有考生进行排序，进而做出下一步决断。而排序特征正是CET测试体系作为文化资本体制化所固有的，在制度决策这一层级CET考试委员会凭借CET的排序特征进行了能动的设计，扩大了考试结果的使用范围，将隐形大纲渗透到社会领域行使权力。

5.3.3 教育实施者：高校

从逻辑上说，对于教育部下达的CET改革政策，高校这一层级应该是最彻底的执行者。一方面，高校在教育部门的直接领导下，对CET相关政策了解比较透彻，应该能够正确执行CET的改革措施；另一方面，高校应该是CET改革推动大学英语教学的受益者。但是笔者通过调查发现，高校内部也存在扩大CET成绩使用范围的情况，CET改革的目标未能完全实现。

2005年CET改革后，教育部就CET成绩与学位证挂钩一事做出正式声明宣布从未做此官方要求，CET成绩与学生毕业证或学位证挂钩的情况有所下降，但仍屡见不鲜。一部分高校"脱钩"，而另一部分高校"暂不脱钩"。可见，高校这一层级在政策空间存在一定的能动性，面对上级的政策不同高校进行了不同程度的解读。Garder和Huang（2014）通过邮件访谈或面对面访谈调查了12所高校。其中有六所高校将CET成绩与学位挂钩，只是分数划分标准各不相同，有四所高校划出了合格分数线，也有的高校根据专业不同划分了高低不同的标准（表5.1）。在XS大学，学校英语考试是专门给毕业生准备的，通过即可获得学位，CET4通过者可申请免试。在JD大学，通过CET的本科生可获得学位；否则，他们在CET4和四学期的校本英语课程考试中的总分必须拿到680分。每学期结束时英语课程考试满分为100分，因此即使学生在四次考试均得满分，总计达400分，仍然需要在CET4考试中至少考到280分。因此，即使CET成绩不是衡量学生英语能力的唯一标准，对毕业生来说它仍然是必不可少的。

表5.1 部分高校将学士学位与CET成绩挂钩的不同要求

高校	获得学士学位的标准
XH	CET4达到55分（以前CET实行百分制）
CD	CET4达到425分（总分710分，以下相同）
CS	CET4达到375分，国际贸易专业必须过CET6
JS	CET4达到425分
JD	通过CET4或者CET4和四学期的英语课程考试的总分达到680分
XS	通过学校英语考试或CET达到425分

资料来源：Garder, M. & Huang, D.Y. Testing a nation: The social and educational impact of the College English Test in China [M]. Bern: Peter Lang AG, International Academic Publishers, 2014.

即使在CET成绩与学生毕业证或学位证"完全脱钩"的高校，也没有完全放弃对CET成绩的各种有效应用。实行高校学分制改革后，有的大学提出

CET成绩可以用来换取学分的新政策。根据Garder和Huang（2014）对CM大学英语教师的邮件访谈调查：通过CET4的学生可获得两个学分。这些学生可以选择继续学习大学英语课程，也可以选择修读其他拓展性英语课程。而那些没有通过CET4考试的学生在上拓展性英语课程之前必须完成所有的大学英语课程。FS大学还将此作为大学英语教学改革的新举措，大肆加以宣传。这种与学分制相搭配的选课制度提出：通过CET4考试的学生免修两年制大学英语课程，没有通过CET4考试的学生必须至少获得14个学分才能毕业。笔者也调查了曲阜师范大学的CET成绩使用情况。根据2017年12月19日曲阜师范大学公共外语教学部网站公布的《曲阜师范大学研究生公共英语课程教学改革建议》，凡是CET6成绩达到425分的研究生可以申请免修研究生公共英语必修课，但是必须参加相应课程的终结性考试。

除此之外，高校还将CET成绩用作对学生选拔考核、评奖评优的标准之一，使考试结果的使用途径扩大化。根据《西南大学2020年博士研究生招生简章》通过CET6就可免考外语。按照教育部有关工作要求，高校可以通过推荐免试方式招收全国高校优秀应届本科毕业生攻读硕士学位研究生、直接攻读博士学位研究生（以下简称"直博生"），统称"推免生"。赵辑（2017）曾整理上海市19所高校推荐 2017 届优秀本科毕业生免试攻读研究生的办法，其中有14份高校文件明确提出对申请学生的CET成绩的要求。上海大学、上海海洋大学、上海中医药大学要求推免学生CET4成绩达到425分，上海理工大学、复旦大学、上海海事大学、华东政法大学、上海对外经贸大学、上海交通大学、上海财经大学对申请学生的CET6成绩提出了要求。上海师范大学和上海体育学院则采用按专业划分CET4和CET6分数线的方法。还有上海外国语大学、华东理工大学、华东师范大学、上海音乐学院和同济大学五所大学对CET成绩未做要求。笔者也通过"中国研究生招生信息网"（https://yz.chsi.com.cn）收集和整理了27份国内高校及科研所2020年招收推荐免试研究生的招生简章、通知或工作办法（表5.2）。其中只有四所高校对推免生的英语水平没做任何要求。中国地质大学（武汉）、哈尔滨医科大学、广东财经大学等高校在申请资格方面对CET提出明确的要求。特别是对直博生一般都有严格的CET分数标准，如甘肃农业大学、兰州大学、河北大学。其他高校尽管在申请条件方面没做过多的限制，只强调申请学生需具有较强的外语听、说、读、写能力，但大都要求在审核或复试时需提交CET4、CET6、TOEFL、IELTS、GRE等体现自身英语水平的证明供审核。

表5.2 2020年高校推荐免试文件中对CET相关要求的统计

高校关于推荐免试的文件	对英语水平的具体要求（申请条件或程序）
中国地质大学（武汉）2020年接收推免生章程	通过CET6或TOEFL、IELTS通过留学资格
北京联合大学2020年接收推免硕士研究生招生章程	复试需持英语水平证明材料
南京农业大学2020年招收推荐免试研究生章程	参加面试需持外语水平证明等原件及复印件
哈尔滨医科大学关于做好2020年推荐优秀应届本科毕业生免试攻读硕士学位（含本科直博）研究生工作的通知	CET6成绩达到425分
甘肃农业大学关于开展2020年接收推免生工作的通知	直博生CET6成绩达到425分以上，或TOEFL90分以上，GRE258分以上，或IELTS7分以上
深圳大学2020年接收推荐免试攻读研究生章程	复试时需交验CET4或CET6成绩单复印件
三峡大学2020年接收推荐免试硕士研究生工作办法	复试时需携带CET4、CET6证书或成绩单、TOEFL或GRE成绩等体现自身英语水平的证明供审核
河北大学2020年接收校内外推免研究生（含直博生）工作办法	直博生原则上CET6≥430或IELTS≥6.0或TOEFL≥90，书面寄送外语水平证明，如CET4、CET6、IELTS、TOEFL等
天津理工大学招收2020年推荐免试攻读硕士学位研究生章程	复试时需携带外语水平证明，如CET4、CET6、TEM4、TEM8（原件及复印件）
2020年中国科学院文献情报中心接收推荐免试生简章	外语程度良好，原则上须通过CET6，具有较强的外语听、说、读、写应用能力
上海技术物理研究所2020年接收推荐免试研究生申请办法	具有较强的外语听、说、读、写能力；报名自愿提供英语等级证书复印件
广东财经大学2020年接收外校推荐免试硕士研究生公告	课程学习成绩要求：非英语专业考生须参加CET6，且成绩合格
深圳大学2020年接收推荐免试攻读研究生章程	复试时需交验CET4或CET6成绩单复印件

高校关于推荐免试的文件	对英语水平的具体要求（申请条件或程序）
清华大学深圳国际研究生院2020年接收优秀应届本科毕业生免试攻读博士（硕士）学位研究生说明	无
北京航空材料研究院2020年接收推荐免试生暂行办法	具有较强的外语听、说、读、写能力；复试时需交验CET4、CET6成绩单复印件
重庆大学接收全国2020届优秀本科毕业生免试攻读重庆大学研究生说明	网申时需提供外语水平证明（如CET4、CET6、TOEFL、IELTS等的证书或成绩单扫描件）
东北师范大学2020年接收校内外推荐免试研究生预通知	复试时需交外语水平证明原件和复印件，如CET4、CET6、TOEFL、IELTS 等
华南理工大学2020年接收推荐免试攻读硕士学位研究生(含直博生)办法及预报	报名时需交英语等级证明（CET4、CET6或者TOEFL、IELTS）电子版文件
上海硅酸盐研究所2020年接收推荐免试生招生简章	外语程度良好，具有较强的外语听、说、读、写应用能力；自愿提供英语等级证书复印件
东南大学2020年各院系接收推荐免试研究生工作细则	复试时需交外语水平证明（如CET4、CET6、TOEFL、IELTS等的证书或成绩单复印件），原件备查
西安工程大学2020年接收推荐免试攻读硕士学位研究生公告	外语考核以面试形式，主要考查考生的听、说能力及语言运用能力
华中科技大学国家数控系统工程技术研究中心2020年招收推荐免试攻读硕士学位研究生报名通知	无
西北大学招收2020年推荐免试研究生的通知	复试提供国家级外语考试成绩或合格证书复印件
中国石油勘探开发研究院2020年接收推荐免试攻读硕士学位研究生章程	外语水平较高；申请者提供外语水平证明材料复印件（CET4、CET6、IELTS、TOEFL等）
兰州大学2020年接收推免生章程	申请直博生CET6达到425分、IELTS 6.0、TOEFL90分及以上或其他同等水平外语成绩；复试提供外国语水平考试成绩单

续表

高校关于推荐免试的文件	对英语水平的具体要求（申请条件或程序）
福州大学2020年接收优秀应届本科毕业生免试攻读硕士学位研究生简章	无
2020年青岛大学接收推荐免试攻读硕士研究生的预通知	无

通过上述资料可知，即使在高校内部CET考试结果的应用也超出了为教学服务范围，背离了教育部下达的CET改革初衷。各高校在推免生招生简章中对申请学生的CET成绩做出限制，本意是对其外语能力提出较高要求来保证推免工作公平、公正地进行。然而CET设计的初衷是为了更好地为教学服务，瞬时的CET考试结果不能长期用来证明学生的外语能力。为了避免CET成绩"差异的持久性"，各高校在录取时应该考核学生实际使用英语进行交际的能力。近年来，许多高校响应教育部的政策文件，试图在申请推免条件方面对CET不做具体要求，努力降低CET的社会权重，情况有所好转，但在具体申请程序上CET成绩仍是用于审核的必备材料，是用于高校人才选拔的最佳衡量标准之一。有些学校还针对CET成绩设定具体分数要求，同样违背了教育部提出"满分为710分，不设及格线"的改革意图。不管考试结果以分数还是等级的形式出现，利益相关者都会利用其体制化文化资本的"排序"特征对相关群体进行筛选，然后进一步分类和排序。这是由考试结果本身的特性决定，无法避免。尽管为了削弱CET的权威，体现外语能力考察的多元化，与国际化考试接轨，许多高校也提出TOEFL、IELTS、GRE等成绩也可以作为学生英语能力证明。但不管是从CET在中国大学生中的影响力，还是从经济角度考虑，这些国际考试还是无法与CET相抗衡。

作为大学英语教育政策的贯彻实施者，大学英语课程教学评估应该成为各高校本科教学工作水平评估的一项重要内容，但很多研究都表明某些高校将CET通过率作为对教师奖励和晋升的标准。上文提到的XH大学和CS大学，学校通常会设定一个CET4通过率合格标准，对于排名前十位的班级的任课教师给予教学奖励。周敏（2011）利用在教务处的工作便利，调查了湖南省一所属普通本科院校。该校为了提高本校学生的CET4一次性通过率，在2004年依据全国CET成绩分析数据，专门拿出20万元用于奖励在CET考试中表现优秀的班级、个人、教师以及优秀组织管理者等。重奖之下必有勇夫，从此学校的CET通过率年年创新高。但讽刺的是学生的英语综合应用能力并没得到实质性的提升，如2004年全校有资格参加CET-SET的学生为83人，实际报名应试者只有13人，无一人达到A级水平（A级描述为能用英语就熟悉的题材进行口头交际）。自2007年以来，每年该高校还会定期组织全体大学英语教师参加大学英语教学形势研判会，根据教师执教班级CET的成绩情况，逐个点评每名教师的教学情况，安排在某个项目教学中取得优异成绩的教师分享经验（周敏，2011）。上述做法的目的是激励教师提高英语教学水平，但以应试为教学目标过于加大 CET的权重，扭曲了大学英语教学改革的导向。总之，高校作为CET的核心利益相关者，采用多种方式不断进行权力渗透，阻碍了CET改革措施的正确实施。

5.3.4 社会使用者：用人单位

根据之前提到的2005年教育部召开的新闻发布会，CET测试体制的改革目的是希望通过不设及格线和控制考试范围这两种方式来控制CET的社会权重，但是改革在社会层面的实施效果需要用具体实例做进一步分析。基于对CET社会功能变迁的研究，笔者发现CET考试成绩在社会层面的用途非常广泛，接下来主要从积分落户政策、企业招聘标准和国考报名三个侧面，分析一下CET改革演进在社会能动层实施的效果。

户籍制度是我国一项备受关注的基本行政制度，它关系到公民在医疗、教育、住房及其他社会保障方面的切身利益。特别是北京、上海、广州等一线大城市拥有更多的就业机会和发展余地，吸引了广大高校毕业生，所以这些地方的户籍制度控制得非常严格。而积分落户政策不仅是贯彻落实国家户籍制度改革要求的重要举措，也为致力于留在大城市创业的毕业生开辟了一条公平、公正、透明的渠道。2019年在网上公布的《非上海生源应届普通高校毕业生进沪就业申请本市户籍评分办法》明文规定：评分方法由毕业生要素和用人单位要素两部分组成，毕业生根据自身符合的条件可以获得加分，参与排序，根据当年划定标准线确定是否能够获得落户资格。2019年上海市划定的标准分为72分，其中外语水平加分的规定是"通过CET6级证书或成绩达到425分（含）以上、专业英语八级加8分；通过 CET4级证书或成绩达到425分（含）以上、专业英语四级加7分；外语类、艺术类、体育类专业外语课程合格加7分"。于是在上海市实施积分入户政策的评分办法中，CET成绩作为区分相关人群的重要依据，被"合理"进行排序。这种对CET成绩结果的使用超出了教学范围，也超越了政府部门的管理权限，损害了未通过CET的毕业生的平等就业权利。从法律角度来说，这种针对外语水平方面的就业歧视严重违反了就业法。

早在2007年谢宇等人就针对地处北京、上海、广州等大城市的65家用人单位发放了调查问卷，回收有效问卷共45份。这些问卷填写者来自45家在近三年内招聘过研究生毕业生的单位（其中包括1家政府机关、6家高校及科研机构、2家其他事业单位、20家外资企业，14家国有企业，2家私营企业），大都为企业人力资源部的负责人或业务部负责人，问卷信度极高。在调查中发现，用人单位在招聘时往往对英语水平有所要求，对研究生的期望值更高，所以被社会广泛认可的CET证书成了衡量研究生英语水平的重要参考，有93%的用人单位在招聘时直接要求求职者带CET证书，半数左右的单位还会采用面试或现场笔试的形式再检测一下研究生的实际英语能力（谢宇等，2007）。Garder和Huang（2014）通过高校人才网和教育部网站收集了70份针对高校毕业生的招聘广告。其中对CET成绩提出明确要求的有26份，占37%；还有18份仅笼统提出需要提供英语水平证明或良好的英语技能，但毕业生大多数会将它理解为需要CET证书作为英语水平证明材料。调查者在随后的邮件联系中也发现，尽管一些用人单位在招聘广告上没有提出对英语水平的限制，实际上他们也希望应聘者有CET证书。借鉴前人研究的经验，笔者也登录了"高校人才网"（http://www.gaoxiaojob.com），在知名企业招聘这一栏搜集了从2019年11月25日到12月16日以应届生校园招聘为主的最新招聘简章共127份。其中对外语能力提出要求的有23家企业，18家企业明确提出将CET成绩作为应聘基本条件（表5.3）。

表5.3　2019年知名企业招聘简章中对英语能力要求的统计

招聘简章	对英语能力的要求
铁总服务有限公司2020年应届高校毕业生招聘公告	英语过CET4
埃维诺2020校园招聘	拥有良好的外语运用能力
中国化学工程第十一建设有限公司2020校园招聘	CET4以上优先
中国国际技术智力合作有限公司2019年12月岗位公开招聘	CET4及以上水平
中交铁道设计研究总院有限公司2019年12月招聘启事	具备良好的英语读写能力和主动学习能力

招聘简章	对英语能力的要求
万宝矿产有限公司2020校园招聘	通过CET6，能使用英语作为工作语言
中国通信建设第三工程局有限公司2020届校园招聘公告	CET4合格
西部矿业股份2020校园招聘	本科生须通过CET4，硕士须通过CET6
大唐国际发电股份有限公司北京高井热电厂2020年应届毕业生招聘公告	通过CET4或CET6
日立建机（中国）有限公司2020年应届毕业生招聘	非语言类专业要求英语过CET4
中铁装备集团2020综合管理类校园招聘简章	CET4或CET6成绩优异者优先
安科瑞电气股份有限公司2020年招聘简章	电力系统及其自动化、自动化、智能电网、电力电子等相关专业，CET4及以上
中国石油天然气第七建设2020校园招聘	要求提供CET4或CET6证书及复印件
中国铁路太原局集团有限公司2020年全日制高校毕业生招聘公告	本科CET4成绩须在425分及以上。硕士CET6成绩须在425分及以上，国（境）外院校毕业生须雅思6分或新托福80分及以上
中交四航局第一工程2020校园招聘	CET4以上
中电建宁夏工程有限公司2020年校园招聘简章	通过CET4
中铁第一勘察设计院集团有限公司新疆铁道勘察设计院2020年招聘	本科生通过CET4，研究生通过CET6
飞特质科（北京）计量检测技术有限公司2020年校园招聘	CET4以上，具有较好的英语读写能力
中国铁路北京局集团有限公司2020年度招聘全日制普通高校毕业生公告	2020年应届毕业生CET4须在425分及以上
中国铁路上海局集团有限公司招聘2020届毕业生公告一（本科及以上学历）	需提供外语能力证书原件和复印件
中国铁路济南局集团有限公司关于信息技术所招聘2020年全日制本科及以上学历毕业生公告	本科毕业生 CET4成绩不低于 425 分，硕士研究生毕业生CET6成绩不低于425分

续表

招聘简章	对英语能力的要求
中交（天津）生态环保设计研究院有限公司2020年招聘简章	熟练掌握一门外语
邦士食品2020校园招聘	熟练的英语沟通能力

　　为什么用人单位在应届毕业生招聘时将CET成绩作为考核的必要条件？对用人单位的采访表明，主要有以下几种原因。

　　（1）日常工作需要：银行机构外汇、国际结算等国际业务的开展离不开英语。电力系统许多设施都贴上了英文标签，电气专业毕业生必须具备基本的英语水平。随着旅游业的飞速发展，铁路服务人员也免不了与外国人打交道。所以用人单位将通过CET4视为大学生英语水平应达到的基线，也会针对不同职位设置不同英语等级考试要求，那些需要使用英语的工作自然需要更高的英语水平和分数，学生为了提高成绩而重考"刷分"的动机就是由此而来。

　　（2）国际交流的需要：有些研究机构或涉外公司需要与国外同行进行大量的学术交流与合作，离不开英语作为沟通媒介。一些业务发展还需要查阅大量国外出版的研究资料，这就对英语阅读能力提出了很高的要求。所以用人单位倾向于对高学历的毕业生制定更高的标准，例如本科生须通过CET4，研究生须通过CET6，除此之外有的还要求进行英语口试。

　　（3）人才选拔的需要：即使英语不是日常工作所必需的，招聘者也大都认为能通过CET考试的学生学习能力更强，学习态度更认真，CET成绩是大学生学习能力、学习态度和学习效能感的反映之一，是未来成为有潜力员工的素质指标之一，他们相信良好的学习态度比良好的专业技能更重要。

　　当然在中国还有其他大规模英语考试，如IELTS、TOEFL、公共英语考试系统（PETS）。CET测试体系到底有什么其他测试望尘莫及的优越性呢？首先从规模上来看，CET是在各高校的统一组织下进行，打上了官方的烙印，几乎所有的大学生都参加，考试规范公正，规模宏大。而IELTS或TOEFL，除非有出国留学或工作的需要，很少有人报考。PETS等其他测试从报考人数上来说也无法与CET相比。其次考虑到考试的便利性，CET考点遍布各高校，大学生不出校门就可以参加考试，只要不毕业就可以多次报名。而IELTS和TOEFL的考点在国内是租用的，场地租借和管理都需要耗费庞大的费用，考点和考位也有限。尽管其现在规模扩大，几乎每个月都有考试，但需要至少提前一个月预约。其考点主要集中在大城市，对中小城市的大学生来说极为不便。再次从经济角度来说，CET报名费在各省市自治区有所不同，但基本保持在30元左右，CET-SET报名费全国统一为50元。对大多数学生来说，考试费用可能只相当于一顿饭的价格，而他们却可能在未来求职中得到更好的机遇，何乐而不为？其他英语考试不受学生欢迎的主要原因是考试费用昂贵。如报名参加2021年2月IELTS普通学术类考试费需要2170元人民币（含税金额），2021年TOEFL网考考试费需2100元。更不用说买备考资料，上辅导班，外地考生的食宿交通花费都不菲。最后还要看考试的有效期，IELTS和TOEFL成绩从考试之日开始只在两年内有效，非常短暂。而CET一旦考取，却终生受惠。所以在用人单位心目中CET的地位和影响力是其他同类英语考试短时期内所无法撼动的。当然这也给在校大学生带来了压力，那些攻读更高学位的学生可能会感到更大的压力，因为他们必须达到更高的标准，这很可能会分散他们对专业学习和科研活动的注意力。可见，尽管改革后教育部明文规定降低CET的社会权重，许多高校也宣布CET考试成绩与毕业证、学位证不挂钩，不强制学生报名参加CET，但学生报考CET的热情不减，CET在落户求职等方面的社会权重并未减弱，CET测试体系的权力渗透真是无处不在。

下面笔者再以新闻热点——国家公务员考试为例分析一下CET的社会影响力。2005年4月27日第十届全国人民代表大会常务委员会第十五次会议通过了《中华人民共和国公务员法》，经过2018年12月29日第十三届全国人民代表大会常务委员会第七次会议修订后自2019年6月1日起施行。法律规定：

"第二条 本法所称公务员，是指依法履行公职、纳入国家行政编制、由国家财政负担工资福利的工作人员。

……

第七条 公务员的任用，坚持德才兼备、以德为先，坚持五湖四海、任人唯贤，坚持事业为上、公道正派，突出政治标准，注重工作实绩。

……

第二十一条 录用担任一级主任科员以下及其他相当职务层次的公务员，采取公开考试、严格考察、平等竞争、择优录取的办法。

……

第二十八条 录用公务员，应当发布招考公告。招考公告应当载明招考的职位、名额、报考资格条件、报考需要提交的申请材料以及其他报考须知事项。"

近年来大学生就业压力越来越大，由于工作的稳定性、福利保障制度的完善，再加上中国人根深蒂固的"铁饭碗"思想，公务员岗位多年来一直是择业的热点，吸引了无数优秀毕业生。2020年国考招录共提供1.3万个职位，计划招录人数超过2.4万，比上一年度的招录人数增加了近万人，但竞争程度仍然很激烈，多个岗位是真正的"千里挑一"。笔者对国家公务员局出台的2020年度招考简章进行梳理，统计见表5.4。

表5.4 2020年国家公务员局招考简章中对英语能力要求的统计

职位类别	职位数量	要求CET4	要求CET6	要求TEM4或TEM8	英语其他要求	无其他要求	要求其他语种
中央党群机关	210	29	11	19	6	141	4
中央国家行政机关（本级）	344	6（其中要求550分或CET6达到425分3个）	64（包括达到500分9个，550分2个，560分1个）	9	16	239	10
中央国家行政机关省级以下直属机构	11173	1740（包括61个对本硕有CET等级划分）	172（包括达到500分2个，480分1个）	28	20	9203	10
中央国家行政机关参照公务员法管理事业单位	2122	506（包括83个对本硕有CET等级划分）	305（包括达到500分1个，550分1个）	5	2	1301	3

通过国考中对CET有明确要求的岗位逐条分析比较，笔者发现以下四个特点。

（1）CET成绩是国考中重要的考核标准，其中对CET有考核要求的岗位约占总岗位数的20%，在各级机关中所占岗位比例也远远大于其他考核要求的岗位，特别是在事业单位中比例高达38%。

（2）大部分报考要求中对CET分数有明确要求，且要求标注分数。

（3）在报考要求中同时出现CET4和CET6的岗位时，对本科生和硕士研究生在等级方面基本上都有差别化要求，即"本科生要求CET4在425分以上，硕士研究生要求CET6在425分以上"。

（4）中央国家直属机关岗位对报考者CET的等级要求明显高于省级直属机构岗位和事业单位的要求；经济发达地区的省级直属机构对CET有要求的岗位比例明显高于西部地区和艰苦边远地区。

CET成绩普遍应用于国家公务员报考中，显然说明CET考试结果的使用范围已经超出教学领域，已不仅满足于为教学服务。仅从此处可证明，教育部宣传的CET改革效果并未达到。接下来结合数据笔者将逐条挖掘深层次原因。

（1）从历年国家公务员考试报名情况来看，大部分岗位的报名人数都非常多。根据"中央机关及其直属机构2020年度考试录用公务员专题"中国家公务员局统计的报考情况，截止到2019年10月23日18点中央档案馆国家档案局历史档案馆复制处一个普通岗位报录比甚至达到1：1629，可见国考的竞争相当激烈，甚至达到白热化程度。面对数量如此庞大的报考人员，招考单位需要在报考条件上做出一定限制来初步筛除部分候选者，CET恰恰就是众多限制中重要的一条。而CET考试结果固有的"合法性"使相关单位无须再组织专门的考试，便可以对报考人员进行区分，操作便利。报考要求中限制CET4成绩，就把没有通过CET4的报考人员排除在外；报考要求中限制CET6的成绩，则进一步将只参加CET4，没有参加CET6的报考人员排除在外。这种利用CET考试结果固有的"合法性"筛选报考人员的做法，已经脱离了考试的真正目的和意义。根据《中央机关及其直属机构2020年度考试录用公务员公告》，录用一级主任科员及以下和其他相当职级层次公务员的年龄限制是"18周岁以上、35周岁以下（1983年10月至2001年10月期间出生），2020年应届硕士研究生和博士研究生（非在职）人员年龄可放宽到40周岁以下（1978年10月以后出生）"。而我国本科毕业生的年龄一般在22周岁左右，硕士毕业生年龄一般在25周岁左右，只有在校学习期间报考人员才可能参加CET，因此有些报考人员的CET证书可能是在十几年前颁发的，那么对于这部分人来说，这一要求其实已经无法起到衡量英语水平和进行英语综合应用能力考核的作用。但CET考试结果所固有的"合法性"还具有"差异的持久性"这一特征，将CET考试成绩等同于报考人员的永久英语能力，而报考人员在大学期间CET考试结果带来的英语水平差异会一直保留到报考公务员考试时。至于国考报名时报考人员的英语水平是否有所改变的事实，因为"合法性"考试结果的存在而被忽视。因此在国家公务员报考时对报考人员资格进行限制，更多是利用CET考试结果的"合法性"对报考人员进行排序和筛选。这种对考试结果的使用，脱离了教育部改革的初衷，大大超出了其应有的范围。

（2）大部分报考要求中对CET分数都有明确要求，一般以"CET4或CET6达到425分"为划分标准，还有部分要求达到"500分"或"550分"的高标准。教育部规定CET不设置及格线，这个资格线是怎么划分出来的？笔者下文从分值的隐藏含义来进行分析。实际上将满分710分的成绩换算成百分制后425分就相当于60分，CET改革前达到60分的学生可获得CET4合格证并且具备报考CET6的资格。目前考试大纲规定，CET4达到425分可以取得CET6的报考资格，据此大家普遍认为CET4的及格线就是425分。改革前CET4达到500分的良好成绩可以报考CET-SET，成绩550分等同于百分制80分左右可达到优秀。据此推断，教育部的改革方案"满分710分，不设及格线"在国考招聘时完全失效。只要是考试就必然有结果，无论考试结果以什么分值出现，甚至以等级的形式出现，都可以作为排序的依据，这又是CET考试结果作为体制化文化资本所固有的属性。尽管教育部下达了取消分数线的命令，但在社会应用层面并不切实可行。只要有分数存在，人们可以自行换算出一个"及格线""优秀线"，把考试结果作为筛选工具，来缩小竞争范围。报考中还要求标注自己的分数，相关单位可以利用CET证书或成绩报告单对报考人员进行排序，便于比较衡量。

（3）在报考时同时出现CET4和CET6要求的岗位对本科生和硕士研究生在CET等级和分数方面基本上都有差别化要求。此数据直观地显示此类报考要求对报考人员只起着分层和筛选的作用，并非真正出于对英语能力考察的需要。根据CET考试大纲，CET4和CET6两个级别的试卷题型构成有所差别，试题难度也不相同，持有CET4和CET6成绩报告单分数相同的报考者英语能力也并不相同。那么进一步分析，硕士研究生报考这些岗位时必须拥有比本科生更高的英语能力，这种做法违背了正常的逻辑，因为招收时岗位的实际需要才是考核英语能力的唯一标准，在实际工作中并不会因为工作人员为本科学历，岗位需要的英语能力就降低。显然报考要求中对报考人员区别对待，充分表明相关单位是利用CET具有的"排序可能性"特征来对众多报考人员进行区别和排序。

（4）根据对统计数据的分析，笔者发现中央国家行政机关岗位对报考人员的要求比较高，对CET6的成绩有具体限制，最高甚至要求CET6分数达到560分。从表面上看，中央党群机关岗位对CET6要求的比例不高，那是因为对更高的TEM等级要求占了一定比例。中央国家行政机关省级以下直属机构和事业单位对CET4的要求比例大大高于对CET6的要求比例。中央国家直属机关岗位对报考人员CET的等级要求明显高于省级直属机构岗位和事业单位的要求。在我国根深蒂固的"铁饭碗"思想中，单位级别越高，工作就越稳定，个人发展前景就越好，录取后就算是一跃入龙门，所以从整体上来说中央国家直属机关岗位的竞争激烈程度要高于省级直属机构和事业单位，很多岗位都是百里挑一或千里挑一。用人单位就要制定更加严苛的条件，便于初步筛选。同样，省级直属机构中地处经济发达地区（如上海、天津、江苏、广东、浙江、福建）的岗位大都对CET有明确的要求，热门岗位要求更高，便于以此为手段对报考人员进行初步的筛选。而西部地区和艰苦边远地区，如新疆、青海、甘肃、西藏、内蒙古、广西等地的岗位对CET提出要求的非常低甚至没有，吉林、四川、黑龙江等地针对海关、海事局等岗位对报考人员的CET成绩提出要求，主要是因为工作的特殊性质确实需要具备一定的英语能力。因为国考对CET的限制要求是基于CET考试分数高低代表着报考人员英语能力差距这一前提，所以就算教育部强调CET考试成绩没有划分及格线，但CET考试成绩作为体制化文化资本仍拥有"合法性"固有属性，中央机关及其直属机构可以利用CET考试结果"排序"和"差异的持久性"的特征，自行制定CET评价标准，对报考人员进行分类与筛选。

综上所述，积分落户政策、企业招聘和中央机关及其直属机构招收国家公务员，都提出了大量与CET密切相关的资格限制要求，这说明教育部提出将CET测试体制的开发应用"限制在高校内"这一政策目标并没有达到预期效果。CET改革虽然将CET参与者限制在高校范围内，却无法通过这种方法将考试结果的使用也限制在教育领域。社会使用者的权力渗透制约着教育部改革措施的实际操作，CET测试体系作为体制化文化资本的固有属性，并不能真正地取消分数线，限制其仅仅为教学服务。

5.3.5 考试参与者：学生

大学生作为考试的直接参与者，应该是最能从CET改革中受益的群体，他们的表现能直接反映出改革的预期成果。然而，CET改革中关于"不设分数线"和"范围控制在高校内"两条新政策实施后，大学生对此的反响却不尽如人意。如之前所述，很多高校在发放毕业证和学位证、报奖报优、录取研究生时，早就把拥有CET证书作为一项基本条件，这种现象绝不会因为CET不设分数线、取消合格证而消失，相反，改革后的CET成绩报告单更会成为社会用人单位招聘时的宠儿。以前只要CET达到60分，考生就可以拿到合格证，且上面不会显示具体分数，而新的计分和报道方式彻底颠覆了这一切。因为现在成绩报告单不但报告学生的总成绩，还会把单项分值列出来，这就要求总分和单项成绩哪一个都不能差。用人单位可以按照分数排序，尤其听力、写作、阅读高分者更会受到用人单位的青睐，这样学生报考CET的积极性就越高涨，英语学习的压力就越大。

笔者还可以从一些新闻报道中找到证据，探究CET考试结果的社会应用给大学生带来的影响。据2015年12月20日《楚天都市报》报道，湖北报考2015年12月的CET的人数为47.7万人，比去年有所减少。在开考之际，记者随机调查20名考生，发现半数以上的学生报考CET"主要为了增加就业砝码"，而"纯粹为了拿学位证"的不到五成。文华学院2015级会计专业的叶颖思的看法反映了众多应试者的心声，她说："CET成绩单趋向工具化，已经成为求职简历上必不可少的组成部分。"（周治涛，2015）武汉科技大学城市学院2013级学生陈楚云举了一个非常现实的例子：之前有企业来校招聘时，直接按照求职者的英语等级开工资，提出"通过CET4，基本工资3200元；通过CET6，基本工资可达3400元；通过英语专八，基本工资涨至3800元"，这件事对学生们刺激很大。同一天《青岛晚报》记者也报道，此次CET考场上增加了不少即将离开校门的毕业生，但他们的情况各有不同。有的毕业生是之前参加CET4一直没过，打算"背水一战"利用最后的机会搏一把；还有的毕业生早就过了CET6，但希望重新报考提高分数好找工作。后者被称为"CET刷分族"，这是伴随着CET改革后出现的新生事物。曾参加过多场招聘会的被采访者小李告诉记者，尽管CET现在不设分数线，不发证书，但成绩报告单上会显示考生的具体分数。一些外企特别看重毕业生的英语水平，她发现对于CET6成绩高的学生，投简历时招聘人员会专门做个标记（王晓雨，2015）。所以她认为若这次"刷分"成功，英语成绩好则找工作余地就可能更大一些，以后跳槽也会多加份砝码。知乎论坛上也有很多讨论"刷分"的帖子，给笔者提供了有效的信息。有的学校开始限制CET报考的总次数，在校期间即使缺考一共也只能考3次；有的学校规定CET4过了425分就不能再"刷分"了；有的学校设定分数界限（如复旦大学要求CET6过500分，才可再次报考）；还有一些学校禁止"刷分"（如北京理工大学480分以上的禁止"刷分"）。华北电力大学在2019年3月发布的《关于2019年上半年全国大学英语四、六级考试报名工作的通知》中明确规定：本次考试禁止英语六级"刷分"，即已通过英语六级考试［425分以上（含）］的学生不能报考英语六级。可见这种"刷分"现象也已经引起了高校的关注，高校已采取了相应地对策。

以上调查在一定程度上反映了CET改革后大学生的真实感受。虽然越来越多的高校响应教育部的号召，将CET成绩与毕业证、学位证脱钩，但随着就业压力的加大，学生备考CET的目的从"毕业拿学位"逐渐转向"增加就业砝码、找个好工作"，CET为教学服务的根本目的反而被忽略。尤其是一些学生的CET成绩和就业后基本工资挂钩，这种现象恰恰说明作为体制化文化资本的CET考试成绩与经济资本之间发生了转化。从经济学的成本和回报角度分析，培养一种外语能力需要学习者长时间的努力和持续不断的投资，周期长且见效慢，而相比较而言，获得外语证书花费时间短、投资少。在快节奏生活的背景下，个人所拥有的资源有限，学生的升学及就业压力增大，需要对各种投资进行成本分析评估。大多数人首选投资少、见效快的途径，希望短期内实现从文化资本到经济资本的快速转换。但是在短期内外语能力作为体制化文化资本很难进行经济资本转换，更不用提什么经济回报了。而作为体制化文化资本的CET成绩利用考试结果的使用直接转化为经济资本，帮助学生获得经济回报，这种诱惑是无法抵挡的。

在学生成为能动者的这一层级，由于作为体制化文化资本的CET成绩拥有转化为经济资本的特征，学生在毕业前会选择不断"刷分"的方式来提升自身的就业砝码，以期在未来的就业市场中转化出更多的经济资本。CET改革想要降低考试结果社会权重的初衷不但没有实现，反而由于文化资本与经济资本的转化导致学生"刷分"现象严重，浪费了大量时间、精力和学习资源，改革未见成效。

5.4 小结

语言测试体系的演进和发展过程是动态的、连贯的。无论政策的制定、阐释、应用和反馈，每个环节都有自己的理据，强制实施行不通。所以，本章基于Bourdieu的文化资本论，主要以CET考试结果在教育和社会领域的使用情况为线索，对CET测试体系演进发展中的教育部、CET考试委员会、高校、用人单位和学生这五类核心利益相关者的利益诉求和权力渗透进行研究。研究发现CET测试体系的改革措施在实施过程中并不能准确无误地贯彻执行，而是由上一层级向下一层级进行权力渗透。各层级具有一定的能动性，每一个层级都对教育部（最高层级）的改革措施进行能动解读，做出了与改革预期不同的决策和行动，使CET测试体系改革的初衷落空。CET测试体系权力渗透的流程如图5.3所示。

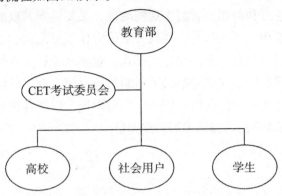

图5.3　CET测试体系的权力渗透过程

　　教育部掌控CET测试体系发展的方向，旨在通过改革成绩报道方式和限制考试结果的使用来降低CET的社会权重，使之更好地为学校教学服务。然而，受教育部委派的具体负责考试命题、阅卷及改革研究工作的CET考试委员会，对教育部改革目的的解读出现偏差，不但标榜CET是各级教育行政部门进行决策的动态依据，还肯定其社会效益"目前已成为各级人事部门录用大学毕业生的标准之一"。高等学校作为大学英语教育的实施者，本应在CET测试体系改革的激励下采取有效措施提高大学英语教学质量，然而很多高校对CET考试的结果使用过度，仍将CET成绩与毕业证或学位证进行隐形挂钩，如高校推免生文件中对CET分数有所要求，或将CET成绩作为对教师奖励和晋升的标准等，没有贯彻执行教育部改革政策。CET考试结果的社会使用者——用人单位利用作为体制化文化资本的CET成绩所固有的"合法性"，凭借CET成绩"差异的持久性"特征将考试结果与考生的英语能力画上等号，再借用"排序的可能性"特征对相关人群加以筛选和排序，完全背离教育部旨在降低CET社会权重这一初衷。作为CET直接参与者的学生，应该用CET成绩在大学阶段检测自己英语学习的成效，有针对性地查漏补缺，努力提升自己的英语水平。然而，现实生活中由于CET可由制度化文化资本直接转化为经济资本，带来更大的经济效益，很多考生受此诱惑选择多次报考CET"刷高分"为未来就业增加砝码。所以，在学生这一层面CET测试体系同样因为自身作为体制化文化资本所固有的特征，偏离了改革方向和目标。

　　通过利益相关者洋葱结构分层和权力渗透研究，笔者发现CET测试体系是一个涉及多个利益相关者的矛盾共同体，各层级利益相关者具有不同的角色地位和利益偏好，每个时期CET测试体系的改革变化都可能是该时期利益相关者彼此间利益关系博弈的结果。若要保证CET测试体系持续、有效地运行，既要提高各方利益相关者的主观能动性，又要界定其权能空间与利益限度，约束各利益相关者的行为，寻找有效的合作发展之路。未来研究的关键在于设计一种利益相对均衡的创新型模式，兼顾利益相关者的个人理性需求和集体监管的便利，并在这种模式下不断进行合理、有序的博弈，使各利益相关者由不合作走向合作的路径依赖，共同治理，以期这种利益调节器和控制器为CET测试体系的可持续发展贡献力量。

在批判语言测试视阈下，CET测试体系涉及的利益相关者繁多复杂，需要在社会层面上进行分层剖析，深入探讨。核心利益相关者的权力渗透研究使我们意识到测试决策者（包括教育部、地方教育机构和CET考试委员会等主管部门）对CET测试体系的改革高度重视；测试使用者（高校、学生和用人单位等社会用户）对CET结果的应用范围极广，认可度较高。CET发展历程的探究让我们了解到测试设计者（CET考试委员会及专家学者）对CET的设计、开发、施测到分数的解释和报道等各个环节都进行了仔细斟酌和反复检验。

唯物辩证法认为，复杂的事物自身蕴含着多种矛盾，每种矛盾所处的地位不同，对事物发展所起的作用也是不同的，要分清主次，善于抓重点，解决主要矛盾。笔者不可能对CET所有的核心、次要和边缘利益相关者同等对待，一一进行反拨效应实证调研。无论是文献研究还是问卷调查，任何一种研究结果都认为学生是CET测试体系最核心的利益相关者；不管是专家还是学生自身，也都认同学生是CET测试体系的最直接参与者和受影响者。所以学生一直是CET反拨效应研究的主要调查对象，课堂教学一直是研究的重心所在。但每次研究角度不同，发现也就有所不同。这一章笔者首先基于计量可视化分析了解一下国内CET反拨效应研究已经取得的前期成果以及发展前景，然后另辟蹊径，从建构反拨效应具体性研究框架入手研究CET翻译题型改革对大学英语课堂教学的影响。

6.1 CET反拨效应前期研究

国内反拨效应研究始于20世纪90年代，是语言测试领域的主要话题之一。根据该领域核心论文发表的数量和研究内容的辐射面，我们可以了解到我国CET反拨效应研究的发展趋势。文献计量学是一门采用定量手段，以文献的外部特征为研究对象，以输出量必定是量化的信息内容为主要特点，采用数学统计方法来描述、评价和预测学科的现状与发展趋势的图书情报学分支学科（邱均平等，2010）。以往文献计量学研究常用在自然科学领域，后来逐渐发展至人文与社会科学领域。中国知网（www.cnki.net.）即中国学术期刊（网络版）是由教育部主管的中国学术期刊全文数据库，一直持续动态更新，在科学研究方面具有极高的文献参考和使用价值。为了掌握语言测试领域的研究动态，了解反拨效应最新研究成果，笔者采用文献计量学的分析方法在中国知网进行分类搜索，在哲学与人文科学类别下选择外国语言文字再细分至其中的英语，然后以"反拨"或"后效"为主题检索出1995—2019年关于反拨效应研究的期刊论文共1648篇。文献计量学研究的核心指标之一是期刊发文数量，它反映了期刊的信息量。某研究领域不同时期文献数量的猛增、平缓或衰落可显示出该领域研究趋势的起伏变化情况。

由图6.1可知，国内反拨研究起步晚，前期发展平缓，从2000年起呈逐步攀升趋势，到2012年达到顶峰，一年就有149篇论文发表，成为研究热点而备受学术界的关注。2013—2016年发展平稳，每年都有百余篇论文发表，2017年以后稍有回落。可见我国反拨效应研究基本符合了论文数量"初期增长缓慢，中期呈线性迅速增长，后期回落"的阶段性变化规律。其中发表在核心期刊的论文共有118篇，虽然期间历经跌宕起伏，在2010年和2012年达到14篇呈现双顶峰，但总体来看研究发展趋势与论文阶段性变化规律基本一致（图6.2）。

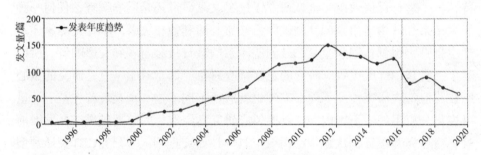

图6.1　关于反拨效应研究的期刊论文（1995—2019）的总计量可视化分析图

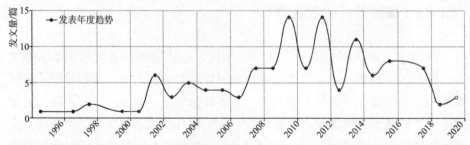

图6.2　核心期刊上涉及反拨效应的研究论文（1995—2019）的总计量可视化分析图

　　反拨效应研究可分为广义层面和狭义层面。例如，邹申和董曼霞（2014）以1994—2013年中国知网收录的反拨效应研究论文为数据支撑，探讨20年来国内反拨效应研究概况，分析其不足之处并对未来研究趋势进行预测，这属于广义层面。而狭义层面指向于具体某项测试，如金艳（2006）分析CET测试对我国大学英语教学所产生的影响以及在教学改革新形势下所进行的相应改革；秦秀白（2012）通过描述专业英语四、八级考试（TEM）的权威性来分析其对教学的促进作用，提出利用其正面反拨效应来抑制专业英语教学质量的滑坡。

　　由图6.3和图6.4可知，除了反拨效应理论研究，在狭义层面上CET测试和大学英语教学一直是研究重点。CET是受众面最广、最权威的衡量非英语专业学生英语水平的标准化测试，许多研究者都围绕着CET展开多方面研究。为了寻找反拨效应研究的新切入点，笔者在狭义层面上运用文献计量学的分析方法，从118篇核心期刊论文中人工检索出48篇涉及CET反拨效应研究的论文，以频次或百分比为统计手段，对研究对象进行整合分析。收集和分析的实证数据主要涉及各年度发文量、来源期刊、引用率、研究主题、合著率、基金资助情况等。同时，在软件的帮助下把收集的数据和分析的结果以图表的形式呈现出来，可以更加直观地展示出我国CET反拨效应研究的发展现状，更加客观地分析目前存在的问题，更加清楚地指明未来研究的趋向，进而指导大学英语教学实践。

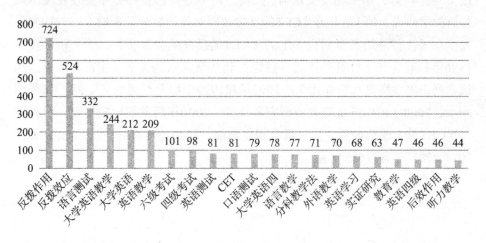

图6.3　关于反拨效应研究的期刊论文（1995—2019）的主题分布柱形图

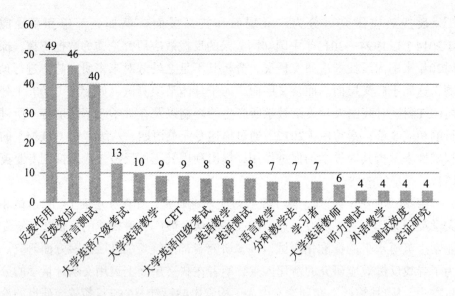

图6.4 核心期刊上涉及反拨效应的研究论文（1995—2019）的主题分布柱形图

6.1.1 发文量和来源期刊分析

我国于1987年9月第一次在全国范围内实施CET，在中国知网上没有检索到1995年之前有相关研究论文发表，所以本章研究选择1995年到2019年为时间节点。25年来中国知网收录的发表在核心期刊上的有关CET反拨效应的论文共有48篇，年平均发文量为1.92篇。最早的是吕良1995年发表在《山东外语教学研究》第4期上的《CET的反拨效应对外语教学的影响》，与1996年发表在《江苏外语教学研究》上的《CET的反拨效应浅析》，为一稿多投。1996年只有普刊《江苏外语教学研究》刊登李武宗的文章《完善大学英语测试系列正确发挥其反拨作用》。1997年和1999年均无相关论文发表。如图6.5所示，2000年前CET反拨效应研究者甚少，2000年后发展比较平稳，只有在每次CET重大改革前后，发文量会相应增加，如2010年有6篇核心论文发表，2014和2015年各有5篇发表。

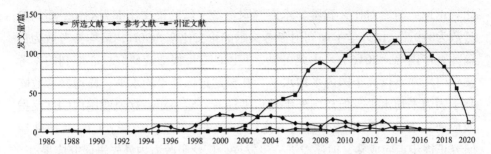

图6.5 核心期刊上涉及CET反拨效应研究论文（1995—2019）的总体趋势分析图

分析论文的来源期刊，可迅速判断出能代表本研究领域学科发展水平的重要期刊，便于投稿和文献检索，为同领域研究者获得高质量、高密度的情报源提供捷径。选取过去25年发表的48篇有关CET反拨效应的论文，分析发现其来自29种核心期刊，其中有21种只刊登1篇CET反拨效应的论文，占全部期刊种类的43.8%。《外语界》（9篇，占总数的18.8%）《外国语文》（5篇，占10.4%）和《西南民族大学学报》（3篇，占6.3%）三种期刊25年来共计发文17篇，占总数的35.4%，是我国CET反拨效应研究文献展示的主阵地。

6.1.2 引文分析

引文分析是利用数学及统计学的方法和比较、归纳、抽象、概括等逻辑方法，对科学期刊、论文、著者等各种分析对象的引证与被引证现象进行分析，进而揭示其中的数量特征和内在规律的一种文献计量分析方法（徐宽和李成凯，2020）。研究涉及的引文分析素材包括参考文献和引证文献两大类，是重要的学术预测和评估途径。一方面，引文分析可以反映出科学研究的连续性，论文之间的关联性可以通过论文之间的相互引用体现出来。另一方面，引文分析可以体现出研究者从事科研活动的规范性。当研究者借鉴他人研究成果时，在文中或文后列举参考文献既表示对前人研究成果的尊重，也方便后来研究者进行溯源考证。

从论文附带的参考文献中，笔者可推断出研究者是否具有广泛吸取各类信息的能力，也反映出该研究领域的发展水平和规范程度。1995年至2019年间我国共发表有关CET反拨效应研究的核心论文48篇，附参考文献总数为489篇，附参考文献的论文百分比为100%，平均每篇论文附参考文献数为10.19篇（表6.1）。其中2000—2004年是引用文献的高峰值，年平均引文约20篇，最高峰值为2002年的23篇（图6.5），这说明在此期间我国CET的反拨效应研究发展比较迅速。与之对比，我国学术期刊附参考文献的论文比率为88%，篇均参考数为8~9篇；国外学术期刊附参考文献的论文比率为90%，篇均参考数为15篇（袁培国等，2016）。由此可见，我国CET反拨效应研究核心期刊的参考文献引用率不仅高于国内平均水平，甚至超过国外平均水平；篇均参考数略高于国内平均水平，但离国外平均水平还有一定差距。这说明国内CET反拨效应研究者文献引用越来越规范化，吸收文献的能力较强；CET反拨效应研究正逐步走向成熟，但还需进一步发展，广泛吸收海内外先进研究成果。

表6.1　核心期刊上CET反拨效应研究论文（1995—2019）的引文指标分析

指标	文献数/篇	总参考文献数/篇	篇均参考数/篇	总引证文献数/篇	篇均引证文献数/篇	总下载数/次	篇均下载数/次	下载被引比/次
数量	48	489	10.19	2195	45.73	47400	987.5	21.59

　　评价论文质量和社会影响的另一重要指标是引证文献数量。就通常情况来说，论文被引用的次数越多，说明其在本领域的学术影响力越大，学术地位就越高。下文笔者通过分析论文的被引频次来判断其学术影响及价值。有关CET反拨效应研究的48篇核心期刊论文的引证指标分析见表6.1，总引证文献数目达2195篇，平均每篇论文的引证文献数为45.73篇，论文总下载量达47400次，平均每篇论文的下载量达987.5次。总体趋势分析见图6.5，从2010到2014年间我国CET反拨效应研究的核心期刊论文的年被引用率均超过100次，在2012、2014和2016年达到三个峰值，说明在此期间我国CET反拨效应研究逐渐进入高峰期。特别是2012年峰值最高，引证文献为126篇。2016年以后，CET反拨效应研究呈下滑趋势，可能与2018年《中国英语能力等级量表》公布和社会上盛传2020年推出与之配套的中国英语能力等级考试将取代CET有关。

　　被引数最高的文章是2000年金艳发表在《外语界》的《大学英语四、六级口语考试对教学的反拨作用》，被引数达到427次，下载2570次；她的另一篇2006年发表在《外语界》的论文《提高考试效度，改进考试后效——大学英语四、六级考试后效研究》，被引用数达181次，下载数达3464次，均名列前茅。她自1991年起从事全国大学英语四、六级考试研究与实施工作，现任全国大学英语四、六级考试委员会主任，其文章具有一定权威性且社会影响力大。下载数最高的（达到4682次）论文是蒋显菊2007年在《外语界》发表的综述文章《国内英语测试研究：十年回顾与展望》，也被引用81次。以上数据也从侧面进一步证实《外语界》是CET反拨效应研究发表的主阵地。

还有2004年唐耀彩和彭金定发表的文章《大学英语口语考试对英语学习的反拨作用》（被引数：184次，下载数：2686次）和韩宝成、戴曼纯和杨莉芳发表的《从一项调查看大学英语考试存在的问题》（被引数：183次，下载数：2593次）学术影响力大。2012年亓鲁霞的《语言测试反拨效应的近期研究与未来展望》发表在《现代外语》，下载高达3037次，被引数达到106次。这一时期我国CET反拨效应研究得到了较大发展，正趋向成熟。

6.1.3 主题分析

根据高一虹等（1999）有关研究方法的分类标准，笔者将1995—2019年我国核心期刊上涉及CET反拨效应研究的48篇论文划分为两类。实证研究以系统、有计划的材料采集和分析为特点，包括量化研究、质化研究及两者相结合的研究；非实证研究则是不以系统采集的材料为基础的研究，包括个人感想、操作描述及理论反思等（张建珍，2012）。经手工检索统计发现，非实证研究论文有28篇，占总数的58.3%；实证研究论文有20篇，占41.6%（表6.2）。实证研究数量略低于非实证研究，增长趋势缓慢。

表6.2 核心期刊上涉及CET反拨效应研究论文（1995—2019）的研究方法分析

年份	1995	1998	2000	2002	2003	2004	2005	2006	2007	2008
非实证研究/篇	1	0	0	2	1	2	1	2	2	3
实证研究/篇	0	1	1	1	0	2	0	1	0	0
年份	2009	2010	2011	2012	2013	2014	2015	2016	2018	总计
非实证研究/篇	0	3	1	2	2	2	2	1	1	28
实证研究/篇	1	3	0	2	0	3	3	2	0	20

非实证研究主要是将CET与教学实践相结合对反拨效应进行的经验性探讨，有16项，还有从不同视角对反拨效应研究成果和发展动向进行概述或总结的，有8项。在第2章概念元素研究中，曾提及反拨效应研究范围的确定也非常重要，如普遍性研究和具体性研究的观测对象就有所不同。陈晓扣（2007）从理论上对反拨效应具体性和普遍性研究做了区分，认为在大规模测试中反拨效应的普遍性研究是指测试的任何方面都会引起的反应。吕良（1995）、黄雪英（2002）、朱红梅（2004）、金艳（2006）、魏晓红（2008）、孙美娟（2015）等探讨了CET的反拨效应；郭晓梅（2005）、邹

建萍（2012）等关注CET-SET测试的影响；平文江（2010），周蔷、殷辉和张荣（2013），焦培慧和郭常红（2012）则围绕着试点网考纷纷进行了普遍性研究。也有人关注反拨效应的具体性研究，如测试的某一方面特别是题型变化引起的反拨效应。杨丽等（2008）分析了CET4每种新题型的变化和特点，并研究新题型实施对大学英语教学实践带来的反拨效应。受网考和CET-SET发展的影响，听说题型成为研究的热点（刘艳萍，2002；郭晓梅，2005；傅梦媛和魏福利，2007；高丙梁，2008；张宁娇和杜苗，2010；邹建萍，2012）。而针对其他题型的研究不多，只有蒋业梅（2010）探讨了阅读测试新题型对大学英语教材编写的反拨效应。张敏（2015）结合阅读教学实践，思辨性地探讨了CET改革后翻译题型对大学英语教学的反拨效应，从而探索正面反拨效应最大化的途径。

实证研究中针对CET或CET-SET的反拨效应普遍性研究有11项，占总数的半数以上（叶菊仙，1998；金艳，2000；韩宝成、戴曼纯、杨莉芳，2004；唐耀彩和彭金定，2004；周娉娣和薛荷仙，2006；辜向东和彭莹莹，2010；肖巍、辜向东和倪传斌，2014；辜向东、张正川和刘晓华，2014；郝伟丽等，2015；龚韶华，2015；周淑莉和肖飞，2016），还有郭遂红和李方秀（2012）关注大学英语网络考试对大学英语教师专业发展的反拨效应研究。也有研究者开始关注具体题型的变化对课堂教学产生的影响。王建生（2010）、曾绛和曾葡初（2015）针对CET新题型调整对教学的反拨效应做了实证调查。CET听力题型考查形式多变，不断推陈出新，引起了学者们的广泛关注，孔燕平和聂建中（2002）、曹勤（2009）、石小娟（2010）、杨维秀和陈洪宇（2012）、刘正喜（2014）等做了一系列具体性实证研究。田瑾（2016）则研究了写作测试的反拨效应对大学英语教学的提升作用。

6.1.4 文献作者分析

对1995—2019年发表在我国核心期刊上的48篇关于CET反拨效应研究的论文进行统计发现，辜向东个人发表论文数（发表三篇论文）居首位，占文献总数的6%；金艳发表两篇论文，占文献总数的4%，其他作者均发表一篇论文。洛特卡定律揭示了科学论文作者与所写论文篇数间的数量关系，即发表n篇论文的作者数量大约是发表一篇论文作者数的n^2，只发表一篇论文的作者数量约占所有作者数量的60%，据以往的研究数据来看，若作者分布基本符合洛特卡定律，这个学科可称之为成熟学科（谢赛和陈贺文，2016）。笔者也依据这一定律进行推断，发表三篇有关CET反拨效应研究论文的理想人数是五人，发表两篇相关论文的理想数字是11人，但根据实际统计数据，此学科领域发文作者数量的各项指标明显低于洛特卡定律的标准。可以推断出，我国反拨效应研究还不够成熟，没有达到成熟学科的作者分布状况，特别是高产作者所占比例有待提高。当然，这也可能与反拨效应研究论文的时间区间仅有25年，涉及核心期刊的论文样本数量不多有关。

在某一学科领域影响较大、成果较多的文献作者被称为核心作者，多名核心作者可构成核心作者群。分析核心作者有助于了解该学科研究的深度和广度，核心作者群则更反映了该学科发展的趋势。著名的科学史学家普赖斯曾提出，某学科领域半数以上的论文应由核心作者群发表。普赖斯定律可用来衡量各研究领域文献作者的分布情况。通过研究分析发现，在我国CET反拨效应研究领域，高产出的核心作者群还没有形成，研究队伍的整体实力还需进一步加强。为帮助我国CET反拨效应研究领域的研究者寻找合适的合作机构，早日形成核心作者群，笔者还可以通过分析论文作者所在机构的论文产出量来发现在我国CET反拨效应研究中表现卓越的科研机构，在所有的48篇论文中，上海交通大学、北京外国语大学、重庆大学和西南民族大学各发文三篇，山西大学、华南理工大学和广东第二师范学院各发文两篇，可见高校是我国CET反拨效应研究的中心和主力军，发挥着带头作用。

当今社会已进入并正经历着大科学时代，各门具体科学交纵错杂，深入社会各个方面，合作成为社会发展和科技进步的必由之路。独木不成林，大型科研任务的完成往往需要借助团队的力量，群策群力。最常见的合作表现形式之一就是论文合著。在文献计量学中，用来衡量某研究领域合作程度的常用指标主要是合作度和合著率。这两项指标数值越高，就说明该领域研究者合作程度越高，团队协作力越强。其中，合作度等于一定时期内相关论文作者总人数与论文总数之比，合著率等于一定时期内相关合著论文篇数与论文总数之比。

1995—2019年我国CET反拨效应研究的核心期刊论文共48篇，共有作者71人，合作度为1.48。作者合作的详细情况可见表6.3。独著论文共28篇，占论文总数的58.33%；合著论文共20篇，占论文总数的41.67%。合著论文中以两人合作最多，共发表论文15篇，占总数的31.25%。这表明虽然独立研究仍是当前CET反拨效应研究的主要手段，但学者合作的情况也比较突出。特别是在过去的25年间我国CET反拨效应研究的核心论文合著率为41.67%，明显高于我国社会科学领域论文的平均合著率16.7%（邓湘琳，2003），充分说明目前我国CET反拨效应研究正向合作化发展。公晓晖和赵公正（2003）对人文社会学科合作研究情况进行计量分析表明，1990—1999年国外论文作者合著率已高达57.45%。与国外合作研究情况相比，我国CET反拨效应研究的合作程度仍有一定的差距。特别是表6.3中显示三人及以上合著的论文篇数仅占总量的10.41%，在一定程度上表明目前我国CET反拨效应研究的合作规模不大，科研合作度和协作能力还有进一步提高的空间。

表6.3 核心期刊上涉及CET反拨效应研究论文（1995—2019）的作者合作情况

作者人数	篇数	所占比率/%	合著率/%	合作度
1	28	58.33		
2	15	31.25	41.67	1.48
3	4	8.33		
4	1	2.08		

6.1.5 基金资助分析

本研究还可以通过论文获得基金资助的情况，判断某一学科发展的社会地位及其科研实力。基金资助的数量、来源及级别的高低可以从侧面反映出某研究领域所受重视的程度。

1995—2019年发表在核心期刊上涉及CET反拨效应研究的论文共48篇，所得基金资助分布情况可见表6.4（受篇幅所限，只列举有基金资助的论文发表年份）。2010年前获基金资助的论文较少，2010年后不仅获基金资助的论文数增加，而且基金资助的级别也相应提高，甚至获最高级别的国家社会科学重点项目和教育部项目资助的也有10项。25年间总共有26篇文章得到各级基金的资助，基金资助论文率占54.17%，比例较高。其中获一项基金资助的有21篇，占43.74%，甚至有的论文受四项基金资助，以上都表明CET反拨效应研究日益受到重视。根据列表统计，论文总共获得34项各级基金资助（其中包括被同一项国家社科基金资助的两篇论文）。从级别来看，省厅级基金项目是资助的主要来源，涉及湖南、天津、内蒙古等13个不同省、市、自治区的20项教改或社科项目，占总数的41.67%，国家及部级基金项目也占20.83%，说明我国CET反拨效应研究者范围覆盖面广，研究区域更加多元化。

表6.4　核心期刊上涉及CET反拨效应研究论文（1995—2019）的基金资助情况

论文发表年份	获一项基金资助	获两项基金资助	获三项基金资助	获四项基金资助	国家/部级基金项目	省厅级基金项目	校级基金项目
2002	1	0	0	0	0	1	0
2004	1	0	0	0	0	1	0
2008	1	0	0	0	0	1	0
2009	1	0	0	0	0	1	0
2010	4	1	0	0	2	2	2
2011	1	0	0	0	0	1	0
2012	4	0	0	0	3	1	0
2013	1	1	0	0	1	2	0
2014	2	1	0	1	4	4	0
2015	4	0	0	0	0	4	0
2016	1	0	1	0	0	2	2
合计	21	3	1	1	10	20	4
比例/%	43.74	6.25	2.08	2.08	20.83	41.67	8.33

6.1.6 计量可视化分析小结

　　25年来我国反拨效应研究硕果累累，日趋成熟。总体趋势是前期发展缓慢，在2000年开始攀升，在2012年达到顶峰后略有回落，走向理性发展状态。目前我国反拨效应研究的热度不减，且向纵深化发展。特别是在狭义层面上针对大规模标准化语言测试进行反拨效应研究时，CET一直是研究重点。本研究运用文献计量学的方法，从不同维度描述并分析了1995—2019年发表在国内核心期刊上涉及CET反拨效应研究的文献特征。研究表明：从发文量来看，CET反拨效应研究起步于1995年，2000年后稳步发展，2012年达到研究高峰，《外语界》是其最主要的来源期刊；从引文分析来看，论文的引用量和被引率均较高，这说明CET反拨效应研究吸收文献的能力强，文献引用逐步规范化，研究趋向成熟；近年来论文获基金资助的比例较高，CET反拨效应研究有了很大发展；但与国外相比，研究合作能力仍有一定的差距，尚未成为成熟学科，也未形成高产作者群，所以CET反拨效应研究尚有较大的提升空间；从主题分析来看，实证研究比重低于非实证研究，CET反拨效应的普遍性研究占多数，而针对不同题型变化的具体性研究严重不足。

CET是我国英语界最权威的一项标准化测试。它紧随时代潮流，自推出30多年来从计分体制到试卷构成都进行了一系列重大改革，尤其是听力、阅读、写作、翻译、口语等各种题型多次修改更新，难度系数不断提高，引起了一些语言研究者的关注。目前研究主要集中于CET改革前后听说题型变化带来的影响，对翻译、阅读、写作等其他题型关注度不高，仅靠一两篇文章支撑，发展比较滞后。研究还缺乏理论支撑，内容分析不够全面，有待进一步深入挖掘。可见，从微观角度上关注CET具体题型变化带来的反拨效应（即反拨效应的具体性研究）有一定的研究价值。

6.2 理论基础

在我国的大学英语教学过程中，教学大纲是一个指导性的纲领文件，不但明确了课程定位与性质、教学目标与要求，而且还规范着课程设置与内容、课程评价与考核技能。大学英语实际教学应该贯彻落实教学大纲对课程教学的要求，利用手中的教材对学生授业解惑，实现教学目标。CET作为一门教学水平测试，应该在教学大纲的指导下，编制考试大纲，划定考试范畴，以考促学，为教学大纲的具体实施提供准确及时的反馈。Alderson和Wall早在1993年就提出语言测试对教与学可能产生的15个反拨效应的假设，涉及教学内容、方法、顺序、速度、力度、深度以及师生态度和行为等多方面。所以，CET与大学英语教学之间应该存在着反拨效应。大学英语教学大纲规范和指导着CET，CET应该"量体裁衣"检测与教学相关的内容，理想的CET应该成为课堂教学的"服务器"而不是"指挥棒"。所以，辜向东（2007）根据教学大纲、大学英语教学与CET之间的三角关系，绘制了图6.6。

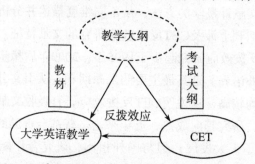

图6.6　教学大纲、大学英语教学和CET之间的关系

（资料来源：辜向东.大学英语课堂教学的特征——兼论大学英语四、六级考试对课堂教学的影响［J］.西安外国语大学学报，2007，15（4）：40-45.）

我国的大学英语教学大纲不是一成不变的，而是随着社会需求的变化不断改革、修订和完善。教育部在不同时期颁布的《大学英语教学大纲》（1986）、《大学英语教学大纲（修订本）》（1999）、《大学英语课程教学要求（试行）》（2004）、《大学英语课程教学要求》（2007）、大学英语教学指南》（2015）和《大学英语教学指南》（2017）（以下简称《指南》）体现了教学大纲的动态发展过程。特别是《大学英语教学指南》（2017）是目前新时期普通高等学校进行大学英语课程建设和开展课程评价的重要依据。①它不仅界定了大学英语课程设置的方方面面，而且提出要构建专业化的测评体系，系统采集有关教学效果及英语能力的相关信息，为课堂管理提供有效的反馈。"指南"这一新名称由教育部高等教育司确定，旨在"淡化行政的强制性色彩"（王守仁，2015），鼓励各高校发挥主动性，形成各自办学特色。但在大学英语实际教学过程中，对广大师生而言，以《指南》为代表的教学大纲仅是一个抽象的概念，很少有人关心或了解它的具体实施内容，教学大纲的精髓主要靠大学英语教材和CET考试大纲来传递。所以在图6.6中教学大纲就用虚线圈起来。大学英语教材会遵循最新出台的大学英语教学大纲编写或修订，CET考试大纲及试卷构成也会随着教学大纲中教学目标的变化而变化。师生所关心的只有同时期改革后的CET考试大纲和真题试卷构成，师生能直接触及的仅有版本各异的大学英语教材及琳琅满目的模拟试卷，它们成为教学大纲或课程标准的物化形态。本章的反拨效应具体性研究指测试的某一方面，如题型的变化对教学的影响。30年多来CET题型随着大学英语教学大纲的修订不断变革，是一个动态化发展的过程。所以，笔者假设CET题型的变化对大学英语教学也存在反拨效应，这就是本研究的问题所在。

大学英语课堂是贯彻执行教学大纲和实施教学计划的首要场所，教师和学生是课堂活动的主要参与者。陈晓扣（2007）的反拨作用研究理论提出首先要对师生进行采访或问卷调查，获取预期考试会对教学产生反拨作用的第一手材料，然后采用课堂观察方法确定课堂教学发生的变化及其程度，最后综合所有数据确定反拨效应及其产生原因。但陈晓扣仅提出理论模型并没有应用于实践，对课堂观察具体性研究的内容也没有明确说明。孙平华（2008）提出课堂教学是一个动态世界，教学目标的实现、教学过程的操作、教学内容的传授、教学活动的开展、教学过程中师生的互动与交流、教

① 本章调研时尚未公布2020版《大学英语指南》。

学效果的评价与改进、教学资源的整合与运用、教学现代化技术的应用与推广等都离不开课堂教学。所以CET反拨效应具体性研究从大学英语课堂教学具体特征的动态化变化入手，以Alderson和Wall（1993）及陈晓扣（2007）的反拨效应理论为指导，参考和借鉴有关课堂教学的研究成果（辜向东，2007；孙平华，2008），从题型改革的微观角度建构反拨效应的具体性研究框架，调研CET考试题型变化前后同一教师在课堂教学上具有的差异性和不同教师在课堂教学中的相似性。

6.3 反拨效应具体性研究框架建构

借鉴孙平华（2008）有关课堂教学的研究成果，笔者以CET题型改革为例从课堂教学的动态化特征如教学目标、教学内容、教学方法、教学技术手段和师生互动五个方面考察大学英语课堂教学的影响因素和变化的力度及深度，从而构建反拨效应具体性研究框架（图6.7）。

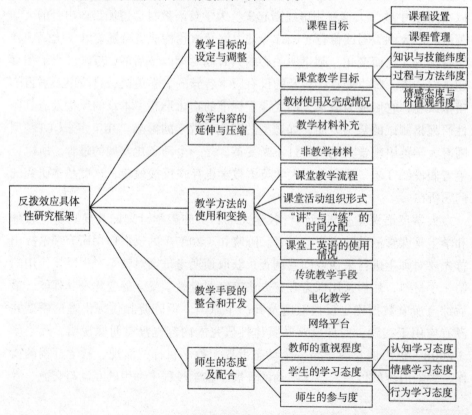

图6.7　反拨效应的具体性研究框架

6.3.1 教学目标的设定与调整

教学目标是各类教学活动的出发点和最终归宿，可分为课程目标、课堂教学目标和教育成才目标三个不同层次。其中教育成才目标是教学目标的最高层次，在此次反拨效应的具体性研究框架中暂不涉及。

当前大学英语的课程目标来自指导性纲领文件《指南》中的教学目标，根据我国社会发展的现状分为基础、提高和发展三级目标体系。考虑到我国地区和高校水平的差异性，《指南》还针对不同层次的目标体系进一步提出不同的教学要求，特别是在不同级别对各单项技能的教学要求均有具体描述。CET考试中的各种题型就是参照此课程目标和教学要求具体制定实施的。在学校教育体系中，各高校的教学主管部门会根据各自情况制定具体的教学大纲，规定课程教学的目标和内容范围，这也是划定教学内容范围的依据。我国的大学英语基础课程体系一般只包括综合英语课和视听说课两门，近来也有少数学校单独开设演讲或写作课程。翻译教学内容一般穿插在综合英语课中，即使单独开课也只会出现在高年级的拓展选修课中，选课人数、师资、教材等还受到诸多限制。随着CET新题型的改革和分值权重的变化，高校主管部门在教学指导思想上对大学英语"听、说、读、写、译"各单项技能水平的培养方案是否有了新的考量？英语各单项技能水平在大学英语课堂教学中的地位变化情况如何？是否引起了足够的重视？因此，通过考察CET题型改革后大学英语课程设置和管理情况，笔者可以了解到CET题型改革对于课程目标的反拨效应。

课堂教学目标是教学任务预期要达到的要求和结果，也是课堂教学评估的基本标尺，更是教育理念和教育目的的具体表现形式。每门具体学科的课堂教学目标包括三个维度：知识与技能、过程与方法、情感态度与价值观。大学英语课堂教学目标也是如此。知识与技能纬度包括人类生存所需的核心知识素养、英语学科基础知识、获取和处理英语信息的基本能力、创新精神和实践能力等。过程与方法纬度包括英语学习环境、英语学习体验以及各种具体的英语学习方法等。情感态度与价值观纬度包括英语学习的兴趣和态度、个人价值追求和社会价值观的和谐发展、科学价值观和人文价值观的统一等等。这三个维度是不可分割的有机整体。在大学英语课堂教学中，教师需要根据课程目标和学生自身特点来制定详尽的课堂教学目标，选择合适的教学内容，确立良好的教学效果。反拨效应具体性研究可以从这三个维度考察CET题型改革对大学英语课堂教学目标是否有影响。

6.3.2 教学内容的延伸与压缩

课程内容、教材内容和教学内容这三个词在社会生活中经常被混用，但其实它们隶属于课程研究的不同层面，既有一定的关联性，又有清晰明确的界限。课程内容范围最广，囊括了课程计划（即教学计划）、课程标准（即教学大纲）和教材。教材内容是实现教学目标的基本保证，是教学大纲的具体体现。大学英语教材一般是由教育部推荐，各高校根据本校学生特点自由选择使用的教学材料。教学内容是教师根据具体的教学目标和教学情景对教材内容进行综合加工的结果。教材是教学内容的主要载体，但不是全部。在教学实践过程中，同一种教材内容相同但可衍生出形式多样化的教学内容，这正体现出教学内容的开放性和动态化特征。教师根据教学进度的快慢或学生能力水平的差别，可能会补充丰富的教学材料，也可能对教材内容进行删减或压缩。教师将教材转化为教学内容的二次开发过程，也正是对教学内容的延伸和扩展。

反拨效应的具体性研究首先要考察大学英语教材编写是否与《指南》和CET新考试大纲的要求一一对应，教材中各单项技能训练内容的完成情况在很大程度上也表明了《指南》在教学中的贯彻落实情况。其次要考察教师在教学过程中是否会因CET新题型权重加大而与时俱进地补充相关教学材料。再次，那些以应试为目的的培训材料不属于教学范围，不应出现在大学英语课堂，但在题型改革期间CET真题和模拟题之类的非教学材料是否会大量掺杂在课堂教学材料中。因此，反拨效应的具体性研究要从以上三个方面考察CET题型变化对大学英语教学内容的影响。

6.3.3 教学方法的使用和变换

教学方法包括教师教的方法和学生学的方法两个方面，是教授方法与学习方法的统一。由于社会背景和研究角度不同，中外研究者在不同时期对"教学方法"概念的界定和分类各不相同，包括讲授法、讨论法、任务驱动法、直观演示法等多种方法。但他们都认可教学方法是教师和学生在教学过程中为实现教学目标，完成教学内容，在教学活动中所采取的一切行为方式的统称。教学方法体现了特定的教育理念和价值观，受特定教学内容的制约和具体教学组织形式的影响。所以，在当今先进教学理论的指导下，教师需要熟练把握各种教学方法的特性，综合考虑不同教学方法的构成要素，科学地选择适宜的教学方法并进行优化组合。此外，还有学生的实际情况和教师的自身能力也直接制约着他们对教学方法的选择。这就要求教师能够准确地研究分析上述特点，充分关注到学生的参与性，有针对性地选择和变换相应的教学方法。

当CET题型发生变化时，反拨效应具体性研究可以从观测大学英语课堂的教学流程、课堂活动的组织形式、"讲"与"练"的时间分配、课堂上英语的使用情况等多方面来考察英语教学方法的使用和变换的情况。

6.3.4 教学手段的整合和开发

教学手段指在教学过程中师生彼此间传递信息的工具、设备或媒体。随着科学技术的高速发展，教学手段的使用从传统走向现代化，经历了口头传述、文字记录、印刷教材、电子视听设备和多媒体网络技术五个阶段，不断向更高层次迈进。传统教学手段是与现代化教学手段相对而言的。最传统的教学手段包括一本教材、一块黑板、几支粉笔、几幅挂图等。电化教学是指在课堂配备投影仪、录音机、幻灯片、计算机等各种电化教学设备和器材，利用声、光、电等现代化科学技术，作为直观教具应用于各学科教学领域来辅助教学。在当今网络技术发展的时代，还可以利用网络教学平台的优势，拓展立体化课堂教学模式，提供更加丰富的教学资源，实现师生和生生网络互动。

传统教学手段与现代化教学手段都经过长期教学实践的打磨，从辩证的角度来看，它们各有千秋。现代化教学手段胜在海量知识的传播和智力的多方开发，而短处在于缺少品德培养和情感教育，师生之间缺乏交互活动和情感交流。即使是在最先进的在线网络平台，学生也很难直接从教师那里感受到情感、思想、审美、人格方面的熏陶，缺乏所谓的言传身教，以致师生情感疏离。现代化教学手段的过度使用还导致学生在具体操作技能和学习技巧的培养方面存在不足，同时对眼、耳的过度刺激也不利于学生的感官发育。因此，在大学英语课堂教学中对传统教学手段与现代化教学手段应该做出科学的分析、合理的应用，不可偏废其一。CET题型改变及权重的重新分配对大学英语课堂教学提出了新的要求，大学英语教学手段是否也随之产生了新的变化？传统教学手段与现代化教学手段如何整合协作实现优化配置？

6.3.5 师生的态度及配合

陈坚林（2010）认为外语教学是个系统，"除了用系统论的方法，还应以生态学视角来看待和处理外语教学中的各种问题。因此，外语教学系统实际上还是一种生态系统"。大学英语生态化教学系统就是由独特的生态主体（主要包括教师与学生）和生态环境（这里指教学环境）共同构成的一个有机整体。在这个整体中，各个教学要素之间不断地进行着物质循环、能量流动和信息传递，与内外环境保持持续的交互作用，进而维持着大学英语教学的平衡。作为一个动态变化的生态系统，大学英语课堂要在教学过程中协调教师、学生以及课堂环境三个生态因子的关系使之最优化。大学英语课堂学习不仅包括新旧知识在生态主体之间的交替与转换，还要包括中外语言文化之间的交流与碰撞，教师应当充分利用自己的学科知识和教学技能给学生带来新奇感，激发学生学习英语的兴趣和欲望，降低其消极影响（如学生焦虑不安、失败沮丧等情绪）；而学生的积极学习态度和拼搏进取精神也会极大地提高教师的教学热情。二者互相交融、互相督促才能创造良好的教学环境和学习氛围。师生之间、师生与教学环境之间、学生个体与群体之间在不断地运动、调整的过程中实现了大学英语生态化教学系统的和谐发展状态。但是CET题型改革可能会打破原有的平衡状态，反拨效应的具体性研究需要调查教师对教学的重视程度、学生对学习的态度和课堂师生配合度这三个生态因子以及它们之间的关系。学生对英语学习态度要从认知学习态度（一个人对新题型学习的观念和看法）、情感学习态度（一个人对新题型学习所持有的积极或消极的情感）和行为学习态度（指一个人对待新题型学习的真实行为目的）三方面进行考察。

6.4 个案研究：基于CET4翻译题型改革的反拨效应实证研究

翻译涉及两种不同的语言、文化之间的转化与表达，是对语言输入输出的综合运用。长期以来在英语听、说、读、写、译五种能力中，译一直排在末尾，翻译教学也属于大学英语课堂教学中最薄弱的环节。翻译能力是英语综合应用能力的具体体现，而翻译测试却是对学生英语语言基础知识和综合运用能力进行考查的重要手段之一。在我国，CET是一项最权威的英语标准化测试，自1987年推出以来为了适应社会的发展从计分体制到试卷构成历经多次变革，特别是CET的翻译题型从无到有、从英译汉到汉译英、从短句翻译再到篇章翻译，难度系数不断提高。有少数研究者关注到翻译具体题型的变化对教学产生的影响。马潇云（2012）采用调查问卷、访谈和有声思维等方法比较了CET4单句汉译英翻译和填空式翻译两种题型，发现二者的测试功能相似，但对受试成绩略有影响。雷雪梅和辜向东（2015）则从测试信度角度比较CET4中三段平行翻译题难度的一致性。

2013年12月，教育部推出CET4翻译题型最新改革方案，将原来的单句汉译英题型改为篇章翻译且分值由5分增至15分，内容主要涉及中国历史、文化、经济等多方面。此次翻译题型改革不但提高了翻译分值，延长了答题时间，而且对学生的语篇翻译技巧和对外文化交际能力有了更高要求，基本平衡了听、说、读、写、译五项技能在CET4中的权重。此次改革关系到众多考生的切身利益，也引起了更多语言研究者的关注。但研究多是结合教学实践对CET4题型变化进行经验性探讨（李丽，2014；陆仲飞，2014；李宗强和高宏，2015），鲜有利用理论研究框架来指导和支撑实证研究。

翻译测试是检测学生综合语言应用能力的有效方式之一。刚开始CET4的翻译题型难度系数比较低，学生只需要掌握基础的语法知识，背背固定短语，就很容易得分，不需要运用过多的翻译技巧。随着社会政治经济的飞速发展，尤其是"一带一路"倡议的向前推进，人们在社会交际中的英语实际应用能力备受重视。相应地，CET4对学生的翻译技巧和英语实际应用能力也提出了更高的要求。篇章翻译新题型在内容上贴近中国历史文化和现实生活，有很强的主题导向性，主观测试性强；在表达上要求译文流畅，用词贴切，难度系数上升。Shohamy（2004）在批判语言测试理论的第一条民主包容性原则中就提到语言测试"要认可多元文化社会中不同群体的知识并在测试设计和评价时囊括其中"。可见此次CET4翻译题型改革切合Shohamy批判语言测试理论的要求，紧跟国际语言测试领域的新潮流，为加强中西方文化的交流合作做出努力。

基于上文对反拨效应具体性研究的理论假设，CET题型的变化对大学英语教学也存在反拨效应。因此，本章的研究就运用反拨效应具体性研究框架，从微观角度调查此次CET4翻译题型改革对大学英语课堂教学产生的反拨效应，具体探讨问题如下：

（1）此次CET4翻译题型改革对大学英语课堂教学产生的影响是积极的还是消极的？

（2）CET4翻译题型改革对课堂教学的影响具体表现在哪些方面？

6.4.1 研究过程

笔者首先对师生进行问卷调查和访谈，获取CET翻译题型改革会对教学产生反拨效应的第一手材料。参照Alderson和 Wall（1993）提出的反拨效应假设，笔者设计了《关于大学英语四级考试翻译题型改革的学生调查问卷》

（附录3）和《关于大学英语四级考试翻译题型改革的教师调查问卷》（附录4）。两份问卷内容基本一致，主要涉及篇章翻译新题型的出现是否影响师生的教学态度、教学方法、教学内容等。问卷首先要求被调查者对第一大题中的10道陈述题做出自己的判断并予以赋值（1=很不同意，2=不同意，3=不确定，4=同意，5=非常同意），接下来第二大题是开放型多选题。选取大二学生为调查对象，因为他们即将参加12月份的CET4，与本书研究关系密切。2016年9月在曲阜师范大学2015级非英语专业大二学生中发放调查问卷230份，最后统计得到有效问卷217份，有效率高达94.3%，答题情况见表6.5。在调研过程中，2016年10月还向曲阜师范大学日照校区外语教学部18名大学英语教师发放教师问卷，他们都有丰富的大学英语课堂教学和CET备考经验。为了进一步探讨翻译题型改革对大学英语课堂教学的内容、方法、深度、态度等方面产生反拨效应的深层次原因，2016年10月至12月利用课间休息和教务座谈会还对部分学生和大学英语教师进行了结构式访谈。

表6.5　关于大学英语四级考试翻译题型改革的学生调查问卷回答情况

题号	1=很不同意	2=不同意	3=不确定	4=同意	5=非常同意
1	7	42	30	119	19
2	7	52	33	98	27
3	14	40	65	71	27
4	13	32	28	79	65
5	56	63	33	49	16
6	11	45	42	88	31
7	13	41	58	74	31
8	11	29	39	112	26
9	16	19	25	103	54
10	12	13	20	101	71

　　由于反拨效应牵涉的变量错综复杂，且各变量间易相互影响，为了能够尽可能真实地描述大学英语课堂教学过程，收集更加全面的翻译教学信息，本书还采用课堂观察法确定课堂教学发生变化的因素及其变化的力度和深度，这是课堂研究中通常采用的方法之一，属于自然调查法。笔者观摩和记

录了A和B两位教师的课堂教学情况。A教师的授课对象为英语水平一级起点的一个教学班学生，共80人。观摩时间为第三学期2016年10月和第四学期2017年4月，共16课时。B教师的授课对象是2015级英语水平二级起点的一个教学班学生，共40人，观摩时间为第三学期2016年11月，共6课时。最后综合所有研究数据确定CET翻译题型改革给大学英语课堂教学带来的反拨效应变化的具体性特征及原因。

6.4.2 结果与分析

根据之前建构的反拨效应具体性研究框架，本书从课堂教学的动态化特征如教学目标、教学内容、教学方法、教学技术手段和师生互动五个方面分析讨论CET4翻译题型改革对大学英语课堂教学带来的具体变化及变化的力度和深度。

6.4.2.1 教学目标

本书的研究将教学目标分为课程目标和课堂教学目标两个层次来分析。目前各高校大学英语课程都是参照教育指导性纲领文件《大学英语教学指南》（2017）制定适合学生个性化发展需求的课程目标。根据曲阜师范大学公共外语教学部网站上的《曲阜师范大学大学英语分级教学实施办法》，大学英语课程定位为应用技能型公共必修课，语言技能培养的侧重区别于英语专业，相关因素的顺序为读、写、听、说、译，放在最后的仍然是译。课程目标是培养合格的社会需要的应用型人才。

通过与教师座谈得知，以前大学英语必修课一直是每学期72课时，开设四学期，每学期期末考试全部合格后，总共可修得16学分。到2015年秋季学期才删减为每学期54课时，采用"2（精读）+1（听说）"模式，学生四学期共可修得12学分。具体的教学计划由公共外语教学部各组教研室主任在开学前统一制订，在开学第一课由任课教师向学生传达，有时在课程进行中也可微调。翻译题型改革对基础课程目标和教学计划影响不大，学校没有要求开设专门的CET辅导班，在教学计划中没有安排CET考前辅导，这可能与学校取消CET4成绩与学位挂钩的政策有关。但随着大学英语教学改革的发展，学校实施大学英语分级教学，针对二、三级起点的英语高水平学生开设大学英语后续课程，其中翻译属于拓展必修课。在针对全校学生开设的公共选修课中，大学英语翻译课也有一席之地，选修者甚多。可见翻译教学地位有所提升，一方面迎合了英语应用型人才培养的需要，另一方面与CET翻译题型的改革也是分不开的。访谈中很多学生都认为在CET考试中翻译部分是自己的弱项，希望通过专门的翻译课程学习来提高自己的翻译技巧和能力，为了在将来的CET考试中不拖后腿。

大学英语课堂教学目标主要从以下三个维度具体考察：知识与技能、过程与方法、情感态度与价值观，这三个维度是不可分割的有机整体。笔者根据曲阜师范大学公共外语教学部颁布的各项规章制度，进一步梳理其办学思路，明确教学目标。《大学英语教学指南》（2017）中大学英语教学目标分为基础、提高和发展三个等级，其中基础目标是针对大多数非英语专业学生的英语学习的基本需求制定的，也是曲阜师范大学要求非英语专业本科生在毕业前必须达到的一般要求。从知识与技能维度，要求学生先打好坚实的语言基础，在高中词汇量的基础上两年内再增加约2000个单词，能够基本正确地运用英语语音、语法、词汇及篇章结构等语言知识；在词典的帮助下凭借有限的翻译技巧对难度较低、结构清晰、题材熟悉的文章可进行英汉互译，译文无重大理解和语言表达错误。从过程与方法角度，要求遵循"以学生为中心"的教学理念，帮助学生掌握良好的语言学习方法，笔头和口头表达交流并重；贯彻"因材施教"的教学原则，对不同层次的学生实施分级教学；既要坚持常规教学，又要加强素质教育，不搞应试教育。在情感、态度与价值观方面，坚持社会主义办学方针，将思政教育融入教学工作的各个环节，提高学生的批判思维能力，树立正确的世界观、人生观和价值观。研究发现，CET4翻译题型的改革对大学英语课程目标和课堂教学目标的影响不大。

6.4.2.2 教学内容

教材在课堂教学中的地位举足轻重，是教师组织教学活动的主要依据，也是学生课堂学习的主要内容。通过教师访谈得知，大学英语教材都是由学校公共外语教学部领导统一指定的国家级规范教材。执教一级起点班的A老师目前在精读课上所使用的教材为外语教学与研究出版社的《新标准大学英语综合教程》（第二版）。与之前的第一版相比，教材中文章篇数删减，课后习题题型也有了一些变化。受2013年CET4翻译题型改革的影响，每单元课后练习中的短句翻译题相应地变成了紧扣单元主题的英汉段落互译。这与CET4篇章翻译新题型相接轨。B老师执教的二级起点班所用的教材是上海交通大学出版社出版的《新核心大学英语》，在改革前后教材内容无变化。在学分制改革大背景下各高校大学英语课时缩短，所以研究发现每学期各班基本完成教材内容的70%左右。但每单元末出现的汉译英篇章翻译练习题虽与课文内容不相关，因为属于每学期期末考试必考范围，师生都会认真对待、明确答案。对比之下，与课文相关的英译汉句子翻译师生却很少关注。所以教材中翻译单项技能训练内容的完成情况在很大程度上也表明了CET4改革前后教学目标在教学中的贯彻落实情况和对教学内容的反拨力度。

　　教材是课堂教学内容的主要组成部分，但不是全部。教学内容具有多元性和开放性特点，教材可以进一步扩展和压缩。教师在课堂教学中补充了大量教材之外的其他翻译材料，校内各种测试的翻译题型也涉及篇章翻译。特别是随着CET的临近，许多教师会从网络、报刊等媒体中选取真实语料对学生进行翻译技巧培训和练习。A教师在日常教学活动中会穿插一些翻译基础知识和技巧的讲解，培养学生的翻译思维。B教师注重引导学生养成写英语日记的习惯，经常通过批改网布置一些汉译英练习，主要涉及中国文化传统的篇章翻译等。但分析学生问卷第8题发现，仍有64%的学生认为自己对篇章翻译新题型的练习太少，其中52%的学生表示同意这种看法，12%的学生表示非常同意（图6.8），仅有18%的学生表示不同的意见。可见平时翻译操练不足这个问题在翻译教学中比较突出。

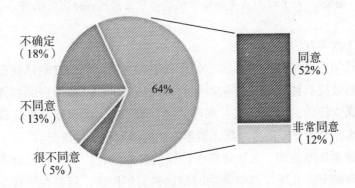

图6.8　关于篇章翻译题型练习的学生意见百分比饼状图

　　关于问卷第5题建议在期末考试中加强对翻译能力的考查，如图6.9所示有55%的学生持反对意见（包括26%很不同意和29%不同意），仅有30%的学生支持（包括23%的学生同意和7%的学生非常同意）。而几乎所有受访教师表示在期末考试中应该涵盖篇章翻译题型来提高学生的学习积极性。甚至有的教师提出不应划定范围仅考课后原题，应加大考查力度，检验学生真实的翻译水平，以期引起学生对翻译技能的重视。可学生大都采用背模拟题和应试模版的方式作为提高翻译能力的捷径，因此课堂内外都充斥着许多CET4模拟题和往年真题。这些以应试为目的的培训材料严重干扰着正常的翻译教学，却被广大学生视为"备考宝典"。由此看出学生对如何进行翻译学习缺乏系统、科学的认识。由于学生对翻译新题型的恐惧和误解，翻译题型改革对课堂教学内容产生了一定的消极反拨效应。

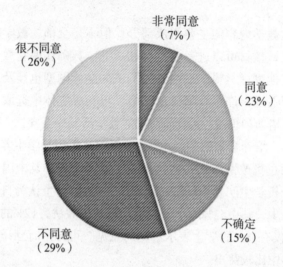

图6.9 关于增加篇章翻译考试题的学生意见百分比饼状图

6.4.2.3 教学方法

翻译教学方法是翻译课程实施的重要手段之一。当CET翻译题型发生变化时，反拨效应具体性研究应从观测教师所执教的CET备考班的翻译教学流程、翻译课堂活动的组织形式、翻译"讲"与"练"的时间分配、课堂上英语的使用情况等多方面来考察翻译教学方法的使用和变换情况。

通过课堂观摩发现，A教师使用传统的教学模式，教学重点放在文体分析和单词讲解上，几乎用整节课的时间讲解词汇用法，只是在讲评学生翻译练习时穿插翻译理论和技巧。随后访谈得知，由于一级起点的学生英语水平低，基础知识不牢靠，翻译时常出现用词不当和语法错误。A教师认为，词汇积累是语言学习的基础，是谋篇布局的基石，先学会走，才能跑，打好基础最重要。但A教师也会组织一些丰富多彩的活动来提高学生课堂参与度，吸引学生对翻译学习的兴趣，如中西传统文化展示、英文影视配音、实用翻译词汇集锦。在此次学生问卷调查中反应最强烈的是第10题，80%的学生认为自己对涉及中国文化、历史等方面的英文词汇掌握得不多（如图6.10所示，47%的学生表示同意，33%的学生表示非常同意）。

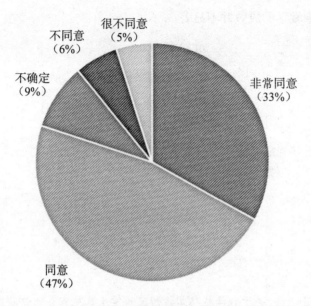

图6.10　关于翻译词汇掌握情况的学生意见百分比饼状图

　　B教师执教班级学生英语水平起点较高，教师除了讲授正常教材内容外，备考前夕会专门抽出四课时进行翻译技巧的讲解与训练。当调查教师在课堂教学中采用的翻译教学方法时，78.34%的学生都选择了讲解翻译技巧，选择讲解相关词汇和固定句型、布置课后短句翻译题和进行篇章翻译练习的学生也都超过半数。通过教师访谈，笔者了解到除了自制PPT在课堂上讲解翻译技巧外，有的教师还会与学生分享网上下载的CET4应试翻译技巧及名师指点，并借助于批改网自动在线评分系统布置翻译作业。由此可见，CET4翻译题型改革对大学英语课堂教学方法的使用和变换产生了一定的积极影响。教师已开始重视对学生进行翻译技巧和技能的训练，且在不断增加翻译教学的比重。

　　通过与学生交流还发现，他们已经意识到翻译学习的重要性以及自己在这方面的不足之处，迫切想要进一步加强训练。根据学生问卷第9题的调查结果，有72%的学生认为自己对翻译技巧掌握得不多（见图6.11，47%的学生同意和25%的学生非常同意）。但根据学生问卷调查结果，由于受多年学习习惯的影响，学生备考的主要途径还是靠死记硬背固定句型（占63.13%）和背诵各类模拟翻译题（占51.61%）。对于教师传授的翻译理论和技巧，学生并不能学以致用，只是囫囵吞枣，所以学生感觉成效不大。相比之下，许多学生更迷信不同培训中心的考前押题，认为考前多背题就一定对考试有帮助。由此可见翻译课堂教学的成效并不显著。

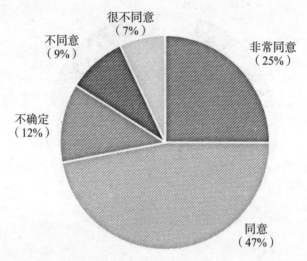

图6.11 关于翻译技巧掌握情况的学生意见百分比饼状图

　　尽管教学大纲一再强调大学英语课堂教学应以学生为中心，受访教师也接受这一理念，但在课堂教学的"讲"与"练"的时间分配上，教师"讲"的时间远远大于学生"说"和翻译练习的时间，翻译教学仍是以教师讲解为主，师生交流互动比较少。这主要是因为大学英语课时缩减和班级人数过多，用于学生口头英汉互译练习的时间十分有限。翻译练习主要在课下书面完成或在线完成，教师课上讲评只是"蜻蜓点水"，有的教师甚至只核对答案。课堂上英语的使用情况主要看学生的英语水平和接受程度。为了便于理解，大部分教师在翻译技巧讲解和练习时主要用汉语。究其原因，尽管教师已经开始关注学生在翻译技巧和语言技能等方面的训练，但受到传统教学模式的束缚和学生水平的限制，对教学方法的变换仍有顾虑，新教学方法有待尝试，可行性有待检验。目前国内外比较式、语法式、交互式、任务式、评注式、作坊式等多种不同翻译教学法并行。大学英语翻译教学应遵循外语学习规律，吸收国内外翻译学的最新研究成果。此外，非翻译方向的教师自身学术能力有限，很难对翻译教学方法有全面的了解。目前应该加强对教师翻译教学能力的培养，帮助他们根据翻译内容和特点来选择适当、有效的教学方法，将语言基础知识、文化交际能力和语言综合运用能力结合在一起，建立一个动态的翻译教学新模式。

6.4.2.4 教学技术手段

2013年CET4改革前，翻译题型是以汉译英将句子补充完整的形式进行考查，本质上更注重词汇和语法而非翻译技巧和语言应用能力，且翻译题型占总分的比重仅为5%，无法引起广大师生对翻译教学的重视。在日常课堂教学中汉译英不是大学英语课堂教学的重点，而是与词汇和语法教学混杂在一起。访谈得知，目前大学英语读写课普遍采用计算机、投影仪等多种电化教学设备和电子课件辅助教学，粉笔和黑板这类最传统教学技术手段已很少使用。学生提交书面翻译作业后，教师逐字逐句批改语法和词汇错误，统一讲解，费时费力且成效不大。

CET4翻译题型改变及权重重新分配后，翻译教学在大学英语课堂中得到了重视，对大学英语教学手段也提出了新的要求。篇章翻译新题型出题范围涵盖中国历史、文化、经济等多方面，考核重点由英语词汇和句型用法转向英语实际应用表达能力。在当今网络技术发展的时代，许多教师就利用网络教学平台的优势，将传统教学手段与现代化教学手段整合协作，优化配置，拓展出立体化课堂教学模式。通过访谈得知，教师们一方面利用网络可以搜集丰富的课外教学资源，另一方面通过批改网的汉译英题库实现师生和生生网络互动。批改网最初是一款基于云计算的智能批改英语作文在线服务系统，随着CET翻译题型的改变，汉译英题库也应运而生且越来越多地被广大师生使用，深受师生的好评，对翻译教学起了积极的促进作用。教师通过批改网布置翻译作业，学生网上在线作答，高效省力。这一在线平台不但可以代替教师给翻译文章打出合理的分数和评语，而且对文中出现的词汇、语言表达错误可以迅速批改并给予修改意见。学生可以根据建议无限次地修改自己的译文，及时发现自己的弱点和长处。被访学生认为"批改网激发了我学习英语的兴趣，对提高我的翻译水平帮助很大"。教师还可以在网络上对不妥当的系统评价进一步修改，逐一点评，并在同学之间推荐、分享优秀译文。根据系统分析，教师可以综合了解班级学生的整体情况，有的放矢地调整自己的教学计划。批改网目前已在曲阜师范大学非英语专业一、二年级大学生中普遍使用，成为翻译英语教学的有力辅助工具。可见，CET4翻译题型的改革在一定程度上推动了教学技术手段的创新。

6.4.2.5 师生的态度

对于此次CET翻译题型改革，被调查的大学英语教师大都表示支持，认为"CET4翻译题型的改革促使我更加重视翻译教学"。A教师表示"篇章翻译题型是对学生英语综合应用能力的一项有效测试，有助于提高学生的人文素养"。B教师反映"篇章翻译新题型促进了学生翻译水平的提升"。尽管在访谈中他们普遍赞同在大学英语课堂教学中应进一步增加翻译教学的比重，但并不认同翻译和听、说、读、写居于同样重要的地位，认为翻译能力是对学生更高能力水平的要求。此外，由于大多数英语教师非翻译专业出身，对于如何有针对性地提高学生的翻译能力缺乏完善的教学规划，对翻译课堂教学抱有一定的畏难情绪和规避心理。

当调查非英语专业学生对翻译学习的态度时，要从学生的认知学习态度、情感学习态度和行为学习态度多方面进行考察。与教师看法一致的是，对于学生问卷第1题64%的学生也认为"CET4翻译题型的改革促使我更加重视翻译学习"。不同之处在于，第2题中59%的学生认为翻译和听、说、读、写在英语学习中应占有同样重要的地位（图6.12）。

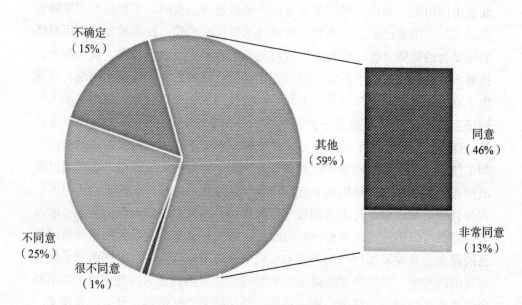

图6.12　关于翻译学习态度的学生意见百分比饼状图

究其原因，有66%的学生抱怨翻译题型和分值的调整增加了CET4的难度（图6.13），这也从另一个侧面反映出学生在翻译能力方面的欠缺。

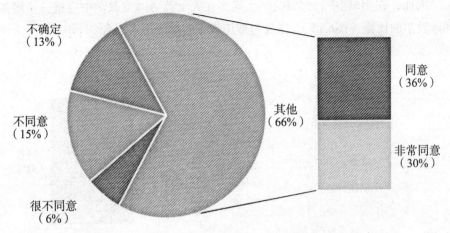

图6.13　关于翻译学习难度认知的学生意见百分比饼状图

对于学生问卷第7题，只有48%的学生认为大学英语教师平时对翻译教学非常重视（图6.14）。很多学生普遍反映在大学英语课堂教学中，听说和读写都有专门的课程设置和讲解练习，只有翻译学习无人监管，为了不在未来的CET4中拉后腿，自己迫切想在考前得到翻译这方面的指导。

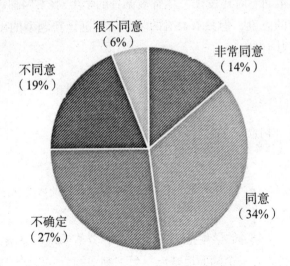

图6.14　关于教师对翻译教学重视度的学生意见百分比饼状图

因而，在第6题中，55%的学生提出在大学英语课堂教学中应进一步增加翻译教学的比重（图6.15）。这也与被访教师的想法不谋而合。

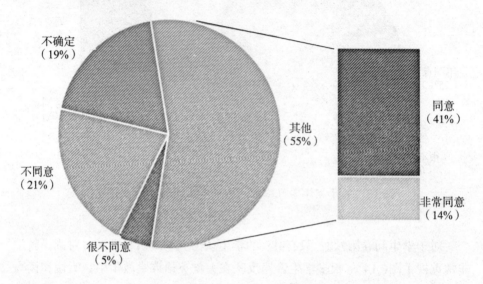

图6.15　关于增加翻译教学比重的学生意见百分比饼状图

在分析学生问卷时还发现，尽管被调查的学生对CET4翻译题型的改革大都持积极肯定的态度，但只有45%的学生认为翻译新题型的出现提高了自身的篇章翻译能力（图6.16）。

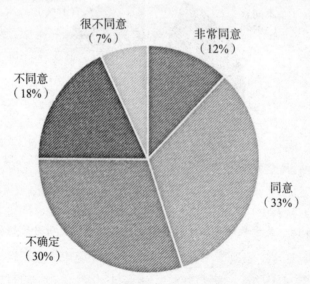

图6.16　关于翻译新题型作用的学生百分比饼状图

可见，CET4翻译题型改革引起了教师对翻译教学的重视，翻译学习的热情高涨，对大学英语课堂教学产生了一定的积极反拨效应，但反拨的效度和力度还有待加强。学生翻译能力提升之路，"路漫漫其修远兮"，仍需"上下而求索"。

6.5 小结

随着我国大学英语教学改革的推进和CET测试体系的发展完善，近年来国内反拨效应研究掀起了新高潮，大多数研究都是从宏观方面对CET进行实证调研，正如前几章笔者也从社会层面考察了CET的决策者、使用者和设计者。本章通过对核心期刊上CET反拨效应研究文献的发文数量、来源期刊、引文情况、研究主题、作者情况、基金资助情况等多方面特征进行计量可视化分析，发现CET反拨效应在研究内容和研究方法上仍有很大的提升空间，从微观层面上探索出CET反拨效应研究的新路径——CET反拨效应的具体性研究。学生是CET的最直接利益者，大学英语课堂是反拨效应研究的主要场所。本书的研究是在Alderson和Wall（1993）及陈晓扣（2007）的反拨效应理论指导下，基于大学英语课堂教学具体特征的变化，围绕课堂教学目标的设定与调整、教学内容的延伸与压缩、教学方法的使用和变换、教学技术手段的整合和开发、师生的态度及配合五方面建构反拨效应具体性研究框架。反拨效应具体性研究框架的建构拓展了反拨效应研究的范畴，在一定程度上丰富和发展反拨效应研究的理论模式，为研究其他大规模高风险考试提供了借鉴。

CET4翻译题型改革旨在加强中西方文化的交流合作，另一方面又紧跟国际语言测试领域的新潮流，遵循了Shohamy在批判语言测试理论中提出的民主包容性原则，改革的成败必须在实践中得到检验。因此，本章基于新建构的反拨效应具体性研究框架，运用问卷调查、访谈和课堂观察研究方法，从教学目标、教学内容、教学方法、教学技术手段和师生互动多方面探索2013年CET翻译题型改革对大学英语课堂教学产生的反拨效应。研究表明：CET4翻译题型改革对大学英语课程目标和课堂教学目标影响不大；各种以应试为目的培训材料充斥着大学英语课堂，给翻译教学内容带来了一定的负面影响；篇章翻译新题型对课堂教学方法的使用和变换带来了一定积极反拨效应，师生开始重视篇章语境下翻译技巧的培训和应用，但是教学效果并不理想；翻译题型改革促进了传统教学手段与现代化教学手段的有机融合，批改网等网络平台为翻译教学和训练开辟了新路径；受翻译题型改革的影响，教师和学生对翻译教学倍加关注，翻译学习的热情高涨，对大学英语课堂教学产生了积极反拨效应。此次以理论框架建构为基础的反拨效应具体性研究具有一定代表性，一方面可以为进一步改进CET4翻译题型提供数据支撑，为其他题型的反拨效应研究提供借鉴，为提升CET4的信度和效度提供重要的实证数据；另一方面，对CET反拨效应研究全方位多层次的深度剖析，使我们深刻意识到测试和课堂教学是密不可分，CET要为课堂教学服务，只有在教学大纲的指引下科学合理地设置CET题型，CET才会成为大学英语教学和改革的推动力。

第7章
CET的公平性研究

自20世纪60年代以来，托福、雅思、高考、CET等大规模、标准化的语言测试发展迅猛，在现实生活中的作用越来越突出。测试不仅对考生有直接的影响，还是政府机关、企事业单位等机构诊断、筛选和决策的重要依据之一，是调配社会资源与促进社会公平的重要手段。而公平性是每一项测试力图实现的目标，也是语言测试研究的重要课题，引起广泛关注。测试公平性包括哪些内容？测试的设计开发、实施和使用是否公平？对于测试过程中出现的偏颇问题如何及时加以纠正？谁该为此偏颇负责？如何负责？对于这些问题的探讨具有重要的理论价值和现实意义，一方面能够帮助各类测试使用者进一步理解测试公平性的内涵，提高测试公平性意识，更好地保护自己；另一方面能够促使语言测试开发者改正测试过程中可能存在的影响测试公平性的偏颇问题，不断完善测试体系。Shohamy（2004）在批判语言测试的第四条民主原则中也提到在民主社会里可以通过制定一些法律和法规来保护被测试者的权益免受权力机构的伤害。

本章回顾了语言测试界有关测试公平性的不同见解及有代表性的理论框架，并结合我国CET测试体系的特点，从测量公平性与社会公平性划分语言测试公平性检验指标，在CET测试体系实施的考前、考中和考后三个阶段从多角度考察其对公平性的落实情况，探讨各利益相关者在维护测试公平性中所需要承担的责任，致力于未来构建CET公平性质量保障体系。

7.1 测试公平性的界定

分数面前人人平等，这是人类普遍接受的社会准则。公平性既是语言测试的出发点，也是语言测试的终极目标。公平性是检验语言测试的标准，也被称为"语言测试的黄金法则"（桂诗春，2011）。尽管公平性在语言测试评估研究中是一个经久不衰的话题，但是直到近年语言测试界才真正开始系统地关注与研究测试公平性。概括而言，本章接下来主要探讨以下几个研究问题：公平性概念的本质是什么？公平性研究究竟属于测量学范畴还是社会学范畴？公平性与效度二者之间有何联系？如何区分公平性与公正性？如何检验语言测试公平性？

7.1.1 公平性研究的发展历程

根据Cole和Zieky（2001）的分析，语言测试的公平性研究经历了三个发展阶段。

第一阶段是20世纪60年代中期之前的萌芽阶段，此时大规模测试在不同群体之间已呈现出差异，但很少有学者将此与测试的公平性问题联系在一起，误认为是能力水平的差异。直到1920年，Du Bois从种族问题角度谈到自己对智力测试中组间分数差异的理解，指出黑人和白人在智力测试中的分数差异可能是由于成长环境差异和受教育机会不同造成的，不能完全归结为智力因素。这是第一次有人将智力测试中组间差异与测试的公平性问题联系在一起（童扬芬，2018）。但这种说法并不代表当时测试界的主流思想。到20世纪60年代中期越来越多的专家学者开始意识到测试的公平性问题。

第二阶段是实证研究阶段，开始于20世纪60年代末一直延续到20世纪80年代末。20世纪六七十年代，许多学者对测试的公平性，特别是题项的公平性表现出浓厚的兴趣，构建了一系列公平测试选择使用模型和题项公平性检验方法。Berk（1982）在书中写道：心理测量专家努力从客观标准的视角给测试偏颇（test bias）下定义，试图凭借严谨的检测方法侦测偏颇，并对测试的偏颇做实证研究。一系列的实证研究由此展开，并取得了丰硕的成果。其中最突出的题项公平性检验方法是差异题项功能研究（Differential Item Functioning，简称DIF），兴起于20世纪80年代中期，一直沿用至今（Holland和Wainer，1993）。

第三阶段是多元化发展阶段，以1989年《教育测量（第3版）》（Linn，1989）的出版发行为开始标志。到20世纪90年代，公平性研究成为测试领域的焦点问题（Kunnan，2000）。尽管这一阶段的特点是多元化发展，公平性与效度的关系却是研究的主流。权威专家Bachman（1990）不但在其测试学专著中专门探讨公平性问题，而且指明公平性研究将是语言测试领域的未来研究重点，将会成为此后20年语言测试的主导。除此之外，研究还涉及测试的社会后效、测试的道德准则、测试公平性面对的不同群体、测试的公平使用等问题。语言测试专家纷纷在技术和社会价值层面上探讨并检验语言测试公平性的标准。虽然测试公平性研究已历经了三个发展阶段，专家学者都认可语言测试公平性检验的重要性和必要性，但是目前研究的成果依旧十分零散，在很多问题上难以达成共识。

7.1.2 公平性的定义

公平是一个社会学名词。商务印书馆出版的《现代汉语词典（第7版）》（2018）将"公平"定义为：处理事情合情合理，不偏袒哪一方面。如果一个人承担的责任少于他本应承担的，或者得到的利益多于他应得的，这就是不公平（牛亚楠，2014）。《管子·形势解》也提到："天公平而无私，故美恶莫不覆；地公平而无私，故小大莫不载。"这就是说上天公正没有偏私，因而能让美好和邪恶的人或事物都平等地存在于苍天之下；大地公正没有偏私，因而不论形体大小都能让芸芸众生生长于大地之上。

在教育、心理测量和语言测试领域，测试的公平性是一个广泛的范畴，尚无公认的定义。由美国教育研究协会（AERA）、美国心理学协会（APA）和全美教育测量公会（NCME）制定的1985年版《教育和心理测量标准》将测试公平性解释为测试对于不同的考生群体不应存在偏颇。所谓测试偏颇（test bias）是指那些种族、性别、社会经济地位、母语背景等存在差异，隶属于不同群体的考生尽管能力相同，但受以上与测试构念无关的组别特征影响，在同一道试题上的得分不同（McNamara和Roever，2006）。假如某项测试的存在对一部分考生有利而对另一部分考生不利，这种情况下测试的公平性就应受到质疑。特别是当测试牵涉考生的数量越多，覆盖面越广时，公平性问题出现的可能性就越大。早在1996年Bachman和Palmer就分析出最有可能影响测试成绩的考生特征，包括性别、母语、年龄等个体特征以及背景、专业或文化知识、语言能力和情感因素四类，为后期研究提供了具有一定操作性的参考框架。Walters（2012）还提出公平性要避免与测试构念无关的因素影响测试设计、施测和决策的整个过程。相比之下，Xi（2010）提出的定义更全面些。他认为测试公平性是指从测试设计到测试结果使用的所有环节，所有相关的受试群体都具有可比效度（comparable validity），即所有受试群体都应得到同等待遇，与测试构念无关、测试构念代表性不足、施测行为不一致、不恰当的决策程序或测试结果的使用等这些因素，在分数评定、分数解释、基于分数做出的决策及使用后果方面不会对相关受试群体产生系统、显著的影响（李清华，2016）。综上所述，公平性首先是一个多层次问题，各自的定义规范了公平性问题囊括的不同层面。但是，这些层面更像是检验测试不公平问题或现象的准则，并不是一个真正的测试公平性定义（程家宁，2014）。其次，语言测试的公平性也是个整体性问题，贯穿于整个语言测试的始终，在测试开发、实施、评分、报道等各个环节对所有考生都要公平和公正。

公平性究竟属于测量学问题还是社会学问题？在早期的语言测试文献中，人们简单地认为观测测试结果的分数差异或题项的外观就是检验一项测试是否公平的标准。早期的公平性研究仅局限于测试偏颇的检测，仅仅从对整个测试或某道题项的心理测量学属性进行统计分析的角度进行研究，所以公平性被视为单纯的测量学问题。测试偏颇会影响对测试成绩的解释与使用，从而影响测试的公平性，但是偏颇研究仅仅是公平性研究的一部分。测试的公平性研究在进入多元化发展阶段之后，语言测试和评估的研究重点正在从技术层面向社会和政策层面转变，涵盖面更为广阔。以前的语言测试研究仅关注测试效度和信度等技术层面的问题，而现在语言测试的社会属性研究则更强调测试在整个社会领域的影响力，即从社会维度研究测试的使用、测试的作用和测试的公平性，即语言测试的社会话语（Shohamy，1998；张艳，2014）。公平性研究要考虑到所有利益相关者的政治立场及权力关系，因为测试者与受试者之间不对等的权力关系会影响测试的效度（Lynch，2001；李清华，2016）。McNamara和Roever（2006）也提出在使用心理测量学方法研究测试偏颇的同时，还要考虑到社会、政治因素驱动下的价值判断。可见，测试公平性既有技术属性，又有社会属性。基于社会属性的CET公平性研究正是在批判语言测试视阈下本章要探讨的话题。

7.1.3 公平性与效度

效度是理论和实证证据在多大程度上可以支持考试分数的解释和特定使用，是研发和评价测试的最根本要求（席小明和张春青，2020）。公平性与效度的关系一直是探讨公平性内涵的核心内容，但由于不同研究者对社会、政治等影响因素的关注程度存在差异，所以大家对公平性的理解也会存在差异，观点迥异。Xi（2010）基于对公平性的不同描述，归纳总结了体现公平性与效度之间关联性的三种不同观点，概括如图7.1所示。

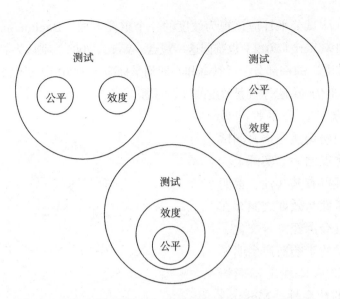

图7.1 Xi阐释的测试公平性与效度之间的三种关系

第一种观点提出的公平性作为一种测试特征是相对独立的，但偶尔会对效度产生一些含糊、不连贯的指陈。其中以美国测试实践联合委员会（Joint Committee on Testing Practice，简称JCTP）编撰的The Code of Fair Testing Practices in Education（《教育领域公平测试行为准则》）（1988，2004）和美国教育考试服务中心（Educational Testing Service，简称ETS）颁布的ETS standards for Quality and Fairess（《ETS质量和公平性标准》）（2002）为代表。为保证测试每个环节的公平性，他们明确了研发者和使用者在整个测试过程中应担负的责任，但认为与构念无关的个人特征不会对测试结果和分数的解释产生显著的影响。

第二种观点突出强调公平性是测试的首要特征，涵盖不同层面，效度仅是公平性的一个方面。其中隐含的观点是测试必须是有效的，这样才能公平。这种观点在Kunnan（2000，2004）的研究中得到了充分体现。他将测试公平性细分为效度、可行性与公正性三个组成部分，这是语言测试领域首次提出公平性研究的理论框架。他主张对于测试和测试行为除了从传统的心理测量学维度，还应从社会、道德、法律及哲学思想方面进行公平性研究。2004年，他对框架进行补充和扩展，其中在社会后果（social consequences）部分特别提到了反拨效应，强调测试对教育领域的影响。

第三种观点则是把效度视为测试的基本特征，将公平性囊括其中，与之直接联系。Willingham和Cole（1997）认为评估中所有个体和群组间都存在可比效度，测试公平性应该视为效度的一个重要方面。Bachmann和Palmer（2010）和Walters（2012）也赞同这一观点。Weir（2005）则认为测试公平性是"后果效度"的一部分。《教育和心理测量标准》（2014）虽然把公平性与效度并列，但仍强调公平性是效度的核心问题。

时至今日，公平性与效度的关系问题仍然是语言测试界探讨的焦点之一。实际上，上述三种观点有其共性，都明确指出公平性与效度之间存在关联，并且会因经济、文化、政治等因素的影响而产生明显差别，这恰恰体现出不同语境下测试的社会性。Messick（1989）提出的整体效度观将研究范围从分数的意义延伸至分数的使用、价值乃至产生

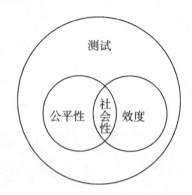

图7.2 公平性、效度和社会性的关系图
（资料来源：童扬芬，陈佑林.语言测试公平性检验框架及其应用［J］.外语教学理论与实践，2019（1）：74-82.）

的社会后果，语言测试不仅要关注测试结果的技术指标，还应重视其社会价值。效度在技术层面上呈现测试社会性的需求，公平性则在社会价值层面体现测试的成效，只有二者同时得到满足，测试才算成功。Xi（2010）认为公平性和效度有共同之处，在公平性检验操作框架中将公平性检验和效度验证交叉在一起。由此有的学者还归纳出第四种观点：公平性和效度存在着交叉重叠。童扬芬和陈佑林（2019）用图7.2更为直观地阐释了测试公平性、效度和社会性三者的关系，认为公平性和效度在某些方面是有共性的，它们重叠的部分正是共同关注的测试社会性。

笔者更认同李清华（2016）的细致划分。他认为公平性同时具有技术属性和社会属性，可分为测量公平性和社会公平性两部分，其中二者交融的部分是测量公平性，属于效度验证的一部分，由测试开发者负责，而社会公平性属于社会问题，由用户负责。总之，效度被认为是评判测试公平与否的重要标准，但并不是唯一的。因此，厘清公平性与效度之间的关系极其重要，批判语言测试视阈下CET公平性研究必须二者兼顾才能真实有效地实施测试公平性的检测。

7.1.4 测试公平性与公正性

社会公正性是由Kunnan首先倡导的。上文提到Kunnan早在2000年就提出测试的公平性应包括效度、可行性和公正性三部分，其中公正性是公平性的一部分。Kunnan将公正分解为社会平等和法律挑战，强调语言测试所具有的社会属性，即测试必须能促进社会的公平进步。如果受试者觉得他们在测试中受到了歧视，可以诉诸法律。Kane（2010）借鉴了司法程序中对公平公正的分类，将测试公平性分为程序性的公平和实质性的公平两类，肯定了社会公平性在语言测试中的受重视程度。随后，McNamara和Ryan（2011）对测试的公平性和公正性做了进一步明确的区分。他们认为："公平性表明测试的技术质量，属于心理测量学范畴，要保证受试个体或群体体验完全相同的测试程序，要保证测试材料和测试过程能充分体现测试构念，公正性则是测试结果使用、测试构念中隐含的价值观、社会政治意识形态对社会的影响。"一方面，测试公平性应涵盖解释和使用测试结果的"证据基础"，可回答以下问题：用来支持基于受试者行为所做出评判的理论和实验证据有哪些？在特定环境中这种解释和评判是公平有效、有意义的吗？另一方面，公正性与特定的社会环境有关，牵涉"后果基础"，回应接下来的问题：如何根据社会和文化价值对测试构念或分数的解释进行合理设定？测试结果的使用会给教育系统乃至整个社会带来什么样的影响？（李清华，2016）这一阐释对测试公平性和公正性的研究侧重点进行了明确界定，对下一步进行公平性验证具有指引作用。

基于以上观点汇总，学者们基本上认同测试的公平性包括两部分，即测试自身的公平性和测试使用的公正性。前者着眼于内在技术质量层面，探讨测试效度范畴下的公平性。此层面研究者甚多，因为Messick（1989）的效度理论发展比较成熟且广泛适用于测试公平性研究。杨惠中（2015）也指出，只有率先做到测量公平，才能真正保障考试的社会公正；保证测量公平，就是要保证考试的科学性，也就是要做到有效测试。后者主要指测试结果的使用要体现社会公正，然而这一外在要求并没有引起语言测试界的同等关注。最近20年国内外才开始重视测试使用的社会公正性问题，这方面研究还处于初始阶段。所以这次CET的公平性研究即包含技术层面上CET受试群体享有平等测试机会的构念公平性，也包含在社会价值层面上关注CET的影响力，即公正性。由于政治、经济和文化等影响因素的不同，公平性的内涵会发生变化，所以更多的关注会落在CET的社会公正性上。

7.2 国外测试公平性理论框架

尽管测试公平性是经久不衰的话题，但是直到近些年语言测试界才真正开始关注测试公平性的理论框架构建并开展相关的实证研究。接下来介绍几个有代表性的测试公平性理论框架。

Williangham最早提出了公平性框架，其核心是可比性。他强调受试个体之间或群体之间要具有可比较的公平性，并且贯穿在测试的开发、实施、评分和解读的整个过程中（童扬芬，2018）。他还强调测试材料的选择对于命题来说尤为重要，测试材料一定要与构念紧密结合，避免使用专业术语。此框架下的公平性要求受试在应试过程中有相对公平的机会接受测试任务，展示自身的知识和技能，并获得相对公平、有可比性的分数解释。但考虑到在现实中还存在很多无法比较、无法衡量的差异，研究就存在一些漏洞，所以很少有人使用此框架。Song（2014）曾对此框架进行修订应用，并验证了我国研究生入学英语考试的公平性。研究发现：总体上，对于研究生入学英语考试的整体公平性和选拔的公正性，行政管理人员、教师和考生这三类利益相关者评价很高，然而在一些具体项目的调查中三者看法不同。另外，研究还发现由于研究生入学英语考试的特殊性，性别和学术背景上的偏颇会影响考试的公平性。可见修订后的"可比性"公平性框架还是具有一定的可操作性。

在语言测试的公平性研究方面，Kunnan的成果尤为丰硕。他借鉴了社会公正理论（Jense，1980）和 *Code of Fair Testing Practices in Education*（《教育领域公平测试行为行为准则》）（JCTP，1988）的理论研究成果，在2000年创建了包括效度、可行性和公正性的测试公平性理论框架。效度关注测试分数的解释对于不同受试群体是否有相同的构念。如果测试包含与构念不相符的内容，如内容偏颇、形式偏颇、言语使用不当、对一些受试群体不利的因素等，由此可判定这项测试的结果不公平。他还提到用于偏差分析的DIF方法。可行性关注的是考试费用、考点设置、个人因素、受教育机会、考试设施等对受试群体是否公平。公正重在考试结果的使用是否面临社会平等和法律方面的挑战。三个部分贯穿测试开发的各个阶段。Kunnan的框架历经修改，他参考了《教育和心理测量标准》（AERA，1999），在2004年提出一个更为完整、全面的公平性定义框架，包括效度、可行性、施考条件、无偏颇和社会后果五部分（Kunnan，2004）。效度是从内容效度、构念效度、标准效度和信度方面综合考量。可行性与之前框架相比在内容上没有太大改动。施考条件包含物理环境和同一性，指应该向受试者提供适宜的考场条件，考试的所有考点都应按照考试手册或指南要求统一施考。无偏颇是指测试中应避免出现冒犯性的内容或语言，不因为受试者背景而进行不公平的处罚，并且考试结果不能对不同受试者产生不同的影响，标准制定要一致。社会后果包括反拨效应和补救措施两个方面：反拨效应重视测试对教学及应试策略的影响；补救措施指受试者如果受到歧视，认为分数有误，可以申请重新评估或援助。总而言之，此测试公平性框架希望消除测试造成的不利影响，推进社会公平。后来Kunnan（2005）认识到还应考虑操作时所处的社会环境因素对语言测试公平性产生的影响，提出影响测试的社会环境框架包括政治与经济环境，教育、社会与文化环境，基础设施与科学技术环境，法律与伦理环境。测试社会环境框架从以上四方面背景考察测试对社会的利弊，是对测试公平性框架的有益补充。Kunnan（2000，2001，2005）建立的一系列理论框架开拓了测试公平性的研究视野，但也有不少研究者提出质疑。Bachman（2005）指出，框架的各组成部分非常重要，但缺乏系统的机制将其连贯起来为测试公平性提供实证依据。Xi（2010）认为Kunnan的框架更适用于理论探讨，操作性不强，不利于实践运用，未能对测试的公平性进行具体的操作指导和评估。因此，她除了梳理目前测试公平性与效度的三种关系之外，还建议将测试的公平性也纳入效度检验的范畴。她以TOEFL iBT为实证案例进行公平性验证，在测试开发和使用过程中提出公平性框架的六步走方针。

还有Walters（2012）提出的"形式模型"将公平性检验分成微观分析和宏观分析两个层次。二者界定明确，微观分析以Xi（2010）的框架实践为例采用科学量化方法对测试公平性进行技术应用检测。与此相反，宏观分析采用质性研究的方法从社会视角对公平性的社会价值进行判断，以Kunnan（2009）的测试公平框架和Shohamy（2001）的批判性语言测试为代表。由此可见公平性理论框架的建构有无限发展的空间，有待进一步深化。

7.3 国内测试公平性检验的前期研究

测试的公平性研究非常有意义，国外许多学者和机构在此方面做了深入探索。中国被称为考试的故乡，如何将公平性理论框架用于指导CET等国内大规模语言测试来行之有效地开展公平性检验实践活动呢？近年来国内的语言测试学者也对此展开了探索性研究。

范劲松（2014）基于已有的国外语言测试公平性理论框架，结合我国大规模语言测试的特点，提出中国语境下语言测试公平性研究的基本模型（图7.3）。

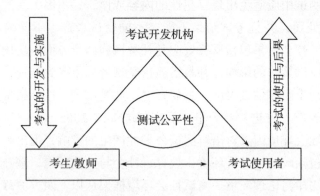

图7.3 语言测试公平性研究的基本模型

（资料来源：范劲松.语言测试的公平性研究：概念、理论与责任［J］.外语测试与教学，2014（2）：11-19.）

他提出测试的公平性贯穿于考试的开发、实施和使用的各个环节，只有考试的开发机构、师生以及考试使用者三组利益相关群体在考试过程中形成良性的互动，才能确保考试的公平性。因为考试开发机构、师生和考试使用者之间互动，一方面可以明确考生和考试使用者在目标语境下对语言能力需求；另一方面可以增加师生对考试的了解，帮助考试使用者选择适用的语言测试并对考试结果做出准确的解释，有效地监督和约束考试开发机构的行为。他还以图表的形式清晰地列举了这三组利益相关群体在考试的不同阶段维护测试公平性时各自应该承担的责任。但这只是一个理论模型，并没有详细阐述在中国语境下应以什么方式对测试公平性进行具体验证。

李清华（2016）归纳总结了国外学者对公平性的界定，厘清了公平性与效度、公平性与公正性的关系，在Bachman和Palmer（2010）的"语言测评使用论证理论"的基础上构建了语言测试公平性检验框架（图7.4），明确了公平性检验的研究问题和具体步骤，更利于操作。

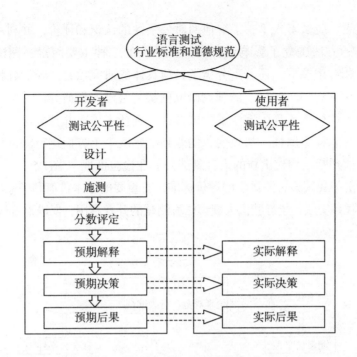

图7.4　语言测试公平性的检验框架

（资料来源：李清华.语言测试的公平性检验框架［J］.现代外语，2016，39
（4）：549-560.）

　　李清华认同语言测试的公平性检验应该贯穿整个测试过程，测试开发者和使用者在不同的环节分工合作，各负其责。但他强调公平性检验要在语言测试行业标准和职业道德规范的指导下进行。左侧矩形图中的测试开发者负责检验测量公平性，分六个环节。右侧矩形图中的测试使用者负责检验社会公平性，分三个环节，它们各自权责明确。其中两侧的"预期解释"与"实际解释"、"预期决策"与"实际决策"、"预期后果"与"实际后果"之间用虚线箭头连接在一起。当测试开发者所"预期"的解释、决策和后果与使用者对测试分数的"实际"解释、决策和后果保持一致时，就意味着"测量公平性"得以实现，"社会公平性"得到保证，公平性检验顺利完成。但在现实世界中，开发者"预期"与使用者"实际"行为往往不相符，公平性问题就会产生，社会公平性就会引起测试使用者的关注。这一框架对测试检测流程中各环节的实际操作具有很强的指导意义，但是该框架没有提及最重要的利益相关者——应试者在公平性检测中应承担的具体责任。

　　在我国大规模高风险的语言测试，参与人数众多，测试的结果往往与应试者的直接利益和发展前途密切相关。童扬芬（2018）从测试最重要的利益相关者——应试者入手，了解他们对公平性的认识和评价，并利用探索性因子分析的方法确立了影响语言测试公平性的三种主要因素：测试设计、试卷质量和考生差异，还着重分析了11项具体的研究项目。最后她将范劲松（2014）和李清华（2016）的理论研究框架与自己实证研究的结果相结合，在测试公平性检验流程中增添了应试者这一责任主体，并充分考虑到公平性的技术属性和社会属性，从效度、偏差和敏感度三个方面进行测量技术检验和人工价值判断，构建出新的语言测试公平性检验框架（图7.5）。这进一步完善和丰富了我国语言测试学的评价标准，有重要的学术价值和借鉴作用；也可以理论联系实践，指导我国大规模语言测试的开发利用，促进语言教学。

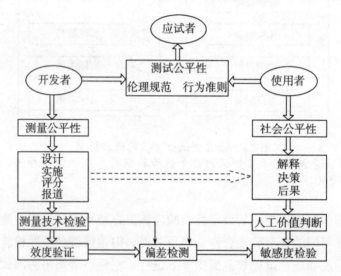

图7.5　语言测试检验框架

（资料来源：童扬芬. 语言测试公平性研究：理念构建与检测应用［D］. 武汉：华中师范大学博士论文，2018.）

　　在实证研究方面，童扬芬（2018）还以H省2015年高考英语试卷为例进行试题公平性验证分析，对我国其他大规模语言测试的公平性研究具有很好的指导作用，但没涉及社会公平性调研。罗娟和肖云南（2018）从测量公平性与社会公平性两个维度对分省命题的三套高考英语试卷进行公平性检验。徐雯（2019）则探讨考试的公平性如何最大限度地落实到上海英语高考的考试设计、命题、施考、阅卷评分等各个环节。同样是大规模标准化的语言测试，迄今为止却很少有人对CET的公平性开展研究。

7.4 CET公平性检验的研究

公平性是一个永恒的话题，而测试公平性是一个非常复杂的概念，离不开具体的语言环境，必须将其置于特定的社会、政治、文化环境中进行深入细致的研究。我国人口众多，各地区经济发展极不均衡，各高校教育水平也不一致。CET作为有中国特色的大规模高风险语言测试，考生群体复杂，其他语境下建立的测试公平性理论并不一定完全适用于我国国情。于是本书研究需要基于已构建的国内外测试公平性理论和框架，制定符合我国国情的CET语言测试公平性检验指标。

根据语言测试理论，公平性检验应该贯穿整个测试过程的始终。因此，本研究分析了CET测试体系在考前、考中和考后三个阶段经历的各个环节，从测量公平性与社会公平性两个维度入手制定语言测试公平性检验指标，对考试设计的合理性、命题的均衡性、施考的标准化、阅卷评分的科学性、考试信息的透明度、分数解释的可比性、使用后效的公正性多方面展开探讨。

7.4.1 考试设计的合理性

考试设计由研发者负责，是整个测试流程的起跑线，也是彰显测试公平性的起点。考试设计主要包括确立考试目标、选择考试对象、编写考试大纲等环节，都要以可操作性为前提。

目前CET考试大纲的最新版本是2016年由全国大学四、六级考试委员会编著的《全国大学英语四、六级考试大纲》（修订版），文中第一页就明确声明："CET考试对象是修完大学英语相应阶段课程的在校大学生。考试目的是参照《大学英语教学指南》（教育部高等学校大学外语教学指导委员会2015年制定）设定的教学目标对我国大学生的英语综合运用能力进行科学的测量，同时也为用人单位了解我国大学生英语水平提供参照依据。"（全国大学英语四、六级考试委员会，2016）可见CET考试目标相当明确，要体现大学英语课程对学生英语能力的要求，即面向教学，又服务于社会。

然而笔者调查了部分高校公布的2020年上半年CET4报名通知，发现针对在校本科生的报名资格各高校有不同规定。复旦大学规定本科在读生都可报名，但仅允许初次申请和以往考试未达到425分合格标准的报名，有效地制止了"刷分"现象。江南大学规定所有本科生都可报名，但受疫情影响，人数有限。上海交通大学规定大一学生第二学期方可首次报名CET4。上海外国语大学规定2017级、2018级本科学生可报名，但已获得CET4笔试成绩425分以上不可再重复报考。首都经济贸易大学受疫情影响直接提出不组织考试。中国海洋大学规定2016—2018级在校本科生可报名，鱼山校区考场容量报满后允许报考崂山校区，还提供免费班车。山东大学则组织了7月和9月两次考试，7月份考试主要针对毕业生和四年制大三学生、五年制大四学生，其他年级学生原则上报考9月份考试。青岛大学也组织了7月和9月两次考试，但2019级在校生不得报考；并特别强调若此次缺考，下半年会被限制报考；最为特别的是，明文规定2020年上半年允许同时报考CET4与CET6，同时允许考生通过后重考"刷分"，这是与其他高校区别最大之处。表面上看，根据考试大纲规定，CET应试者的身份定位比较明确，考试资格的设定也科学合理，在校大学生必须在修完大学英语的相应课程之后才能参加。一般来说，非英语专业大学生应该在大二下学期大学英语课程全部结束之后才能报考CET4，然而随着大学英语教学改革的实施，许多高校调整了大学英语课程设置和课时，并且基于自身的特殊情况各高校针对CET4设置了不同的报名资格限制。对广大应试者来说，从报名的起始就无法做到完全公平。尽管所有本科生都可以参加CET4，但报名时间、考试次数、考生层次考场情况的限制都会影响成绩单的分数，甚至决定着未来找工作时的门槛高低。"刷分"情况也需要正确引导。

CET考试大纲是在教育部监管之下由考试中心指定的考试管理部门制定，具有相对的权威性。考试大纲面向社会颁布和公开发售，体现了考试设计的公平公正。CET考试大纲相对比较稳定，但在考试内容和题型等方面也做了多次调整，体现了与时俱进。2016版最新考试大纲结构清晰，包括考试系列介绍、样卷和词表三大部分；体系完整，涵盖了四级笔试和口试、六级笔试和口试不同系列。大纲对考核的各项语言技能及要求、考试形式及过程、试卷构成、主观题评分标准、分数解释及成绩报道等做了详细介绍，便于理解和执行。CET词表也增添新词汇，勇于推陈出新。附录的样卷为考生了解试题难度提供了宝贵的参考价值。

7.4.2 命题的均衡性

整个命题过程可细分为制定命题细则—命题培训—命题—初审—预测—数据分析—再审—成卷—校对—终审—制卷11个环节，耗时一年。在整个实施过程中，命题细则要经过反复修正，所有命题员都必须参加培训并被要求执行严格的保密制度，签订保密协议，不得泄露与命题相关信息。每一道客观题都要进行严格预测和数据分析。期间还会邀请语言测试专家对所有素材和试题再三进行审查，从科学性、政治性和公平性角度加以修订。在每次正式考前，还会在上海交通大学选取一部分已正式报名的考生进行四、六级考试对比考（题型只有听力和阅读），采用科学的方法对预测结果进行统计分析。

　　为了考察学生的英语综合应用能力，CET考试大纲对听、说、读、写、译五项基本技能都提出了具体的考核要求并在成绩报告单上一一展示成绩。为了保证试题的质量，CET考试大纲具体规定了不同题型考察的能力目标、所需时间、题目数量等，还对同一题型文本的长度、难度、体裁范围做了详细的说明，使之具有可比性。CET笔试试题结构囊括了听力理解、阅读理解、写作和翻译等不同题型。在1998年时CET曾经有一种题型，要求把阅读理解中的英语难句翻译成汉语，后来考虑到许多少数民族考生很难用地道的汉语把英文句子表达出来，此题型对他们来说存在不公平性，在2000年就被取消了。

　　以目前的CET4笔试为例（表7.1），第一部分是写作，要求考生在30分钟内根据规定的题目和提示（形式可能为提纲、图表、图画等）写出一篇不少于120字的英语短文，来考核考生用英语对话题和情景进行书面表达的能力。第二部分是听力理解，由短篇新闻、长对话和听力篇章三部分构成，考核考生运用英语语言特征和听力策略获取口头信息的能力，约用时25分钟。录音材料用标准的英式或美式英语朗读，语速为每分钟120~140词。每段录音材料只放一遍，采用单选题型考察，每题后有15秒的答题时间。第三部分是阅读理解，考核考生运用英语语言特征和阅读策略获取书面信息的能力，题量最多，用时最长为40分钟。第四部分翻译要求考生运用翻译技巧和语言知识在30分钟内将意思完整的汉语段落翻译成英语。

表7.1　CET4笔试试题结构表

试卷结构	测试内容	测试题型	题目数量	分值比例/%	考试时间/分钟
写作	写作	短文写作	1	15	30
听力理解	短篇新闻	选择题	7	7	25
	长对话	选择题	8	8	
	听力篇章	选择题	10	20	

试卷结构	测试内容	测试题型	题目数量	分值比例/%	考试时间/分钟
阅读理解	词汇理解	选词填空	10	5	40
	长篇阅读	匹配题	10	10	
	仔细阅读	选择题	10	20	
翻译	汉译英短文	段落翻译	1	15	30

为了考核考生就熟悉话题用英语进行口头表达与交流的能力，考试委员会还开发了大学英语四级口语考试（CET-SET4），修订了大学英语六级口语考试（CET-SET6），并且逐渐取消以往口语考试的报名资格限制，大大提升了口语考试的公平性。以四级口语考试为例（表7.2），全部采用计算机化考试，考生由计算机系统随机编排成组，要求在约15分钟内完成四个口语任务，人工评分和计算机自动评分相结合再折合成等级成绩。

表7.2　CET-SET4试题结构表

口试构成	测试项目	考试时间/分钟	准备时间/秒	答题时间
热身	自我介绍	1	—	20秒/人
任务1	短文朗读	2	45	60秒/人
任务2	简短回答	1	—	20秒/人
任务3	个人陈述	2	45	60秒/人
任务4	双人互动	4	60	3分钟互动

从CET整体结构来看，试题布局规范合理，测试方式选用恰当。一方面，各部分具体内容安排比较科学，主客观题型搭配合理，题目数量充足，时间和分值比例也比较均衡，这充分体现了CET测试体系的客观公正。另一方面，试题结构细目表可以将考试大纲的抽象要求具体化，使命题工作更有针对性、规范性和实用性，保证考查内容覆盖面较宽，不出现偏差。

试卷的难易程度是评价试卷质量的基本指标。计算每道题的难度可以用答对的人数除以总人数（$P=R/N$），然后把所有题目的难度加起来，再除以总题数，就是整个试卷的难度。难度值P在0到1之间，数值越大则难度越低。当$P>0.8$时，意味着试卷太容易；当$P<0.2$时，意味着试卷太难；当P为0.5到0.7

时，难度比较合适。试题过难或过易都会影响试题的信度和区分度。一份试卷应由难度不同的试题按一定比例构成。2013年12月CET考试委员会工作人员曾对CET4的本科院校进行分层随机抽样调查，选取样本有3427名学生，试题总体难度分布合理，CET整卷难度值为0.63（表7.3）。试卷的内部相关性也很高（表7.4），说明试题分布与考生水平基本匹配，可以凭借试卷对考生能力水平做出较精确的估计，从这些分析中可以体现出CET的试卷质量有保证。

表7.3　CET4的试题难度调查表（2013年12月数据）

题型	满分	均值	标准差	平均难度
听力理解	35	20.22	7.19	0.58
阅读理解	35	24.94	7.05	0.71
翻译和写作	30	17.68	4.75	0.59
整卷	100	62.84	16.98	0.63

表7.4　CET4的试卷内部相关性调查表（2013年12月数据）

题型	听力理解	阅读理解	翻译和写作	整卷
听力理解	1	0.72	0.67	0.91
阅读理解	—	1	0.67	0.91
翻译和写作	—	—	1	0.84
整卷	—	—	—	1

接下来笔者以2020年7月CET4真题为例来分析试卷内容的均衡性。此次受疫情影响，参加考试的高校及考生人数有限，试题资料不够全面，主要以新东方网上搜集的素材为主。写作部分要求写一篇120~180词的议论文，话题围绕着考生们在日常生活中常用的翻译软件，此次科技话题属于社会热点，贴近生活，难度适中。听力理解部分的三篇新闻选自国外原版材料，保证了原汁原味，话题广泛，分别是自然灾害类（苏格兰降雪）、环境保护类（罗马尼亚湿地）和社会生活类（补办的毕业典礼），涉及少量专业术语，考察题目为主旨题和细节题。两篇长对话均为常见的工作话题，一篇男女主人公讨论各自对办公地点的喜好，另一篇讨论女主人公离职的原因，都是细节考察题，难度不大，贴近学生未来工作生活实践。听力篇章虽然体裁多样，但都

是细节题：第一篇是说明文，介绍独处及减轻孤独感的方法；第二篇是较长篇幅的记叙文，回顾工作经历及感悟；第三篇是议论文，谈论看电视超过三小时可使老年人记忆力下降。阅读理解中的选词填空选自2019年3月9日一篇科普类新闻报道，讲了女性在学术领域与过去相比的进步与不足，考查考生对大纲词汇及语法结构知识的掌握，难度适中。仔细阅读介绍了梦境的现实作用，也选自2013年的一篇科普文。翻译的内容围绕中国文化，介绍了中国的传统美食——火锅。可见，CET选择的素材健康向上，既符合国家法律法规，涵盖人文、社会、自然科学等领域，又弘扬中国文化，与考生的生活和经验相联系。此次试卷内容既紧扣大纲，覆盖学科的基础知识和核心技能，又满足公平性要求，包括记叙文、议论文、说明文等不同文体，试卷内容比较均衡。

7.4.3 施考的标准化

CET规模大、风险高、影响范围广，广受社会关注。我国各地区经济发展极不平衡，为了确保CET笔试及口试的考场设施不会对不同地区的考生造成偏颇，遍布全国各高校的CET考点都大力推行标准化考场建设。如山东省各考点要求考场整洁，每个考场考生人数不超过30名，每名考生前后左右座位间距不得低于80厘米，每个考场还安排经过集体培训的两名监考员，无关人员不得在考试期间入内。为了加大查处力度，各考点还装设了手机屏蔽仪、隐形耳机探测器等设备，在入场时对考生及全部监考人员进行安检，防止违规携带作弊通信工具，预防作弊行为。试卷抵达各考点时已被完全分类密封，全程由专人护送，严格保密。对有考试违纪、作弊行为的考生和考试工作人员会参照《国家教育考试违规处理办法》（2012）和其他校规严肃处理，做到有法可依，违法必究。

为了预防考场作弊现象，CET一开始在同一考场内靠改变前后位考生的答题卡的答题顺序来实现"一题多卷"。后来，为了有效地预防高科技手段的群体性作弊现象，CET从2012年12月22日开始实行"多题多卷"模式，即在同一考场内采用内容不同的试题组成多套试卷实施考试，如2016年6月的CET4共有12套难度等值相当的试卷。考试结束后，可通过扫描条形码来识别不同试卷类型。多套试卷之间的难度差异对考生成绩产生的影响将通过试卷之间的等值计算来处理，因而考生的成绩不会因所答试卷的难度差异而受影响。

为了保证所有大学生都平等地享有参与考试的权利，各级考试承办机构还为残疾考生提供必要条件和合理便利。《全国大学英语四、六级考试考务管理规则》规定：听力残疾的全日制普通高等院校、成人高等院校本科、专科、研究生在校生，可以通过所在院校报名参加大学英语四、六级考试。500赫兹、1000赫兹、2000赫兹、4000赫兹的纯音听力检测结果为每侧耳的平均听力损失都等于或大于40分贝的考生，凭地市级以上医院（含地市级）出具的听力检测证明（报告），可以免听力测试。听力免试生的成绩可按照公式换算：考生的分数（成绩）=考生笔试项目分数（成绩）×1.3。依据山东省教育招生考试院2018年6月印制的《CET考务工作手册》，各考点为视力残疾考生提供盲文试卷或大字号试卷且适当延长时间；为听力残疾考生申请免考或携带助听设备；允许行动不便的残疾考生使用助行器等。《中国教育报》2018年6月20日报道：2018年6月16日江苏省首次有九名来自南京特殊教育师范学院的视障大学生参加英语四级考试，其中包括五名盲生和四名低视力生，南京特殊教育师范学院专门为视障考生设置了独立考场，安排熟悉盲文的监考人员便于解决考试内容之外的相关问题。这种人性化的安排，维护了残疾考生的合法权利，保证了所有受试群体之间具有可比较的公平性，充分体现了CET的社会公平性。

7.4.4 阅卷评分的科学性

近年来CET笔试报名人数众多，每次考生都超过千万。全年两次考试的总评卷量为4000万份（金艳等，2021）。评卷任务繁重，如何控制阅卷的质量、保证评分的公平性呢？每份试卷由客观题和主观题组成，客观题由机器负责评分，主观题一直采用人工评分，是关注的重点。自2006年1月起，主观题也由传统的纸笔评分转为网上阅卷。主观题目前主要包括作文和翻译部分，满分都是15分，分为五个档次，采用分档次给出总体印象分的评分方式，关注点为内容相关度、语言质量和语篇连贯性。目前CET考试委员会在全国共设立13个阅卷点，每次有近4500名大学英语教师参与不同的评卷工作，为保证评分公平公正，特别是对一评采用数据监控的模式。如山东阅卷点于2008年开始在山东大学中心校区设置，每次CET刚结束，山东省考试中心就会从全省各高校选拔优秀教师作为阅卷员，利用寒暑假参与全封闭阅卷。主观题的阅卷流程包括：CET考试委员会参考不同档次描述，确定试题的阅卷细则；CET考试委员会通过小规模抽样，选择不同档次的评分样卷作为阅卷员的培训材料；各阅卷点点长对大组长进行培训，大组长对阅卷员进行培训，逐级负责；阅卷人员考核通过后开始对网上扫描的试题正式评分；各级组长负责对阅卷质量进行严格监控，根据阅卷系统提供的数据（包括相关系数、平均分、标准差、评卷速度等）跟踪所有阅卷人员的阅卷情况。若有偏差，各级组长及时与阅卷员沟通调整。

信度和效度是所有测试都无法回避的基本问题，也是监控测试质量的重要指标。测试缺乏信度必然会造成混乱，测试效度不佳也会出现曲解。没有信度的测试不可能有效度。为了确保评分的信度，同一评分者对同一道题在不同时间打出的分数应该是一致的，不同的评分者对同一道题的评阅结果也应该是一致的。检验信度就要对测试评分进行实证研究，用两个数之间的比例关系来表示相关系数，系数越大代表信度越高，一般认为系数在0.7以上信度为好。王跃武（2004）早在2002年7月就针对CET写作题的评分信度开展了实证研究，结果表明阅卷员对20篇共同卷进行网上评分的平均相关系数为0.84，阅卷员在不同时段进行网上评分的平均相关系数为0.87。还有许多学者通过调查证明网上评分的信度和效率均高于传统纸笔评分（王跃武、朱正才、杨惠中，2006；黄燕，2007；张森、于朋，2010）。何莲珍和张洁（2008）曾调查了某考点的一次CET-SET的考生成绩（涉及529名考生和18名考官），并采用多层面Rasch模型对这次考试的信度进行了研究。研究发现：虽然考官的严厉程度、任务难度、评分标准和量表等因素可能产生一定的测量误差，但仍在可接受的范围内，考试的各个层面达到了预期目的；最后的报道成绩综合考虑了考试其他层面的影响，两名考官给出原始分数加权后取平均值得到的等级成绩，能够有效地区分不同能力水平的考生。

效度是测试的核心问题，即在多大程度上测试了设计者想要测试的内容。它表明测试与测试目标的相关度，包括内容效度、标准效度、构卷效度和表面效度。许多研究者也针对大规模标准化语言测试的效度展开相应的实证检验。早在20世纪90年代，CET考试委员会和英国文化委员会合作，通过内容分析、问卷调查、师生访谈、对比考试、考试数据分析、考试与外部效标的关联等研究方法展开为期三年的CET效度研究，这标志着我国语言测试效度研究进入了数据驱动的实证研究阶段（杨惠中和Weir，1998）。辜向东、李志芳和张书奎（2009）发现CET4快速阅读部分的内容效度较高，但需要注意体裁多样化。余志谋（2018）则对2006—2016年CET阅读理解题型的内容效度从语篇情况、题目设计与分布以及学生阅读速度三方面展开历时分析，结果表明：总体上阅读理解符合当前大学英语课程标准与考试大纲的相关要求，且试题质量稳步提升，具有较高的内容效度，但在材料长度和体裁上仍需改进。邹绍艳和范劲松（2019）采用混合研究方法调查阅卷员对CET4中作文整体评分量表的看法，从而论证该量表的效度。研究表明：评分量表在清晰度和可操作性方面令人满意，但在描述语完整性、反馈信息有效性以及评分培训辅助性这三方面仍有较大的提升空间。

在口语考试方面，CET-SET在1999年开始实施，起初采用面试方式，两位考官现场打分，效率不高，规模也不大，每年仅有10万考生参与。自2013年实施机考，考生规模不断扩大，到2019年有近百万考生，人工评分的工作量显著增加。为此，从2015年开始考试委员会与科大讯飞公司合作开发大学英语四、六级口语考试自动评分系统。金艳等人（2020）采用基于论证的评分效度验证框架，聚焦评估、概化和解释推论，对2019年5月两套CET-SET4答卷共36288份样本进行人机评分的对比分析，并且请专家对各等级考生的典型口语特征进行描述，论证该自动评分系统的效度，以便进一步使用和推广。研究发现：人机评分的相关性和等级一致性较高；机评更高效且对把握语言准确性及内容的相关性和丰富度比较敏感，但在区分语篇连贯性、策略等方面能力相对弱。2019年10月23日在上海召开的全国大学英语四、六级考试委员会全体会议上，大家一致认为，人工智能技术有助于提高评卷质量，应进一步加强研究、逐步推广。目前CET测试体系仍以人工评分为主，机器自动评分仅作为辅助手段。但随着自动评分效度论证的全面展开，未来CET-SET的发展必将走上计算机智能评分之路。

7.4.5 考试信息的透明度

为了使所有利益相关者都及时充分地了解CET测试体系改革的相关内容，教育部考试中心和CET考试委员会千方百计地开通多种渠道来扩大信息的公开程度，避免因信息不对称而影响考试的公平性。

一方面，在每一次大规模CET改革之前，教育部都会召开新闻发布会，向全社会介绍CET考试构念、试卷结构的调整及最终改革方案。教育部还会发布红头文件督促各省、市、自治区相关机构严格贯彻执行改革方案，保障考试的顺利进行。CET考试委员会通过出版不断更新的考试大纲和样卷，具体说明知识内容的考查范围和评分标准，方便师生随时查阅，掌握可靠信息。CET考试委员会还设置了全国大学英语四、六级考试网站（http://cet.neea.edu.cn）发布考试须知、报名流程等各种公告，设有专门的客服电话：010-62987880。

另一方面，各考点会在考试前通过听力试音及口语模拟测试系统，检测CET测试体系的软硬件环境以及帮助考生熟悉听说测试的考试流程。如曲阜师范大学日照校区考点听力测试采用室内有线广播为主，无线广播为辅。在考试前一天会提前通知考生在考区进行无线广播英语听力试音，以便帮助考生及时发现信号接收不良的情况。CET-SET采用机考的形式，受软硬件的限制许多考生备考经验不足，对考试流程了解途径有限，所以中国教育考试网CET官网公开展示了考试流程视频。在曲阜师范大学日照校区考点报名参加CET-SET的考生可在考试前一天预约到机房参加模拟口语测试，提前熟悉考试环境。

CET测试体系的注册、报名、缴费或补办成绩证明等各项工作都是考生在网上自行完成，保证了信息的透明、安全。考试成绩查询入口一般在考后开通，考生可登录中国教育考试网（http://cet.neea.edu.cn/cet）或中国高等教育学生信息网（http://www.chsi.com.cn/cet）自行查询成绩和打印证明。若对成绩有异议，考生还可以向全国大学英语四、六级考试委员会办公室提出分数核查申请。

7.4.6 分数解释的可比性

测试公平性的另一维度是社会公平性，要求在特定社会语境下，测试对所有考生都一视同仁，不存在有利或不利于某受试群体或个体的情况。在这里笔者将社会公平性从对测试分数进行合理解释和基于解释做出正确决策两方面加以分析。测试不但赋予考生充分展示自身知识和技能的机会，还要体现考生个体或群体之间的差异。可比性是公平性的重要特征。测试分数的解释要具有可比性，无法对比、无法衡量的差异是没有意义的。

因为目前CET采用多题多卷模式，所以很多考生担心抽到试题的难度差异会影响自己的成绩。其实不同组合试卷之间的难度差异对考生的影响首先会通过试卷之间的等值计算来进行处理。不管是2004年之前实施的百分制，还是计分体制改革后的710分制，CET考试结束后，考生在成绩报告单上看到的分数并不是自己的原始卷面分，而是常模分。CET是一个"标准关联的常模参照测验"。根据CET官网对分数的解释，CET4的常模群体选自全国16所高校的约30000名非英语专业的考生；CET6常模群体选自全国五所重点大学的约5000名非英语专业的考生（李桂梅和张晋军，2014）。每次考试等值后的卷面分数再参照常模转换为报道分数。每位考生可根据自己的报道总分和单项分在常模百分位对照表中找到相应的位置，明确成绩的高低。如某考生CET4报道总分是510分，从常模百分位对照表中可以查到他在常模群体中的相应百分位是55%，代表这名考生的成绩优于常模群体中55%的人。这种分数解释的方式具有可比性，对考生不存在偏颇，体现了测试的公平性。

CET测试体系的应试者是修完大学英语相应阶段课程的在校大学生，所以CET的测试结果首先应用于教育教学领域，给所有考生提供了平等参与竞争的机会。根据教育部规定，2005年后的CET不设及格线，只能报道测试的结果。除了考生可在网上查询到个人成绩之外，每次考试结束后考委会还会向各高校、省市教育主管部门及教育部反馈考试数据。考委会向各高校报告各年级考生的均值与标准差以及各分数段比例，同时提供全国不同类型高校和考生的参考数据用以横向或纵向比较。考委会不鼓励各种排名竞争，但向各省市提供本省及省内各高校的考试数据。考委会最后还向教育部提供评价报告，用各地区、各省市乃至全国的考试相关数据进行CET的影响因素分析。这些丰富的考试信息能够及时反映我国大学生英语学习的动态变化，揭示大学英语教学工作的优势与不足，为各级教育部门和教育机构提供决策依据，为大学英语教学改革指明正确的方向。

7.4.7 使用后效的公正性

与传统的测试效度研究相比，语言测试界当前更重视测试结果的使用，即在一定的社会语境下基于分数解释做出决策带来的后果。基于测试后效的公平性论证强调把测试的结果纳入一定的教育、文化、政治、经济环境中进行考察，并以此为基础考察测试是否公正。测试结果的使用涉及的社会层面较广，包括政府机关、高等教育机构、社会用人单位、考生、教师等利益相关群体。

本书前几章曾列举了不同时期CET测试体系对教育教学产生反拨效应的研究实例，许多教育部领导、专家、学者都高度赞扬CET测试体系实施30多年来对改善我国大学英语教学质量和提高非英语专业大学生的英语应用能力做出的巨大贡献，对教育体系产生的积极正面的反拨效应，但他们也指出高校等教育机构对CET成绩的过度使用（如与毕业、升学、各类评比评优等挂钩），有时其会脱离考试设计的初衷，干扰正常的教学秩序，带来负面影响。以考为中心的应试教育现状会剥夺考生正常受教育的权利，造成教育不公平。

有中国特色的CET测试体系是我国最有影响力的大规模标准化英语考试，传播和融合了中西方文化，提升了人才培养质量，为我国社会经济发展输送了大批有英语特长的应用型人才，对维护社会稳定发挥着重要作用。但随着社会的飞速发展，CET成绩的使用范围常被无限制扩大，用于企业招聘、升职加薪、积分落户等，人才选拔功能被扭曲，社会分层弊端凸显，也招致了不少批评。虽然后来CET取消了分数线，但英语的社会权重愈大、功利性愈强，对利益相关者的影响愈深，就无法实现真正的社会公平、公正。社会上对CET成绩的过分关注，强调其在政治、经济、教育及日常生活中的门槛作用，但英语强势地位凸显的同时，对汉语在我国的主导地位也产生了一定的冲击。我们应该全面、客观地看待CET测试体系的社会功能，增强母语学习意识，正确处理母语与外语、本国文化与外来文化的关系，探索母语学习与大学英语课程的平衡机制。

7.5 小结

公平性研究是语言测试领域一个无法回避的话题。本章在考前、考中和考后三个阶段对考试设计、命题、施考、阅卷评分、信息公开、分数解释、成绩使用等CET测试体系的各个环节进行分析探讨，发现公平性检验已经成为语言测试不可忽视的重要内容，对教育公平和社会稳定发挥着重要作用。但CET这项有中国特色的大规模标准化测试仍然存在个别不公平现象，需要及时发现潜在的偏颇问题并加以纠正，从而不断提升其测量公平性和社会公平性。

保障测试公平性标准的贯彻执行，离不开一套严格的公平性监督和质量保障体系。立足于我国国情，借鉴国外成功的经验，未来可以从立法保障、标准统一和素质提升三方面探索有中国特色的CET公平性质量保障体系。在国家层面上，要做到有法可依，依法治考。我国是考试大国，在全国范围内统一组织的考试高达200多种，但到目前为止，还没有出台专门的考试法，也没有从立法层面对测试公平性进行约束和规范。尽管教育部原部长周济在2006年国务院新闻发布会上表示未来五年中国计划制定《考试法》，推进教育立法，早在2009年教育部就起草过考试法草案并提交国务院审议，但立法工作没有推进下去。教育部下发了很多文件，管理部门公布了考试大纲、考务和考场管理手册等用于指导和规范CET测试体系，但在维护测试公平方面的权威性和约束力明显不足，需要尽快出台国家考试法，依靠国家法律的力量对CET测试体系的公平性予以保障和明确。在理论层面，涉及CET测试体系的文件和管理手册从内容和功能上对具体测试行为进行规范，但它们往往只关注命题、评分或考务等测试的某一个环节，忽视各环节之间的连贯性和一致性，不利于资源优化配置。在未来的CET公平性研究中，要制定更加完善统一的公平性检测标准并对具体准则进行细分，对处在不同环节的利益相关者的权利和义务进行明确界定，进一步提高我国语言测试的专业化水平。在实践层面，要逐步建立和加强CET测试体系开发者、研究者和应用者之间的联系，对他们定期进行有针对性的培训，不断提升他们的语言测试素养，使测试的各利益相关群体在测试的各环节形成良性互动，才能在真正意义上确保测试的公平性，实现语言测试服务语言教学的目的。

第8章

CET未来发展趋势

近年来，社会舆论中有关CET改革甚至存废之争的议论不断。未来，究竟该如何进行英语能力等级评价，值得关注。CET测试体系从1987年开始实施，至今已走过34年的历程。在此期间，从各高校开始对其高度重视，甚至与毕业升学挂钩，到目前已不再是刚性要求，这个考察我国非英语专业大学生英语能力的全国性考试，确实走到了一个十字路口。

CET测试体系是为了"适应我国高等教育发展的新形势，深化教学改革，提高教学质量，满足新时期国家对人才培养的需要"（教育部高等教育司，2007）而研发。客观地讲，CET测试体系在准确地测评我国在校大学生的英语综合应用能力方面曾经起到了积极作用，是测试为学生服务、为教学服务的有益尝试。教育部高等学校大学外语教学指导委员会于2019年3月对全国672所高校大学英语教学负责人开展的大规模问卷调查的数据表明，各高校大学英语能力考试的主要方式仍采用CET（占86%）和校本考试（占85%）（金艳，2020）。至今大学生在毕业、升学、求职时，CET证书或成绩单还是许多用人单位规定的基本考核条件，成为社会英语人才评价的重要参考。不过CET发展也遭遇了瓶颈期，考试内容和形式的僵化影响了大学生对英语学习的更高要求，阻碍了其思辨发展能力，朝着"本位主义"蔓延的趋势加重。尽管CET是大规模标准化测试，但无法与高考英语有机衔接，无法与雅思、托福等国内外同类英语考试进行同级衡量，这也是社会舆论呼吁CET改革的重要原因之一。对此，不断有专家建议把CET尽快纳入社会水平考试的范畴，更有激进者甚至高呼取消英语考试。教育部、国家语言文字工作委员会组织专家团队精心研制的《中国英语能力等级量表》（简称《量表》）自2018年6月1日正式实施，这是面向中国英语学习者的首个英语能力测评标准，将学习者的英语能力从低到高划分为基础、提高、熟练三个阶段，共设九个等级（刘建达，2019）。基于《中国英语能力等级量表》的国家英语能力等级考试也将出台，不少地方的全国英语等级考试被叫停。就此，CET的存废再次被推上风口浪尖。

而针对外界有关国家英语能力等级考试将取代CET的猜测，2019年12月记者采访了教育部考试中心外语测评处吴莎处长和国家外语能力测评首席专家刘建达教授。吴莎处长首先高度赞扬了长期以来CET对推动我国大学英语教学的重要作用，但也提出外语教育发展的新时期，CET需要参照和融入新的测评标准，进一步改革和发展。至于是否会用新的国家英语能力等级考试替代CET，刘建达教授回应媒体记者称，国家英语能力等级考试的整体设计和各个级别考试的开发正在进行，目前五、六两个级别的考试（也就是与CET对应的）样卷、标杆卷的开发工作已经完成，考试说明的撰写和论证工作都已基本完成，专家学者们正在建设相关考试的试题库且已经进行了大量的试测工作，具体出台的日期还要等待审批（姚晓丹，2019）。中国英语能力等级考试是否将取代CET有待进一步调研和论证。

由于CET的改革会参照《量表》的理念，而国家英语能力等级考试是基于《量表》进行开发设计，两个考试可能会有许多共同之处，可能在一段时间会并行，也可能在适当的时候会进行合并。二者也有典型的区别，即涉及考生的范围不同。CET目前只针对在校大学生，将其完全推向社会化还需要进一步改革完善。国家英语能力等级考试目的是测试考生的英语能力水平，不会特别针对某个阶段的在校生，国内外的所有英语学习者和使用者随时随地都可以自愿报名参加。基于《量表》建立的国家英语能力等级考试，不是针对现有的某个测试进行简单调整或彻底改革，而是在国家统一英语能力标准的基础上，梳理和整合包括CET在内的所有英语测试，从而提升测试的功能性、科学性和系统性，促进各级各类英语测试的学习成果沟通互认。所以，《量表》可以为CET制定新的评分标准、研发和设计新试题、评判是否实现考试目标、合理地报告和解释成绩等提供统一标准。《量表》与CET的未来发展趋势接轨可以使CET更加公正、公平，以满足学生评价、升学、就业等多样化需求。

此外，CET研发人员还需要不断探索新技术的应用以适应教育模式的新转变。在信息技术飞速发展的新时代，人工智能技术应用范畴远远超出人们的想象。特别是2020年新冠疫情暴发以来，在线授课或线上线下混合课程已成为教学的新常态，语言测试也纷纷由传统的纸笔考试转向在线，一些大规模语言测试已经开启了随时随地在线考试的测试新模式。因此，CET测试体系应该紧跟时代的步伐，加强技术革新，利用人工智能技术采集和分析语言样本，进一步开发自动评分系统，提供更细致、个性化的考生评价反馈信息，不断提高CET测试体系的信度和效度，推动其向着更加公平、公正的方向发展。

本书基于Shohamy提出的批判语言测试理论的五项民主原则，对CET测试体系在社会和政治语境中的引入目的、使用情况及产生的社会影响进行了充分阐释，旨在批判语言测试理论的指导下把握CET社会功能的演变，从不同层面调研CET反拨效应的现状与不足，考量批判理论社会研究范式下CET的权力渗透、社会责任以及公平性等社会问题，进一步探索CET反拨效应的社会监管和控制机制。基于民主原则的CET社会功能变迁研究，在社会语境下探究CET的教育、文化、政治、经济功能的变迁，审视它对教育和社会的影响；基于权力共享民主原则的利益相关者研究，深入挖掘不同群体在CET测试体系的利益关系及利益诉求，旨在充分发挥他们的积极主动性和协同合作能力；研究CET核心利益相关者的权力渗透过程，可以更好地监督CET作为权力工具的使用情况；CET篇章翻译新题型的引入体现了批判语言测试的包容性民主原则，在测试设计和评价时对多元文化社会中不同群体的知识予以充分重视并加以具体性研究拓展了反拨效应在微观层面上的新思路；根据语言测试公平性检验指标，在考前、考中和考后全过程考察CET测试体系对公平性的落实情况，贯彻了批判语言测试的公平性民主原则，致力于未来构建CET公平性质量保障体系，保护被测试者的权利免受损害。

此次批判语言测试理论下的CET反拨效应研究取得了丰硕的成果，但也有一些不足之处。一方面，本书的研究是语言测试学与社会学的跨学科交叉研究，还涉及政治学、经济学、心理学等多个学科，研究者必须具备相应的知识储备及融会贯通这些知识的能力。研究采用批判语言测试理论的新视角，没有现成的理论框架可以借鉴，研究方法需要自己探索，研究的广度和深度受到一定的影响。另一方面，本书的研究将CET反拨效应研究引入更广阔的社会语境中，涉及复杂的教学及社会系统，需要调研社会的不同层面，如教育主管部门、学校、用人单位、师生等对CET的看法。社会背景的复杂性和2020年新冠疫情的爆发为大规模调研带来了极大的困难，加之调研结果的效度和信度也受到一定的考验。

2020年10月18日，由教育部高等学校大学外语教学指导委员会和高等教育出版社联合主办的《大学英语教学指南（2020版）》发布会在北京隆重举行，会上正式发布了最新的《大学英语教学指南（2020版）》，与会专家从多个方面进行内容的深入解读，并由教育部全国高校教师网络培训中心提供技术支持面向全国高校大学外语教师进行线上直播。根据《大学英语教学指南（2020版）》，大学英语评价与测试的总体目标是推动大学英语课程的改革和发展，不断提高大学英语教学质量和大学英语能力（金艳，2020）。为了早日达成目标，大学英语测试研究者就应与时俱进，提高测评素养，学习和运用先进的技术，不断探索新形势下的评价模式，监督评价的实施过程。

未来CET反拨效应的研究将会呈现以下趋势。

第一，CET反拨效应研究主体不仅局限于教师和学生，还会扩展到语言测试的决策者、设计者、实施者、使用者等社会上的其他利益相关者，从多方面解释CET反拨效应的成因。

第二，随着反拨效应理论的不断发展，未来CET的反拨效应研究更加细化、具体化，在微观层面上关注CET利益相关者的心理变化历程、CET反拨效应各变量之间的内在关联性及运行机制规范合理性等。

第三，随着跨学科综合研究的发展，CET反拨效应的研究视角更加宽广。由于社会现象包罗万象，错综复杂，从单一学科角度进行科学研究往往不够全面、存在一定的缺陷，所以CET反拨效应研究不能只局限在应用语言学领域，未来势必会扩展到认知心理学、系统功能学、伦理学等其他学科领域。

第四，CET反拨效应研究的方法和手段将更具多样性和科学性（叶春莉和张鑫婕，2020）。随着科学技术的进步，新的数字化、智能化技术将不断推动语言测试体系的完善及应用软件的研发，反拨效应研究也需要不断引进新的研究方法和技术手段。除了常见的课堂观察、访谈和问卷调查，CET反拨效应研究也可以尝试探索实验法、文本分析法、个案研究法、民族志、灰色系统预测法、扎根理论等不同研究方法以及系统聚类分析、相关分析、结构方程建模等新的统计手段。同时，研究水平的提升也能促进反拨效应研究向纵深发展，使研究结果更加科学可靠。

参考文献

［1］布迪厄. 文化资本与社会炼金术［M］. 包亚明，译. 上海：上海人民出版社，1997.

［2］蔡基刚. 大学英语教学：回顾、反思和研究［M］. 上海：上海复旦大学出版社，2006.

［3］蔡基刚. CET的重新定位研究［J］. 外语电化教学，2011（3）：3-10.

［4］蔡基刚. 大学英语考级成绩贬值的反思［N］. 文汇报，2014-12-11.

［5］蔡基刚. 或停摆或改变：四六级考试已成"鸡肋"［N］. 中国青年报，2017-08-07.

［6］蔡基刚. 大学英语四、六级可转向社会化水平考试［N］. 中国青年报，2019-01-07.

［7］陈烽. 大学英语四级考试对于大学英语教学的反拨效应研究［J］. 中国英语教学，2007，30（1）：19-29.

［8］陈坚林. 计算机网络与外语课程的整合—— 一项基于大学英语教学改革的研究［M］. 上海：上海外语教育出版社，2010.

［9］陈建林. 语言测试社会属性研究综述［J］. 外语测试与教学，2014（2）：1-10，19.

［10］陈建林.《语言测试社会学》评介［J］. 外语测试与教学，2016（2）：60-64.

［11］陈靖怡. 英语四、六级考试的负面后效性——难以超越的社会权重［J］. 成都大学学报（教育科学版），2008（1）：41-43.

［12］陈晓扣. 论语言测试的反拨作用［J］. 解放军外国语学院学报，2007，30（3）：40-44.

［13］陈颖.《通过语言测试带动语言教学的改革：反拨效应研究》述评［J］. 现代外语，2009（1）：102-104.

［14］陈振明. 政策科学［M］. 北京：中国人民大学出版社，1998.

［15］程继隆. 社会学大辞典［M］. 北京：中国人事出版社，1995.

［16］程家宁. 语言测试公平性新观——基于对语言测试公平性定义的回顾［J］. 外语教育，2014：36-42.

［17］《大学英语教学大纲》修订工作组. 大学英语教学大纲（高等学校理工科本科用）［M］. 上海：上海外语教育出版社，1985.

［18］《大学英语教学大纲》修订工作组. 大学英语教学大纲（高等学校文理科本科用）［M］. 上海：上海外语教育出版社，1986.

［19］《大学英语教学大纲》修订工作组. 大学英语教学大纲［M］. 上海：上海外语教育出版社，1999.

［20］大学英语四、六级标准考试设计组. 大学英语四级考试大纲及样题（增订本）［M］. 上海：上海外语教育出版社，1994.

［21］大学英语四、六级标准考试设计组. 大学英语六级考试大纲及样题（增订本）［M］. 上海：上海外语教育出版社，1994.

［22］戴曼纯，肖云南. 现代语言测试发展：理论与问题［J］. 湖南大学学报，1999（3）：32-35，42.

［23］邓湘琳. 1996—2001年《现代图书情报技术》载文及作者统计分析［J］. 现代图书情报技术，2003，98（1）：28-30.

［24］董曼霞. 语言测试反拨效应研究［J］. 现代外语，2019，35（3）：141-147.

［25］范姣莲，陈华. 大学英语四六级网考改革的应用与研究［J］. 中国电化教育，2013（10）：120-124.

［26］范劲松，俞理明. 上海市中级口译资格证书考试（第二部分）对大学生英语学习的反拨效应研究［J］. 中国英语教学，2009，32（1）：88-97.

［27］范劲松，金艳. 语言测试标准研究：回顾、反思和启迪［J］. 外语界，2010，136（1）：84-93.

［28］范劲松. 语言测试的公平性研究：概念、理论与责任［J］. 外语测试与教学，2014（2）：11-19.

［29］冯玉柱. 全国大学英语四、六级考试七年之回顾［J］. 外语界，1994，4（56）：39-44，56.

［30］弗里曼. 战略管理：利益相关者方法［M］. 王彦华，梁豪，译. 上海：上海译文出版社，2006：44.

［31］高等学校大学外语教学指导委员会. 大学英语教学指南（2017版）［M］. 上海：上海外语教育出版社，2017.

［32］高等学校大学外语教学指导委员会. 大学英语教学指南（2020版）［M］. 北京：高等教育出版社，2020.

［33］高一虹，李莉春，吕珺. 中西应用语言学研究方法发展趋势［J］.

外语教学与研究，1999，118（2）：8-16.

［34］高远.外语教学改革要科学论证和放开搞活［J］.外语教学与研究，2003（3）：222-223.

［35］公晓晖，赵公正.人文社会学科合作研究的数量分析［J］.辽宁工程技术大学学报（社会科学版），2003（1）：110-112.

［36］辜向东，关晓仙.CET阅读测试与大学英语阅读材料易读度抽样研究［J］.西安外国语学院学报，2003，11（3）：39-42.

［37］辜向东.大学英语四、六级对中国大学英语教学的反拨效应实证研究［J］.重庆大学学报，2007，13（4）：119-125.

［38］辜向东.大学英语课堂教学的特征——兼论大学英语四、六级考试对课堂教学的影响［J］.西安外国语大学学报，2007，15（4）：40-45.

［39］辜向东.正面的还是负面的?——大学英语四六级考试对我国大学英语教学的反拨效应实证研究［M］.重庆：重庆大学出版社，2007.

［40］辜向东，彭康洲.从测试有用性到测试使用论证：Bachman语言测试理论的新发展［J］.中国外语，2008，5（6）：37-41，46.

［41］辜向东，李志芳，张书奎.大学英语四级考试快速阅读部分内容效度研究［J］.西南民族大学学报（人文社科版），2009（1）：258-263.

［42］辜向东，杨志强.CET二十年写作试题分析与研究［J］.外语与外语教学，2009（1）：21-26.

［43］辜向东，李亚果.改革后CET听力测试语篇输入与预期回答任务特征分析［J］.西安外国语大学学报，2010，18（4）：71-74，79.

［44］辜向东，彭莹莹.大学英语教师对CET及其反拨效应认识的历时研究［J］.外语与外语教学，2010（6）：37-41，56.

［45］辜向东，李亚果.CET听力测试语篇输入和预期回答任务特征历时分析（1996—2007）［J］.外语测试与教学，2012（3）：17-26.

［46］辜向东，杨志强，刘晓华.CET对大学英语课堂教学的反拨效应历时研究——重访三位大学英语教师的课堂［J］.外语测试与教学，2013（1）：18-29，63.

［47］辜向东，肖巍.CET对我国非英语专业大学生考试策略使用的反拨效应研究［J］.外语测试与教学，2013（1）：30-38.

［48］辜向东，张正川，刘晓华.改革后的CET对学生课外英语学习过程的反拨效应实证研究——基于学生的学习日志［J］.解放军外国语学院学报，2014，37（5）：32-39.

［49］辜向东. 大学英语四、六级考试反拨效应历时研究［M］. 成都：四川大学出版社，2014.

［50］辜向东，郑宇静. 语言测试的社会属性：《语言评测季刊》十年名家访谈录解析及启示［J］. 中国外语，2015，12（1）：67-74.

［51］辜向东，杨志强，黄妍琪. 改革后的CET对大学英语课堂教学的反拨效应——大学英语教学课堂与CET培训课堂的对比［J］. 外语与翻译，2015（1）：78-86.

［52］辜向东，孟磊. 剑桥英语百年测了什么？——《构念评测：剑桥英语测试百年史》述评［J］. 外语测试与教学，2015（4）：59-64.

［53］辜向东. 从语言测试到语言评测——"第37届语言测试研究学术研讨会"综述［J］. 大学外语教学研究，2016（1）：1.

［54］辜向东. 六级、雅思、托福考试效度对比研究概述［J］. 外语与翻译，2020（3）：1.

［55］辜向东. 六级、雅思、托福口语考试形式与题型对考官和考生会话特征的影响［J］. 外语与翻译，2020（3）：2-7.

［56］顾明远. 教育大辞典［M］. 上海：上海教育出版社，1998.

［57］桂诗春. 认知与语言测试［J］. 基础教育外语教学研究，2003，34（12）：10-13.

［58］桂诗春. 语言测试的黄金法则［J］. 外语测试与教学，2011（1）：6-8.

［59］韩宝成. 语言测试的新进展：基于任务的语言测试［J］. 外语教学与研究，2003，35（5）：352-358.

［60］韩宝成，戴曼纯，杨莉芳. 从一项调查看大学英语考试存在的问题［J］. 外语与外语教学，2004（2）：17-23.

［61］韩宝成. 结构方程模型及其在语言测试中的应用［J］. 现代外语，2006，29（1）：78-86.

［62］韩宝成，罗凯洲. 语言测试效度及其验证模式的嬗变［J］. 外语教学与研究，2013（3）：411-425.

［63］何莲珍，张洁. 多层面Rasch模型下大学英语四、六级考试口语考试（CET-SET）信度研究［J］. 现代外语，2008，31（4）：388-398.

［64］何莲珍，李航. 语言测试的主要研究范式及其发展趋势［J］. 浙江大学学报（人文社会科学版），2011，41（1）：132-139.

［65］何莲珍，吕洲洋. 语言测试研究的新视角：批判语言测试［J］. 浙

江大学学报（人文社会科学版），2013，43（6）：164-173.

［66］何莲珍，张慧玉.“中国英语能力等级量表”的语言经济学分析
［J］.外语教学与研究，2017，49（5）：743-753.

［67］何莲珍.语言考试与语言标准对接的效度验证框架［J］.现代外
语，2019，42（5）：660-671.

［68］何莲珍，张娟.中国语言测试之源与流［J］.浙江大学学报（人文
社会科学版），2019（6）：29-38.

［69］何莲珍，罗蓝.语言考试与语言能力量表对接研究：路径与方法
［J］.外语教学，2020，41（1）：29-33.

［70］何莲珍.新时代大学英语教学的新要求——《大学英语教学指南》
修订依据与要点［J］.外语界，2020（4）：13-18.

［71］侯新民，王伟力.大学生对新大学英语四级听力考试的态度研究
［J］.西安外国语大学学报，2008，16（3）：91-94.

［72］侯云星.英语测试文本材料的文化体现研究——以中西部四省高考
自主命题为例［D］.重庆：重庆师范大学硕士论文，2019.

［73］黄大勇.构建语言测试效应研究的理论基础［J］.现代外语，
2011，34（3）：296-330.

［74］黄桂荣.高等林业教育在改革中健康发展［N］.中国林业报，
1995-10-26.

［75］黄六晓.大学英语四六级考试政策分析［D］.武汉：华中科技大
学硕士论文，2006.

［76］贾国栋.语言测试与语言教学沟通的媒介——全国大学英语四六级
考试委员会工作网站简介［J］.外语界，2006（1）：66-68.

［77］教高一字004号.关于印发〈大学英语教学大纲〉（高等学校理工
科本科用）的通知［R］.1985-02-09.

［78］教育部高等教育司.大学英语课程教学要求（试行）［Z］.北京：
外语教学与研究出版社，2004.

［79］教育部高等教育司.关于印发《普通高等学校本科教学工作水平
评估方案（试行）》（调整征求意见稿）的通知［R/OL］.（2004-04-07）
［2020-12-20］.

［80］教育部高等教育司.全国大学英语四、六级考试改革方案（试行）
［Z］，2005.

［81］教育部高等教育司.大学英语课程教学要求［Z］.上海：上海外语

教育出版社，2007.

[82] 教育部网站编辑部. 东华大学深化资助工作内涵促进家庭经济困难学生全面发展 [EB/ OL]. (2011-04-25)

[83] 教育部网站编辑部. 大学英语四六级考试：多题多卷模式 严防作弊行为 [EB/ OL]. (2012-12-19) [2020-12-20].

[84] 蒋显菊. 国内英语测试研究：十年回顾与展望 [J]. 外语界，2007, 119 (3): 89-95.

[85] 金艳, 吴江. "内省" 法在阅读理解测试研究中的应用 [J]. 外语界，1997, (4): 1.

[86] 金艳, 吴江. 以 "内省" 法检验CET阅读理解测试的效度 [J]. 外语界，1998 (2): 48-53.

[87] 金艳. 大学四、六级考试口语考试对教学的反拨作用 [J]. 外语界，2000 (4): 56-61.

[88] 金艳, 郭杰克. 大学英语四、六级考试非面试型口语考试效度研究 [J]. 外语界，2002 (5): 72-79.

[89] 金艳. 改革中的大学英语四、六级考试 [J]. 中国外语，2004 (1): 27-29.

[90] 金艳. 大学英语四、六级考试改革思路与未来展望——解读《全国大学英语四、六级考试改革方案（试行）》[J]. 中国大学教学，2005 (5): 49-53.

[91] 金艳. 最大限度发挥英语四六级考试的正面导向作用 [J]. 中国高等教育，2005 (9): 33-34.

[92] 金艳. 提高考试效度，改进考试后效——大学英语四、六级考试后效研究 [J]. 外语界，2006 (6): 65-73.

[93] 金艳. 高风险考试设计者的社会责任：四、六级考试面临的挑战 [J]. 中国应用语言学，2008 (5): 3-11, 127.

[94] 金艳, 吴江. 大学英语四、六级网考的设计原则 [J]. 外语界，2009 (4): 63-70.

[95] 金艳, 吴江. 大学英语四级网考效度初探——影响考生评价和考试成绩的因素分析 [J]. 外语电化教学，2010 (2): 3-10.

[96] 金艳, 何莲珍. 构建大学英语课程综合评价与多样化测试体系：依据与思路 [J]. 中国外语，2015, 12 (3): 4-13.

[97] 金艳, 杨惠中. 走中国特色的语言测试之路：大学英语四、六级考

试三十年的启示［J］．外语界，2018（2）：29-39．

［98］金艳，孙杭．中国语言测试理论与实践发展40年——回顾与展望［J］．中国外语，2020，17（4）：4-11．

［99］金艳．大学英语评价与测试的现状调查与改革方向［J］．外语界，2020（5）：2-9．

［100］金艳，王伟，张晓艺，等．大学英语四级口语考试自动评分效度初探［J］．中国考试，2020（7）：25-33．

［101］金艳，王伟，杨浩然．语言测试中的技术应用：基于大学英语四、六级考试的实践分析［J］．外语测试与教学，2021（1）：1-7，27．

［102］雷雪梅，辜向东．CET4翻译试题难度一致吗?——以2014年6月CET4三段平行翻译试题为例［J］．外语测试与教学，2015（1）：18-23．

［103］李大林．江苏：视障学生首次参加英语四级考试［N］．中国教育报，2018-06-20．

［104］李舫．语言的壁垒［N］．人民日报（海外版），2005-5-16（1）．

［105］李乐平．社会法促进我国社会可持续发展功能初探［J］．广西社会科学，2012（3）：72-75．

［106］李桂梅，张晋军．第二语言测试分数解释体系的比较研究［J］．考试研究，2014（6）：61-68．

［107］李建华，钟玲，叶湘．从语言环境和语言意向看我国的汉、英语关系［J］．中国外语，2011（2）：17-22．

［108］李峻．我国高考政策变迁研究——基于"利益相关者理论"的分析［D］．武汉：华中科技大学博士论文，2009．

［109］李清华．语言测试的公平性检验框架［J］．现代外语，2016，39（4）：549-560．

［110］李武宗．完善大学英语测试系列正确发挥其反拨作用［J］．江苏外语教学研究，199（1）：9-12．

［111］李筱菊．语言测试科学与艺术［M］．长沙：湖南教育出版社，1997．

［112］李筱菊．外语教育界的开山力士［C］//董燕萍，王初明．中国的语言学研究与应用——庆祝桂诗春教授七十华诞．上海：上海外语教育出版社，2001：3-4．

［113］李岩，张良平．语言测试的发展［J］．清华大学教育研究，1995（S1）：32-37．

［114］廖平胜．考试学原理［M］．武汉：华中师范大学出版社，2003：

135–178.

[115] 刘建达. 中国英语能力等级量表与英语教学 [J]. 外语界，2019，192（3）：7–14.

[116] 刘润清，韩宝成. 语言测试和它的方法 [M]. 北京：外语教学与研究出版社，2000.

[117] 刘晓燕. 休·布莱尔宗教思想研究——以《布道书》为中心 [D]. 济南：山东大学博士论文，2013.

[118] 陆仲飞. 大学英语需要从"教学翻译"向"翻译教学"过渡——评析"大学英语四六级考试新题型"中的段落翻译 [J]. 上海翻译，2014（2）：72–74.

[119] 罗娟，肖云南. 高风险语言测试的公平性检验框架研究——以高考英语为例 [J]. 外语学刊，2018，200（1）：86–91.

[120] 吕良. CET的反拨效应对外语教学的影响 [J]. 山东外语教学研究，1995（4）：68–71.

[121] 吕晓轩. 语言哲学视阈下的语言测试发展研究 [J]. 东北农业大学学报，2016（3）：68–72.

[122] 马克思，恩格斯. 马克思恩格斯全集（第1卷）[M]. 北京：人民出版社，1995：272.

[123] 马瑞. 高等学校英语应用能力考试对高职英语阅读教学的反拨效应 [J]. 佳木斯教育学院学报，2013，125（3）：199–200.

[124] 马漪云. 论不同题型对翻译测试成绩的影响 [J]. 外语测试与教学，2012（4）：50–55.

[125] 牛亚楠. 教育公平视角下高考弃考问题研究 [D]. 淮北：淮北师范大学硕士论文，2014.

[126] 潘懋元，朱国仁. 高等教育的基本功能：文化选择与创造 [J]. 高等教育研究，1995（1）：1–9.

[127] 潘懋元. 教育与考试——目的与方法 [J]. 教育与考试，2007（1）：1.

[128] 彭雪梅. 大学英语个性化教学探析 [J]. 六盘水师范高等专科学校学报，2006（1）：65–67.

[129] 亓鲁霞. NMET的反拨作用 [J]. 外语教学与研究，2004，36（5）：357–363.

[130] 亓鲁霞. 意愿与现实：中国高等院校统一招生英语考试的反拨作

用研究［M］.北京：外语教学与研究出版社，2004.

［131］亓鲁霞.论考试后效［J］.外语与外语教学，2006（8）：29-32.

［132］亓鲁霞.语言测试的反拨效应理论与实证研究［J］.外语教学理论与实践，2011（4）：23-28.

［133］亓鲁霞.语言测试反拨效应的近期研究与未来展望［J］.现代外语，2012（2）：202-208，220.

［134］秦晓晴.外语教学研究中的定量数据分析［M］.武汉：华中科技大学出版社，2003.

［135］秦秀白.充分利用四、八级考试的反拨效应，抑制教学质量的滑坡［J］.外语界，2010（3）：80-86.

［136］邱均平，王曰芬，等.文献计量内容分析法［M］.北京：国家图书馆出版社，2010.

［137］曲阜师范大学公共外语教学部.曲阜师范大学大学英语分级教学实施办法（试行）［EB/OL］.（2017-12-19）［2020-12-20］.

［138］曲阜师范大学公共外语教学部.曲阜师范大学研究生公共英语课程教学改革建议［EB/OL］.（2017-12-19）［2020-12-20］

［139］全国大学英语四、六级考试委员会.大学英语四、六级考试口语考试大纲及样题［M］.上海：上海外语教育出版社，1999.

［140］全国大学英语四、六级考试委员会.大学英语四级考试大纲（2006修订版）［M］.北京：外语教学与研究出版社，2006.

［141］全国大学英语四、六级考试委员会.大学英语六级考试大纲（2006修订版）［M］.北京：外语教学与研究出版社，2007.

［142］全国大学英语四、六级考试委员会.全国大学英语四、六级考试大纲（2016年修订版）［M］.上海：上海交通大学出版社，2016.

［143］任大玲.翻译教学与翻译技术并重的项目型——翻译能力培养课程模式［J］.外语电化教学，2013（5）：42-48.

［144］人民网.四六级考试周末开考 考生关注七大热点问题解读［EB/OL］.（2012-12-18）［2020-12-18］.

［145］石小娟.新四、六级听力考试的后效作用跟踪研究［J］.外语界，2010，138（3）：80-86.

［146］孙平华.论英语课堂教学的基本特征［J］.课程·教材·教法，2008（7）：53-57.

［147］泰勒.原始文化［M］.连树声，译.桂林：广西师范大学出版

社，2005.

［148］唐雄英. 四、六级考试与大学英语课程评价［J］. 外语研究，2005（1）：56-60.

［149］唐雄英. 语言测试的后效研究［J］. 外语与外语教学，2005，196（7）：55-59.

［150］唐耀彩，彭金定. 大学英语口语考试对英语学习的反拨作用［J］. 外语界，2004，99（1）：25-30.

［151］唐勇林，谢洋. 英语四六级考试怎么成了众矢之的［N］. 中国青年报，2005-01-17.

［152］童扬芬. 语言测试公平性研究：理念构建与检测应用［D］. 武汉：华中师范大学博士论文，2018.

［153］童扬芬，陈佑林. 语言测试公平性检验框架及其应用［J］. 外语教学理论与实践，2019（1）：74-82.

［154］王初明. 外语学习的必要条件与大学英语四、六级考试改革的反思［J］. 中国大学教学，2006（11）：48-50.

［155］王初明，亓鲁霞. 从动态系统理论视角看语言测试的反拨效应［J］. 山东外语教学，2016，37（4）：35-42.

［156］王芬. 听力残疾的大学生可以申请免试大学英语四六级考试的听力部分吗？［EB/OL］.（2015-03-10）［2020-12-20］.

［157］王后雄. 全球视域下教育考试及其功能述评［J］. 中国考试，2008（1）：16-25.

［158］王辉，王亚蓝. "一带一路"沿线国家语言状况［J］. 语言战略研究，2016，（2）：13-19.

［159］王立群. 世界语言测试的社会性特征［J］. 外语电化教学，2019，187（6）：91-96.

［160］王龙. 利益相关者理论视域下我国高考制度的演进［D］. 南京：南京师范大学博士论文，2016.

［161］王身余. 从"影响""参与"到"共同治理"——利益相关者理论发展的历史跨越及其启示［J］. 湘潭大学学报，2008，32（6）：28-35.

［162］王守仁. 当代中国语境下个性化英语教学的理念与实践［J］. 外语与外语教学，2015（4）：1-4.

［163］王守仁. 中国英语能力等级量表在大学英语教学中的应用［J］. 外语教学，2018（7）：1-4.

［164］王晓雨. 为求职大四生力拼四、六级［N］. 青岛晚报，2015-12-20（7）.

［165］王跃武. 大学英语四、六级考试作文网上阅卷实验研究［J］. 外语界，2004（5）：74-79.

［166］危捷. 大学英语四、六级考试功能探析［J］. 大连大学学报，2008，29（4）：136-138.

［167］吴涛. 反拨效应具体性研究框架的建构——以CET翻译题型改革为例［J］. 考试与评价，2018（3）：106-110.

［168］习近平. 决胜全面建成小康社会 夺取新时代中国特色社会主义伟大胜利［N］. 人民日报，2017-10-19.

［169］席小明，张春青. 语言测评的效度概念及效度验证：发展与挑战［J］. 中国考试，2020（6）：19-25.

［170］夏征农. 辞海［M］. 上海：上海辞书出版社，1989：1731.

［171］肖巍，辜向东，倪传斌. CET的反拨效应机制：基于多群组结构方程建模的历时研究［J］. 外语教学理论与实践，2014（3）：36-43.

［172］谢赛，陈贺文. 1998-2015我国语言教学中的测试研究——基于205篇CSSCI论文的文献计量学分析［J］. 外国语文，2016，32（3）：143-152.

［173］谢宇，韩天霖，林放，等. 研究生公共英语教学现状的调查与思考［J］. 外语界，2007，118（1）：53-60.

［174］徐雯. 落实考试公平性——以上海英语高考为例［J］. 外语测试与教学，2019（2）：9-16.

［175］徐宽，李成凯. 基于检索领域引文的知识交流特征研究［J］情报科学，2020，39（3）：44-50.

［176］杨惠中，Weir C. 大学英语四、六级考试效度研究［M］. 上海：上海外语教育出版社，1998.

［177］杨惠中. 大学英语四、六级考试回顾与展望［J］. 外语界，1998（3）：28-32.

［178］杨惠中. 大学英语教学需要正确评价综合治理［J］. 中国高等教育，1999（10）：20-22.

［179］杨惠中. 从四、六级考试看我国大学生当前的实际英语能力［J］. 外语界，2000（1）：46-52.

［180］杨惠中，金艳. 大学英语四、六级考试分数解释［J］. 外语界，2001，81（1）：62-68.

［181］杨惠中. 大学英语四、六级考试十五年回顾［J］. 外国语，2003，145（3）：21-29.

［182］杨惠中. 从四、六级考试看我国大学生英语语言能力现状［J］. 中国外语，2004（1）：56-60.

［183］杨惠中，桂诗春. 语言测试的社会学思考［J］. 现代外语，2007，30（4）：368-374.

［184］杨惠中，桂诗春. 语言测试社会学［M］. 上海：上海外语教育出版社，2015.

［185］杨惠中. 有效测试、有效教学、有效使用［J］. 外国语，2015（1）：2-26.

［186］杨惠中. 创建中国特色大学英语测试系统的风雨历程［J］. 外语界，2019，193（4）：8-14.

［187］叶春莉，张鑫婕. 国内英语语言测试反拨效应研究回顾与展望——基于国内14种外语类核心期刊的统计分析［J］. 教学研究，2020，43（2）：69-74.

［188］余志谋. 大学英语四六级考试阅读理解的内容效度的历时分析［J］. 山东农业工程学院学报，2018（12）：92-93.

［189］袁培国，吴向东，马晓军. 论引文统计分析的重要性和引文规范化方面的问题［J］. 学术界，2016（3）：66-73.

［190］张建珍. 国内英语语言测试反拨效应研究回顾与展望——对国内9种主要外语类期刊的统计分析［J］. 外语测试与教学，2012（3）：27-33.

［191］张敏. CET改革后翻译题型对英语阅读教学的反拨效应［J］. 中国教育学刊，2015（S1）：182-183.

［192］张艳. 语言测试的道德维度：研究理路与实践反思. 江海学刊，2014（6）：212-216.

［193］张尧学. 关于创办示范性软件学院的思考［J］. 中国高等教育，2004（10）：3-7.

［194］赵辑. 基于文化资本理论的外语测试政策研究［D］. 上海：上海外国语大学硕士论文，2017.

［195］郑若玲. 高考对社会流动的影响——以厦门大学为个案［J］. 教育研究，2007（3）：46-50.

［196］郑若玲. 考试与社会之关系研究——以科举、高考为例［D］. 厦门：厦门大学博士论文，2006.

［197］中国法制出版社.中华人民共和国公务员法［M］.北京：中国法制出版社，2019.

［198］忠建丰.西南大学切实加强精准助学工作［EB/OL］.（2018-09-18）［2020-12-20］.

［199］周季鸣，刘琨.外语测试结果的使用政策对测试相关者的影响——大学英语四级考试的案例研究［J］.外语测试与教学，2011（2）：18-29.

［200］周敏.大学英语四六级考试改革的得与失及对策研究［D］.长沙：湖南师范大学硕士论文，2011.

［201］周树林.大学英语四、六级考试对人才培养的影响研究［D］.咸阳：西北农林科技大学硕士论文，2009.

［202］周兆军.中国将制定学位法、考试法等五部有关教育的法律［EB/OL］.（2006-02-28）［2019-12-04］.

［203］周治涛.过半学生考试是为增加就业筹码［N］.楚天都市报，2015-12-20（2）.

［204］邹绍艳，范劲松.大学英语四级考试写作测评量表效度研究［J］.外国语文，2019（3）：148-156.

［205］邹申.教师如何践行考试公平性？—来自问卷调查的反馈［J］.当代外语研究，2013（8）：20-25.

［206］邹申，董曼霞.国内反拨效应研究20年：现状与思考［J］.中国外语，2014（4）：4-14.

［207］邹申.民族志研究方法在语言测试研究中的应用［J］.外语电化教学，2014（159）：3-9.

［208］朱正才，杨惠中.关于机助自适应大学英语四、六级考试——考试效度、信度和施测效率新的平衡［J］.外语教学与研究，2001（2）：136-139.

［209］朱正才，杨惠中，杨浩然.Rasch模型在CET考试分数等值中的应用［J］.现代外语，2003（1）：69-75.

［210］朱正才，杨惠中.大学英语四、六级考试分数的机助百分位等值研究［J］.现代外语，2004（1）：70-75.

［211］朱正才.中国英语能力等级量表效度研究框架［J］.中国考试，2016（8）：3-13.

［212］姚晓丹.未来英语考试什么样［N］.光明日报，2019-12-24（14）.

［213］Alderson, J. & Wall, D. Does washback exist［J］?Applied

Linguistics, 1993（14）：115-129.

[214] Alderson, J. & Hamp-Lyons, L. TOEFL preparation courses: A study of washback [J]. Language Testing, 1996, 13（3）：280-297.

[215] Alderson, J. Forward [A] // Cheng, L., Watanabe, Y. & Curtis, A. Washback in language testing: Research contexts and methods New Jersey: Lawrence Erlbaum Associates, Inc., 2004: ix-xii.

[216] American Educational Research Association, American Psychological Association & National Council on Measurement in Education. Standards for educational and psychological testing [Z]. Washington, DC: American Educational Research Association, 1985.

[217] Andrews, S., Fullilove, J. & Wong, Y. Targeting washback: a case study [J]. System, 2002（30）：207- 223.

[218] Bachman, L. Fundamental considerations in language testing [M]. Oxford: Oxford University Press, 1990.

[219] Bachman, L.& Palmer, A. Language testing in practice [M]. Oxford: Oxford University Press, 1996.

[220] Bachman, L. Modern language testing at the turn of the century: Assuring that what we count counts [J]. Language Testing, 2000, 17（1）：1-42.

[221] Bachman, L. What, if any, are the limits of our responsibility for fairness in language testing? [C] // Kunnan A.J., Fairness and validation in language assessment: Selected papers from 19th language testing research colloquium, Orlando, Florida. Cambridge: Cambridge University Press, 2000.

[222] Bachman, L.& Palmer, A. Language assessment in practice: developing language assessments and justifying their useing the real world [M]. Oxford: Oxford University Press, 2010.

[223] Bailey, K.M. Working for washback: A review of the washback concept in language testing [J]. Language Testing, 1996, 13（3）：257-279.

[224] Berk, R.A. Introduction [M] //Berk R.A., Handbook of methods for detecting test bias. Baltimore: Johns Hopkins University Press, 1982.

[225] Biggs, J.B. Assumptions underlying new approaches to assessment [J]. Curriculum Forum, 1995, 4（2）：1-22.

[226] Chalhoub-Deville, M. The intersection of test impact, validation and educational reform policy [J]. Annual Review of Applied Linguistics, 2009

（29）：118-131.

[227] Cheng, L. How does washback influence teaching? Implications for Hong Kong [J]. Language Education, 1997, 11（1）：38-54.

[228] Cheng, L. Impact of a public English examination change on students' perceptions andattitudes toward their English learning [J]. Studies in Educational Evaluation, 1998, 24（3）：279-301.

[229] Cheng, L. The washback effect of a public examination change on teachers' perceptions toward their classroom teaching [M] //Cheng, L., Watanabe, Y.& Curtis, A. Washback in language testing: Research contexts and methods. New Jersey: Lawrence Erlbaum Associates Inc., 2004: 147-170.

[230] Cheng Liying. The washback effect of public examination change on classroom teaching: An impact study of the 1996 Hong Kong Certificate of education in English on the classroom teaching of English in Hong Kong secondary schools [D]. Hong Kong: University of Hong Kong, 1998.

[231] Cole, N.S. & Zieky, J.M. The new faces of fairness [J]. Journal of Educational Measurement, 2001, 38（4）：369-382.

[232] Cronbach, L.J., et al. Toward reform of program evaluation [M]. San Francisco: Jossey-Bass, 1980.

[233] Davis, A. Demands of being professional in language testing [J]. Language Testing, 1997, 14（3）：328-339.

[234] Ferman, I. The washback of an EFL National Oral Matriculation Test to teaching and learning [C] // Cheng, L., Watanabe, Y. & Curtis, A. Washback in language testing: Research contexts and methods. New Jersey: Lawrence Erlbaum Associates, Inc., 2004: 191-210.

[235] Foucault, M. Discipline and publishment: The birth of the prison [M]. London: Penguin Books Ltd., 1977.

[236] Fulcher, G. Re-examining language testing: A philosophical and social inquiry [M]. London and New York: Routledge, 2015.

[237] Garder, M.& Huang, D.Y. Testing a nation: The social and educational impact of the College English Test in China [M]. Bern: Peter Lang AG, International Academic Publishers, 2014.

[238] Green, A. IELTS washback in context: Preparation for academic writing in higher education [M]. Cambridge: Cambridge University Press, 2007.

[239] Green, A. Exploring language assessment and testing: language in action [M] . London and New York: Routledge, 2015.

[240] Hawkey, R. Impact theory and practice: Studies of the IELTS Test and Progetto Lingue 2000 [M] . Cambridge: Cambridge University Press, 2006.

[241] Hawkey, R. A study of the Cambridge Proficiency in English CPE exam washback on textbooks in the context of Cambridge ESOL exam validation [C] // Tayor, L. & Weir, C. Language testing matters: Investigating the wider social and educational impact of assessment-proceedings of the ALTE Cambridge Conference. Cambridge: Cambridge University Press, 2008: 326-343.

[242] Hayes, B.& Read, J. IELTS test preparation on New Zealand: preparing students for the IELTS Academic Module [C] // Cheng, L., Watanabe, Y. & Curtis, A. Washback in language testing: Research contexts and methods. New Jersey: Lawrence Erlbaum Associates Inc., 2004: 97-111.

[243] Holland, P.W. & Wainer Howard. Differential item functioning [M] . New Jersey: Lawerence Erlbaum Associates Publishers, 1993.

[244] Hornberger, N. & Johnson, D. Slicing the onion ethnographically layers and spaces in multilingual language education policy and practice [J] . Tesol Quarterly, 2007（41）: 509-532.

[245] Hughes, A. Introducing a needs-based test of English language proficiency into an English-medium university in Turkey [C] // Hughes, A. Testing English for university study. London: Modern English Publications, 1988: 134-146.

[246] Hughes, A. Testing for languages teachers [M] . Cambridge: Cambridge University Press, 1989.

[247] Hughes, A. Backwash and TOEFL 2000 [Z] . Unpublished manuscript, University of Reading, England, 1993.

[248] JCTP. Code of fair testing practices in education [EB/OL] . Washington D.C.: Authoe, 1988.

[249] Jense, H.R. Bias in mental testing [M] . New York: Free Press, 1980.

[250] Kane, M.T. Validity and fairness [J] . Language Testing, 2010, 27（2）: 177-182.

[251] Kunnan, A.J. Fairness and justice for all [C] //Kunnan, A.J.

Fairness and validation in language assessment: Selected papers from 19th language testing research Orlando, Florida. Cambridge: Cambridge University Press, 2000.

[252] Kunnan, A.J. Test fairness [C] //Milanovic, M. Weir, C. & Bolter, S. European language testing in a global context: Selected papers from the ALTE conference in Barcelona. Cambridge: Cambridge University Press, 2004.

[253] Kunnan, A.J. Language assessment from a wider context [C] // E.Hinkel. Handbook of research in second language learning. Mahwah, N.J.: Lawrence Erlbaum Associates, 2005.

[254] Kunnan, A.J. Fairness matters and Toulmin's argument structures [J]. Language Testing, 2010, 27 (2): 183–189.

[255] Lynch, B.K. Rethinking assessment from a critical perspective [J]. Language Testing, 2001 (18): 351–372.

[256] McNamara, T. & Roever, C. Language testing: The social dimension [M]. Oxford: Blackwell Publishing, 2006.

[257] McNamara, T. & Ryan K. Fairness versus justice in language testing: The place of English literacy in the Australian Citizenship Test [J]. Language Assessment Quarterly, 2011 (8): 161–178.

[258] Messick, S. Validity and washback in language testing [J]. Language Testing, 1996 (13): 241–256.

[259] Morrow, K. The evaluation of tests of communicative performance [M] // Portal, M. Innovations in language testing: Proceedings of the lUS/ NFER conference. London: NFER /Nelson, 1986: 1–13.

[260] Pearson, I. Tests as levers for change [C] // Chamberlain, D. & Baumgardner, R. ESP in the classroom: Practice and evaluation. Oxford: Modern English Publications, 1988: 98–107.

[261] Pennycook, A. Critical applied linguistics: A critical introduction [M]. Mahwah: Lawrence Erlbaum Associates, 2001.

[262] Popham, W.J. The merits of measurement–driven instruction [J]. Phi Delta Kappa, 1987 (68): 679–682.

[263] Prodromou, L. The backwash effect: From testing to teaching [J]. ELT, 1995 (49): 13–15.

[264] Qi, L. Is testing an efficient for pedagogical change? Examining

intended washback of the writing task in a high-stakes English test in China [J] . Assessment in Eduction, 2007, 14 (1) : 51-74.

[265] Ricento, T. & Hornberger, N. Unpeeling the onion: Language planning and policy and the ELT professional [J] . Tesol Quarterly, 1996, 30: 401-427.

[266] Shih, C. A new washback model of students' learning [J] . The Canadian Modern Language Review, 2007, 64 (1) : 135-162.

[267] Shih, C. How tests change teaching: A model for reference [J] . English Teaching: Practice and Critique, 2009, 8 (2) : 188-206.

[268] Shih, C. The washback of the General English Proficiency Test on university policies: A Taiwan case study [J] . Language Assessment Quarterly, 2010, 7 (3) : 234-254.

[269] Shohamy, E. Beyond performance testing: A diagnostic feedback testing model for assessing foreign language learning [J] . Modern Language Journal, 1992 (4) : 513-521.

[270] Shohamy, E., Donitsa-Schmidt, S. & Ferman, I. Test impact revisited: washback effect over time [J] . Language Testing, 1996, 13 (3) : 298-317.

[271] Shohamy, E. Critical language testing and beyond [J] . Studies in Educational Evaluation, 1998, 24 (4) : 331-345.

[272] Shohamy, E. The power of tests: A critical perspective on the uses of language tests [M] . Harlow, England: Pearson Education, 2001.

[273] Shohamy, E. Assessment in multicultural societies: Applying democratic principles and practices to language testing [M] // Notton, B. & Toohey, K. Critical pedagogies and language learnings. Cambridge: Cambridge University Press, 2004: 72-92.

[274] Shohamy, E. Language tests as language policy tools [J] . Assessment in Education, 2007 (14) : 117-130.

[275] Spolsky, B. Language testing: art or science [C] // Nick, G. Proceedings of the fourth international congress of applied linguistics. Stuttgart: Hochschulverlag, 1977.

[276] Spolsky, B. The examination of classroom backwash cycle: some historical cases [C] // Nunan, D., Berry, V. & Berry, R. Bringing about change in language education. Hong Kong: University of Hong Kong, Dept. of Curriculum Studies, Hong Kong, 1994.

［277］Spolsky, B. Measured words［M］. Shanghai: Shanghai Foreign Language Education Press, 1995.

［278］Spolsky, B. Language management［M］. New York: Cambridge University, 2009.

［279］Vernon, P. The measurement of abilities［M］. London: University of London Press, 1956.

［280］Wall, D. & Alderson, J.C. Examining washback: the Sri Lankan impact study［J］. Language Testing , 1993, 10（1）: 41–69.

［281］Wall, D. The impact of high-stakes examinations on classroom teaching: A case study using insights from testing and innovation theory［M］. Cambridge: Cambridge University Press, 2005.

［282］Walters, F.S. Fairness［C］// Fulcher G. & Davidson F. The routledge handbook of language testing. New York: Routledge, 2012.

［283］Watanabe, Y. Does grammar translation come from the entrance examination? Preliminary findings from classroom–based research［J］. Language Testing, 1996, 13（3）: 318–333.

［284］Watanabe, Y. Methodology in washback studies［C］// Cheng, L., Watanabe, Y. & Curtis, A. Washback in language testing: Research contexts and methods. New Jersey: Lawrence Erlbaum Associates, Inc., 2004: 19–36.

［285］Watanabe, Y. Teacher factors mediating washback［C］// Cheng, L., Watanabe, Y. & Curtis, A. Washback in language testing: Research contexts and methods. New Jersey: Lawrence Erlbaum Associates Inc., 2004: 129–146.

［286］Willingham, W.W. & Cole, N. Gender and fair assessment［M］. Mahwah: Lawrence Erlbaum, 1997.

［287］Wiseman, S. The efficiency of examinations［C］// Wiseman, S. Examinations and English education. Manchester: Manchester University Press, 1961.

［288］Xiaoming, Xi. How do we go about investigating test fairness?［J］. Language Testing, 2010, 27（2）: 147–170.

附录

附录1　关于大学英语四、六级考试利益相关者的教师调查问卷

本人正在进行一项学术研究，需要了解各位对我国大学英语四、六级考试利益相关者的认识和见解。因为您对该问题有较深的体会，所以恳请您抽出宝贵时间填写下表。本调查问卷是匿名填写，答案也无对错之分，研究只会做整体分析而决不会进行个别披露，且保证该问卷不会对您的生活与工作造成不良影响。您的支持对本研究有重要意义，在此向您谨致最大的谢意！

2019年9月

1. 在本研究中，"大学英语四、六级考试利益相关者"指任何影响大学英语四、六级考试目标实现或受大学英语四、六级考试影响的群体或个人。下列表中共包含12类群体或个人，您认为哪些属于"大学英语四、六级利益相关者"？重要程度如何？（矩阵单选题）

利益相关者	完全不重要	不太重要	一般	比较重要	非常重要
教育部（包括考试中心）					
地方教育机构					
四、六级考试委员会					
高校					
学生					
教师（包括监考人员）					
考试研究者					
供应服务部门					
用人单位					
培训机构					
作弊团伙					
家长					

2. 从以上大学英语四、六级考试的利益相关者中，请限选五类您认为最重要的群体或个人。（多选题）

□教育部

□地方教育机构

□四、六级考试委员会

□高校

□学生

□教师

□考试研究者

□供应服务部门

□培训机构

□用人单位

□家长

□作弊团伙

3. 如果您认为还有其他未列举的利益相关者，请在此填写。（填空题）

_____

附录2　关于大学英语四、六级考试利益相关者的学生调查问卷

　　本人正在进行一项学术研究，需要了解各位对我国大学英语四、六级考试利益相关者的认识和见解。因为大家都是四、六级的参与者，感触最深，所以恳请您抽出宝贵时间填写下表。本调查问卷是匿名填写，答案也无对错之分，研究只会做整体分析而决不会进行个别披露，且保证该问卷不会对您造成不良影响。您的支持对本研究有重要意义，在此向您谨致最大的谢意！

2019年9月

　　1. 在本研究中，"大学英语四、六级考试利益相关者"指任何影响大学英语四、六级考试目标实现或受大学英语四、六级考试影响的群体或个人。下表中共包含12类群体或个人，您认为哪些属于"大学英语四、六级利益相关者"？重要程度如何？（矩阵单选题）

利益相关者	完全不重要	不太重要	一般	比较重要	非常重要
教育部（包括考试中心）					
地方教育机构					
四、六级考试委员会					
高校					
学生					
教师（包括监考人员）					
考试研究者					
供应服务部门					
用人单位					
培训机构					
作弊团伙					
家长					

2. 从以上大学英语四、六级考试的利益相关者中，请限选五类您认为最重要的群体或个人。（多选题）（排序题，请在□内依次填入数字）

□教育部

□地方教育机构

□四、六级考试委员会

□高校

□学生

□教师

□考试研究者

□供应服务部门

□培训机构

□用人单位

□家长

□作弊团伙

3. 如果您认为还有其他未列举的利益相关者，请在此填写。（填空题）

_____

附录3 关于大学英语四级考试翻译题型改革的学生调查问卷

本人正在进行一项学术研究，需要了解各位对目前我国大学英语四级考试翻译题型改革的认识和见解。因为大家都是大学英语四级考试的直接参与者，感触最深，所以恳请您抽出宝贵时间填写下表。本调查问卷是匿名填写，答案也无对错之分，研究只会做整体分析而决不会进行个别披露，且保证该问卷不会对您造成不良影响。您的支持对本研究有重要意义，在此向您谨致最大的谢意！

2016年5月

一、请对以下1~10题做出自己的判断，标出合适的分值

1=很不同意　2=不同意　3=不确定　4=同意　5=非常同意

（　　）1. 大学英语四级考试中翻译题型的改革促使我更加重视翻译学习。

（　　）2. 在英语学习中，翻译和听、说、读、写具有同样重要的地位。

（　　）3. 篇章翻译新题型的出现提高了我的篇章翻译能力。

（　　）4. 翻译题型和分值的调整加大了大学英语四级考试的难度。

（　　）5. 在期末考试中十分有必要加强对翻译能力的考查。

（　　）6. 我认为在大学英语课堂教学中应进一步增加翻译教学的比重。

（　　）7. 我认为大学英语教师平时非常重视翻译教学。

（　　）8. 我平时很少进行篇章翻译的练习。

（　　）9. 我对翻译技巧了解得很少。

（　　）10. 我对中国文化、历史等方面的英语词汇掌握得不多。

二、多选题

1. 为备战考试，在课堂教学中教师采用什么方法提高学生的翻译能力？（　　）

　　a. 布置课后英汉翻译题；

　　b. 布置篇章翻译练习；

　　c. 讲解翻译技巧；

　　d. 讲解相关词汇和固定句型；

　　e. 要求阅读或背诵经典文章；

　　f. _____（自己添加）

2. 为备战考试，我采用什么方法提高翻译能力？（　　）

    a. 做课后英汉翻译题；

    b. 做篇章翻译练习；

    c. 学习翻译技巧；

    d. 积累相关词汇和固定句型；

    e. 阅读背诵经典文章；

    f. _____（自己添加）

附录4 关于大学英语四级考试翻译题型改革的教师调查问卷

本人正在进行一项学术研究，需要了解各位对目前我国大学英语四级考试翻译题型改革的认识和见解，恳请您抽出宝贵时间填写下表。本调查问卷是匿名填写，答案也无对错之分，研究只会做整体分析而不会进行个别披露，保证该问卷不会对您的生活和工作造成不良影响。您的支持对本研究有重要意义，在此向您谨致最大的谢意!

2016年5月

一、请对以下1~10题做出自己的判断，标出合适的分值。

1=很不同意　2=不同意　3=不确定　4=同意　5=非常同意

（　）1. 大学英语四级考试中翻译题型的改革促使我更加重视翻译教学。

（　）2. 在英语教学中，我认为翻译和听、说、读、写占有同样重要的地位。

（　）3. 篇章翻译新题型有助于学生翻译能力的提高

（　）4. 翻译题型和分值的调整增加了大学英语四级考试的难度。

（　）5. 十分有必要在期末考试中加强对翻译能力的考查。

（　）6. 我认为在大学英语课堂教学中应进一步增加翻译教学的比重。

（　）7. 我对翻译教学非常重视。

（　）8. 我经常让学生做篇章翻译的练习。

（　）9. 我对翻译技巧了解得很少。

（　）10. 我在课堂教学中注重中国文化、历史等方面的英语词汇的传授。

二、为备战考试，在课堂教学中我采用什么方法提高学生的翻译能力?（多选题）（　）

a. 做课后英译翻译题;

b. 做篇章翻译练习;

c. 讲解翻译技巧;

d. 积累相关词汇和固定句型;

e. 阅读背诵经典文章;

f. ＿＿＿＿＿＿＿＿＿＿＿＿＿＿＿＿＿＿＿＿（自己添加）